WWW-basierte regionale Allokation von Personalressourcen
in Unternehmensnetzwerken

Europäische Hochschulschriften
Publications Universitaires Européennes
European University Studies

Reihe V
Volks- und Betriebswirtschaft

Série V Series V
Sciences économiques, gestion d'entreprise
Economics and Management

Bd./Vol. 2842

PETER LANG
Frankfurt am Main · Berlin · Bern · Bruxelles · New York · Oxford · Wien

Matthias Maier

WWW-basierte regionale Allokation von Personalressourcen in Unternehmensnetzwerken

PETER LANG
Europäischer Verlag der Wissenschaften

Die Deutsche Bibliothek - CIP-Einheitsaufnahme

Maier, Matthias :

WWW-basierte regionale Allokation von Personalressourcen
in Unternehmensnetzwerken / Matthias Maier. - Frankfurt am
Main ; Berlin ; Bern ; Bruxelles ; New York ; Oxford ; Wien :
Lang, 2002
(Europäische Hochschulschriften : Reihe 5, Volks- und
Betriebswirtschaft ; Bd. 2842)
Zugl.: Erlangen, Nürnberg, Univ., Diss., 2001
ISBN 3-631-38654-0

Gedruckt auf alterungsbeständigem,
säurefreiem Papier.

n 2
ISSN 0531-7339
ISBN 3-631-38654-0

© Peter Lang GmbH
Europäischer Verlag der Wissenschaften
Frankfurt am Main 2002
Alle Rechte vorbehalten.

Das Werk einschließlich aller seiner Teile ist urheberrechtlich
geschützt. Jede Verwertung außerhalb der engen Grenzen des
Urheberrechtsgesetzes ist ohne Zustimmung des Verlages
unzulässig und strafbar. Das gilt insbesondere für
Vervielfältigungen, Übersetzungen, Mikroverfilmungen und die
Einspeicherung und Verarbeitung in elektronischen Systemen.

Printed in Germany 1 2   4 5 6 7

www.peterlang.de

Vorwort

> Wenn Ihr die Ziele wollt, so wollt Ihr auch die Mittel.
>
> Niccolo Machiavelli

Das innovative Konzept des regionalen Personal-Clearing gehört zu einer (möglicherweise steigenden) Anzahl von Paradoxa unserer Zeit. Allerseits stoßen regionale „Netzwerke für Arbeit" auf großes Interesse und Zustimmung, was Veröffentlichungen und Vorträge belegen. Gleichzeitig räumen Budgetverantwortliche diesen Ideen nur nachrangige Priorität ein. So scheint niemand wirklich bereit, in das Allgemeinwohl investieren zu wollen: Einzelpersonen sind die Hände gebunden, Unternehmen verlangen eine öffentlich-rechtliche Finanzierung, die Verwaltung befürchtet, ein „Konkurrenzsystem" zu eigenen IV-Lösungen zu fördern. Spätestens mit der vorliegenden Arbeit kann die Position untermauert werden, dass die Gründe für eine mangelnde Implementierung weniger im Forschungsdefizit als eher im Umsetzungsdefizit liegen.

Diese Arbeit ist während meiner Tätigkeit am Bereich Wirtschaftsinformatik I der Universität Erlangen-Nürnberg entstanden. Das Vorhaben ist ein Teilprojekt im Bayerischen Forschungsverbund Wirtschaftsinformatik (FORWIN), der seit Juni 2000 seine Mission zur Behandlung von Problemen, die sich aus der Kopplung der elektronischen Informationsverarbeitung (IV) über die Grenzen einzelner Betriebe hinaus ergeben, aufgenommen hat. Beteiligt war auch die Siemens Business Services GmbH & Co. OHG (SBS), die das Projekt „Netzwerk für Arbeit" mit der Forschungsgruppe Wirtschaftsinformatik des Bayerischen Forschungszentrums für Wissensbasierte Systeme (FORWISS) ins Leben gerufen hat. Dabei durfte ich v. a. Herrn Karl Kronewald als kreative Persönlichkeit mit großem Erfahrungsschatz kennen lernen.

Meinem Doktorvater Professor Dr. Dr. h. c. mult. Peter Mertens danke ich für die vielseitigen fachlichen und persönlichen Erfahrungen. Herrn Professor Dr. Hermann Scherl bin ich für die engagierte Übernahme des Korreferats sehr verbunden.

An dieser Stelle sei auch ein Dankeswort an meine Diplomandinnen und Diplomanden, Projektstudentinnen und -studenten, Hilfskräfte sowie alle Diskussionspartnerinnen und -partner gerichtet, die in Wort und Tat zum Gelingen dieser Arbeit beitrugen.

Besonderer Dank jedoch gilt meiner Familie für die schon frühzeitig geförderte Fähigkeit zur Selbstmotivation und die mentale Unterstützung. Ihnen ist diese Arbeit gewidmet.

Nürnberg, Mai 2001   Matthias Maier

Inhaltsverzeichnis

1 EINLEITUNG _____1

1.1 Ausgangslage und Zielsetzung _____1

1.2 Aufbau der Arbeit _____2

2 GRUNDLAGEN DES REGIONALEN PERSONAL-CLEARING ___3

2.1 Analogien _____3
   2.1.1 Industrie-Clearing mit freien liquiden Mitteln _____3
   2.1.2 Kapazitätsbörsen mit Sachgütern _____3
   2.1.3 Supply Chain Management _____3
   2.1.4 Konzerninterne Auslandseinsätze _____4
   2.1.5 Virtuelle Unternehmen (VU) _____4
   2.1.6 Zeitarbeitunternehmen _____4
   2.1.7 Unternehmensberater _____4
   2.1.8 Bereichsübergreifende Personaleinsatzplanung und interne Personalleitstände __5

2.2 Renaissance der Regionen in Politik und Wirtschaft _____5
   2.2.1 Neugestaltung räumlicher Steuerungskonzepte, „Glokalisation" und regionale Arbeitsmarktpolitik _____5
   2.2.2 Beschreibungsmöglichkeiten von Netzwerken allgemein _____7
   2.2.3 Voraussetzungen regionaler Netzwerke _____9

2.3 Fördernde und hemmende Faktoren _____10
   2.3.1 Fördernde Faktoren _____10
      2.3.1.1 Höherer Anreiz für Neueinstellungen _____10
      2.3.1.2 Niedrigere Personalkosten und leichterer Personalaustausch __10
      2.3.1.3 Betrieblicher und persönlicher Standortvorteil _____11
      2.3.1.4 Reduzierter „Mismatch" _____11
   2.3.2 Hemmende Faktoren _____11
      2.3.2.1 Eignung des Konzepts nicht für alle Berufsgruppen ____11
      2.3.2.2 Misstrauen _____11
      2.3.2.3 Flexible Arbeitszeitkorridore _____12
      2.3.2.4 Ungünstige institutionelle Einbindung _____12
      2.3.2.5 Gleichläufige Beschäftigungszyklen _____13
      2.3.2.6 Soziales Netz und Anreize _____13

3 EINFLUSS DES WWW AUF DIE ÜBERBETRIEBLICHE PERSONALDISPOSITION - EINE BESTANDSAUFNAHME ___15

3.1 Jobbörsen im WWW _____15
   3.1.1 Systematisierungsansätze _____15
      3.1.1.1 Rechtsstellung _____15
      3.1.1.2 Spezialisierungsgrad _____16
      3.1.1.3 Ansätze zur Stellensuche _____16
      3.1.1.4 Typen _____16
      3.1.1.5 Reichweite _____18

3.1.2	Kriterienraster zur Bewertung	18
3.1.2.1	Suchfunktionen	19
3.1.2.2	Datensatzanzahl	19
3.1.2.3	Aktualität	19
3.1.2.4	Angaben zum Inserat	19
3.1.2.5	Angaben zum Service	19
3.1.2.6	Kosten für den Service	19
3.1.2.7	Fehlerfreiheit	20
3.1.2.8	Möglichkeit zur Personalisierung	20
3.1.2.9	Zusatzangebot	20
3.1.2.10	IVW-Prüfung	20
3.1.3	Kriterienrelevanz für Unternehmen und Arbeit Suchende	21
3.1.3.1	Für Arbeitgeber und Arbeit Suchende relevante Kriterien	21
3.1.3.2	Nur für Arbeit Suchende relevante Kriterien	22
3.1.3.3	Nur für Arbeitgeber relevante Kriterien	22
3.1.4	Auswahl an Jobbörsen im WWW	22
3.1.5	Probleme bei der Nutzung von Jobbörsen im WWW	23
3.2	**Human Resource Pages**	**24**
3.2.1	Zielsetzungen und Nutzungsmöglichkeiten	24
3.2.1.1	Stellenbörse	25
3.2.1.2	Zielgruppenspezifische Information	25
3.2.1.3	Kontaktaufnahme	25
3.2.1.3.1	E-Mail	26
3.2.1.3.2	Online-Bewerbungsformular	26
3.2.1.4	Bewerberselektion	26
3.2.1.5	Online-Bewerberabwicklung	27
3.2.2	Qualitätskriterien	28
3.3	**Sonstige Möglichkeiten zur Unterstützung des Personalbeschaffungsprozesses im WWW**	**28**
3.3.1	Informationsbörsen im WWW	28
3.3.1.1	„Framing-basierte" Geschäftsmodelle	29
3.3.1.2	„Agenten-basierte" Geschäftsmodelle	29
3.3.2	Auswahlspiele	30
3.3.3	Personalberater	30
3.3.4	Zeitarbeitunternehmen	31
4	**VERNETZUNG ZU REGIONALEN PERSONALBÖRSEN**	**32**
4.1	**Bezugsrahmen**	**32**
4.2	**Unternehmensnetzwerke**	**33**
4.2.1	Rechtsform	33
4.2.1.1	Gesellschaft des bürgerlichen Rechts (GbR)	34
4.2.1.2	Eingetragene Genossenschaft (eG)	34
4.2.1.3	Eingetragener Verein (eV)	35
4.2.2	Reichweite	36
4.2.3	Branchenzugehörigkeit der beteiligten Unternehmen	36
4.2.4	Anzahl der beteiligten Unternehmen	37
4.2.5	Laufzeit	37

4.2.6	Zugehörigkeit des Personals		37
4.2.7	Regelung von Grundsätzen		38
4.2.8	Verwaltung		38
4.2.8.1	Fokales Netzwerk-„Verwaltungs"-Unternehmen		39
4.2.8.2	Verteilte Verwaltung		39
4.2.8.2.1	Schichtsystem		39
4.2.8.2.2	Kompetenzverbund		39
4.2.8.2.3	Schaffung einer gemeinsamen Organisationseinheit		40

4.3 Doppelte Funktion von vernetzten Jobbörsen im WWW **40**
   4.3.1 „Insellösung" 42
   4.3.2 Zentrale Koordination 43
      4.3.2.1 Zentrale Koordination durch Linkliste 43
      4.3.2.2 Zentrale Koordination durch Jobbörsen-Malls 44
   4.3.3 Verteilte Lösung 45

4.4 Integration der BA **45**

4.5 Rechtliche Rahmenbedingungen, spezielle Rechtsfragen und Einzelfalldiskussion **48**
   4.5.1 Arbeitnehmerüberlassung (Leiharbeit) als rechtlicher Rahmen 48
      4.5.1.1 Grundlagen 48
      4.5.1.2 Anwendbarkeit des AÜG 49
         4.5.1.2.1 Gewerbsmäßigkeit 49
         4.5.1.2.2 Dauer 49
         4.5.1.2.3 Gewinnerzielungsabsicht 49
         4.5.1.2.4 Nicht gewerbsmäßige Arbeitnehmerüberlassung 50
         4.5.1.2.5 Systematische Übersicht über die wesentlichen Regelungen des AÜG 50
      4.5.1.3 Rechtsverhältnis zwischen E und V (Dienstverschaffungsvertrag) 50
      4.5.1.4 Rechtsverhältnis zwischen V und LN (Arbeitsverhältnis) 51
      4.5.1.5 Rechtsverhältnis zwischen E und LN (Beschäftigungsverhältnis) 51
      4.5.1.6 Eckpunkte einer vertraglichen Ausgestaltung für Netzwerkunternehmen 52
   4.5.2 Spezielle Rechtsfragen und Einzelfalldiskussion 53
      4.5.2.1 Haftungsfragen 53
      4.5.2.2 Arbeitskampf 53
      4.5.2.3 Betriebsverfassungsgesetz 53
      4.5.2.4 Tarifvertrag und Betriebsvereinbarungen 54
      4.5.2.5 Bundesdatenschutzgesetz 55
      4.5.2.6 Schlechtleistung 55
      4.5.2.7 Arbeitnehmererfindung 56
      4.5.2.8 Geheimnisverrat 56
      4.5.2.9 Betriebsspionage 57
      4.5.2.10 Urlaub 58
      4.5.2.11 Abwerbung 58

5 ÜBERBETRIEBLICHER LEITSTAND ZUR PERSONALDISPOSITION 60

5.1 Integrationsbestrebungen 60
5.1.1 Erweitertes Personalinformationssystem 60
5.1.2 Semantische und syntaktische Standardisierungsbestrebungen 61
5.1.3 Personalleitstand als HR-Trustcenter? 62
    5.1.3.1 Zentrale Lösung 62
    5.1.3.2 Dezentrale Lösung 64
    5.1.3.3 Verteilte Speicherung 64

5.2 Prozessuale Überlegungen 64
5.2.1 Gesamtprozess 64
    5.2.1.1 Angebot und Nachfrage 64
    5.2.1.2 Vorfilterung 65
    5.2.1.3 Auswahl 65
    5.2.1.4 Vergabe 65
    5.2.1.5 Verwaltung 65
    5.2.1.6 Durchführung 66
    5.2.1.7 Abrechnung 66
5.2.2 Zuteilungsstrategien bei „Mehrfachbelegung" 66
    5.2.2.1 First come first serve 66
    5.2.2.2 Auslosung 66
    5.2.2.3 Dringlichkeit 67
    5.2.2.4 Auktion 67
    5.2.2.5 Kompensationstransfer 67
5.2.3 Mitarbeiter- und Personalleitstand-Abrechnung 67
    5.2.3.1 Mitarbeiter-Abrechnung 67
    5.2.3.2 Personalleitstand-Abrechnung 68
        5.2.3.2.1 Provisionsmodell 68
        5.2.3.2.2 Optionspreismodell 68

5.3 Verfahren zur Personal-Aufgaben-Zuordnung 69
5.3.1 Anforderungs- und Qualifikationsprofile sowie deren Merkmale 69
    5.3.1.1 REFA-Modell 70
    5.3.1.2 Kompetenzmodell 71
5.3.2 Assignment-Ansätze als Personalzuordnungsmodelle 72
    5.3.2.1 Klassischer Assignment-Ansatz 72
    5.3.2.2 Realistische Assignment-Ansätze 73
        5.3.2.2.1 Job-Man-Assignment ohne Optimierung 73
        5.3.2.2.2 Statisches Assignment mit Optimierung 73
        5.3.2.2.3 Dynamisches Assignment mit Optimierung 74
5.3.3 Verfahren zur Personalzuordnung 74
    5.3.3.1 Überblick 74
    5.3.3.2 Optimierende Verfahren 75
        5.3.3.2.1 Enumeration 75
        5.3.3.2.2 Lineare Programmierung 76
        5.3.3.2.3 Branch-and-Bound-Verfahren 76

5.3.3.3 Heuristiken 76
5.3.3.3.1 Grundlagen 76
5.3.3.3.2 Punktbewertungsmethode 77
5.3.3.3.3 Profilmethode 77
5.3.3.3.4 Conjoint-Measurement-Analyse 79
5.3.3.3.5 Analytic Hierarchy Process (AHP) 80
5.3.3.4 Verfahren des Soft Computing 81
5.3.3.4.1 Fuzzy-Systeme 81
5.3.3.4.1.1 Grundlagen 81
5.3.3.4.1.2 Ansätze zur Personalauswahl 82
5.3.3.4.1.2.1 Eignungsermittlung auf Basis fuzzyfizierter Abstandsmaße ... 82
5.3.3.4.1.2.2 Eignungsermittlung durch allgemein gültige Fuzzy-Regelsysteme 83
5.3.3.4.2 Neuronale Netze 84
5.3.3.4.2.1 Grundlagen 84
5.3.3.4.2.2 Ansätze zur Personalauswahl mit Neuronalen Netzen 84
5.3.3.4.3 Evolutionäre (Genetische) Algorithmen 85
5.3.3.4.3.1 Grundlagen 85
5.3.3.4.3.2 Ansätze zur Personalauswahl mit Evolutionären (Genetischen) Algorithmen 86
5.3.3.4.3.3 Beurteilung 87

6 PROTOTYP EINER REGIONALEN PERSONALBÖRSE 88

6.1 Technologische Grundlagen 88
6.1.1 Systemarchitektur 88
6.1.2 Benutzungsoberfläche 89
6.1.3 Datenbank 90
6.1.3.1 Benutzer- und -gruppenverwaltung 90
6.1.3.2 Personalgesuche und -angebote 91
6.1.3.3 Regionen 91
6.1.3.4 Skills 91

6.2 Implementierte Prozesse 92
6.2.1 Registrierung und späterer Zugang 92
6.2.2 Benutzergruppen 93
6.2.3 Personalgesuche und -angebote 95
6.2.4 Ergebnisse 97
6.2.5 Benutzerforum 98

6.3 Funktionstest 99
6.3.1 Beispiel Lagerarbeiter 99
6.3.2 Beispiel Fitness-Studio 102
6.3.3 Beispiel Star Alliance 106
6.3.4 Beispiel Personenbeförderung 109
6.3.5 Beispiel Informationsaustausch über Communities 113
6.3.6 Beispiel Fußballverein 115

6.4   Experimente _____ 118
   6.4.1   Profilmethode als Personalzuordnungsverfahren und gewogene
           euklidische Distanz als Abstandsmaß _____ 118
   6.4.2   Matching mit Merkmalhierarchien und Wertebereichen _____ 120

7   PRAKTISCHE FALLSTUDIEN _____ 124

7.1   Portal für bürgergerechte Dienstleistungen in der sozialen Sicherheit _____ 124

7.2   Diehl-Mitarbeiterpool und Personalpool Metall Nürnberg _____ 128

7.3   Implementierung eines Bewerber-Management-Systems mit
      Internetschnittstelle und Customizing-Parametern _____ 130
   7.3.1   Szenario zur Stellendefinition _____ 131
   7.3.2   Szenario zur Online-Bewerbung _____ 133
   7.3.3   Szenario zum Matching _____ 134

8   ZUSAMMENFASSUNG UND AUSBLICK _____ 137

1 Einleitung

1.1 Ausgangslage und Zielsetzung

Ging man bisher davon aus, dass die Mitarbeiter eines Unternehmens den Arbeitsplätzen des gleichen Betriebs zuzuordnen sind, so ist es in der Zukunft nicht ausgeschlossen, dass mehrere Unternehmen einer Region als „Extended Enterprise" auftreten. Damit werden ein kurz- sowie mittelfristiger Auf- und Abbau von Personalkapazität denkbar. Dabei mögen die zahlreichen Jobbörsen im World Wide Web (WWW), die ein breites Spektrum an Arbeitskräften vermitteln, behilflich sein [Mert00, 284]. In einem solchen Modell könnten Betriebe einer Region einen Mitarbeiter-Pool gründen. Personalbedarfe und -überschüsse werden einer zentralen Mittlerinstanz gemeldet, die als so genannter Personalleitstand funktioniert. Mithilfe eines Matching werden die besten Passungen zwischen Anforderungs- und Qualifikationsprofilen ermittelt und diese an die jeweiligen Beteiligten via E-Mail oder Fax zurückgemeldet.

Folgt man Szenarien, in denen sich Unternehmen immer wieder neu aufstellen, sich in andere Netze einbringen und stark projektorientiert arbeiten, so hat man auch mit stark schwankenden Personalbedarfen zu rechnen. Im amerikanischen Kulturraum operierende Betriebe mögen darauf mit einer „Hire-and-fire-Policy" reagieren. Hingegen gilt es in Kontinentaleuropa eher, die aus den Auslastungsschwankungen folgenden Zwänge mit dem Konzept der sozialen Marktwirtschaft zu versöhnen. Die „Kompromisslinie" könnte so verlaufen, dass eine Gruppe von Unternehmen zwar eine Beschäftigung (evtl. sogar in einer geografischen Region) garantiert, dies jedoch nicht in einem Betrieb als Institution im juristischen Sinne. So können etwa Mitarbeiter, die auf ein Projekt mit Start in einigen Wochen warten, noch davor an ein anderes Unternehmen ausgeliehen werden, um z. B. bei der Durchführung oder beim Abschluss einer verwandten, im Kompetenzbereich des Mitarbeiters liegenden Aufgabe behilflich zu sein. Der gemeinsame Vorteil für beide Betriebe ist die bessere Auslastung des vorhandenen Personals. Auf der einen Seite erzielen sie für unterbeschäftigte und somit ausgeliehene Mitarbeiter Einnahmen, die den Ausgaben für Löhne und Gehälter gegenüberstehen. Das andere Unternehmen kann durch die zusätzlichen Mitarbeiter Deckungsbeiträge realisieren, auf die es sonst aufgrund von Personalengpässen hätte verzichten müssen.

Ziel dieser Arbeit ist es, einen solchen regionalen Personalkapazitätsausgleich (regionales Personal-Clearing) zwischen vernetzten Unternehmen über ein WWW-basiertes Informationssystem vorzustellen. Dies erfolgt sowohl betriebswirtschaftlich in der Diskussion organisatorischer Gestaltungsvarianten als auch technisch, indem infrage kommende Zuordnungsalgorithmen beleuchtet und die prototypische Realisierung eines IV-Systems im Internet gezeigt werden. Es kann jedoch nicht ohne Berücksichtigung der äußerst dynamischen Entwicklung personalorientierter elektronischer Marktplätze im Internet, wie z. B. der vielfältigen Jobbörsen im WWW, geschehen.

Dieser Arbeit ist aufgrund eines Zitats der Association of Information Systems (AIS) ein besonderer Stellenwert zugedacht, der sich auf das Wesen von Informationssystemen bezieht [OV01].

Information and knowledge are critical resources that have come to be recognized as complements to labor and capital resources in the modern business organization. Information systems are the artifacts (the combinations of technology, data, and people) that produce the information resource for the use of individuals, organizations and society.

In der Wirtschaftsinformatik ist unter der Integrierten Informationsverarbeitung die Verknüpfung von Menschen, Aufgaben und Techniken zu einer Einheit zu verstehen [Mert00, 1]. Ein solches interdisziplinäres „Kunstwerk", das den sparsamen Umgang mit knappen Personalressourcen und gute Informationsverwaltung bündelt, sei im Folgenden skizziert.

1.2 Aufbau der Arbeit

Die für die weiteren Ausführungen wesentlichen Grundlagen eines regionalen Personal-Clearing stellt Kapitel 2 dar. Analogien sollen zeigen, dass schon bestehende Ideen sich mit ein wenig Phantasie auch auf den Faktor Personal übertragen lassen. Grundlage dafür ist die verstärkte Verwurzelung von Unternehmen in einer Region. Darin sollen sie Netzwerke oder Cluster mit dem Ziel bilden, ihr Personal zwischenbetrieblich zu disponieren. Anhand fördernder und hemmender Faktoren erhält man einen Eindruck, was Teilnehmer eines solchen Netzwerks im Einzelfall bewegen könnte. Kapitel 3 widmet sich dem „Stand der Kunst" hinsichtlich bisheriger Möglichkeiten zur Personalbeschaffung unter Nutzung des WWW. Das Kapitel 4 beschreibt einen zweistufigen Vernetzungsvorgang. Unterschiedlich stark verflochtene Konglomerate aus Jobbörsen im WWW bilden den ersten, Unternehmensnetzwerke (und deren aufbauorganisatorische Gestaltungsdimensionen) den zweiten Abschnitt. Aus der Interaktion der beiden entstehen dann „(Regionale) Netzwerke für Arbeit", wobei die Stellung der Bundesanstalt für Arbeit (BA) separat zu betrachten ist. Mögliche rechtliche Rahmenbedingungen sowie wichtige Einzelfälle runden diesen Abschnitt ab. In Kapitel 5 werden der überbetriebliche Leitstand zum regionalen Personal-Clearing aus prozessualer Sicht und Verfahren zur Personal-Aufgaben-Zuordnung sowie Integrationsbestrebungen diskutiert. Das Kapitel 6 zeigt den implementierten Prototypen in seiner IT-Landschaft, weist auf einzelne Prozesse hin und unterzieht ihn einem Funktionstest, der die Leistungsfähigkeit des Systems unterstreichen soll. Weiter führende Implementierungsexperimente runden dieses Teilstück ab. Kapitel 7 befasst sich mit assoziierten Projekten, in die FORWISS bzw. FORWIN involviert waren und sind. Das Kapitel 8 schließt die Arbeit mit einer Zusammenfassung und einem Ausblick ab.

2 Grundlagen des regionalen Personal-Clearing

2.1 Analogien

Einige Verfahren und Konzepte, die sich mit der Allokation von Produktionsfaktoren respektive Ressourcen im überbetrieblichen Umfeld beschäftigen, lassen sich auf das Personal übertragen. Es existieren darüber hinaus schon heute Konstellationen, in denen verschiedene Unternehmen und Personengruppen mit temporär wechselnden Umfeldbedingungen umzugehen verstehen.

2.1.1 Industrie-Clearing mit freien liquiden Mitteln

Grundgedanke des Industrie-Clearing mit freien finanziellen Mitteln ist es, Liquiditätsüberschüsse eines Unternehmens nicht phantasielos einem Kreditinstitut zu überweisen, welches die angesammelten Beträge einem anderen Betrieb ausleiht, der Liquiditätsbedarf hat bzw. einen Kredit braucht. Vielmehr stellen sich „befreundete" Betriebe die kurz- und mittelfristig nicht gebundenen Mittel direkt bereit. Sie sparen Transaktionskosten und behalten den Gewinn, den sonst die Bank machen würde, „in ihren Reihen". Mit steigender Transaktionseffizienz der Kapitalmärkte verlor das Industrie-Clearing an Bedeutung. Dennoch ist in Anlehnung daran vorstellbar, dass vorübergehend nicht benötigtes Personal in einem Unternehmensverbund auf zu besetzende Stellen zugeordnet und nicht dem Arbeitsmarkt überlassen wird, von wo es einem anderen Arbeitgeber zu vermitteln wäre (Personal-Clearing).

2.1.2 Kapazitätsbörsen mit Sachgütern

Auch Kapazitätsbörsen im Sachgüter-Bereich kann man sich zum Vorbild nehmen. Der wohl bekannteste Fall sind Traktorengenossenschaften in ländlichen Bereichen, die sich z. B. Mähdrescher oder Traktoren gegenseitig zur Verfügung stellen. Auch arbeiten sonst konkurrierende Unternehmen der Chip-Industrie bei der Wafer-Produktion zusammen, wenn es darum geht, Großaufträge mit knappen Lieferfristen zu erfüllen.

2.1.3 Supply Chain Management

Eine dritte Analogie ergibt sich zum Supply Chain Management (SCM), und zwar speziell zu den Bausteinen ATP (Available-to-Promise) und SCM Cockpit [MeZe99]. Beim ATP stellt sich die Aufgabe, einen Materialbedarf pünktlich zu decken, indem freie Bestände in dem Liefernetz bzw. „Extended Enterprise" computergestützt aufgefunden und umdisponiert werden. Dabei sind unter Umständen komplizierte Alternativen abzuwägen, etwa Transport aus einem entfernten Lager (entspricht Verpflichtung von Arbeitskräften aus Nachbarregionen bei Zahlung der Reisekosten), Umreservierungen von Materialien oder Kapazitäten zulasten bestimmter Projekte (entspricht im Extremfall dem Ausleihen von Personal, wobei dem betroffenen Partner eine Entschädigung gezahlt wird) oder die Substitution des verlangten Materials durch ein höherwertiges ohne Änderung des Preises (entspricht vorübergehendem Einsatz von unterforderten Qualifikationsträgern). Die Disponenten bedienen sich bestimmter „brain amplifier"; dazu zählen Recherchen in zentralisierten oder auch verteilten Datenbanken (entspricht der Konsultation von Jobbörsen), Expertensystem-Elemente und Leitstände mit reichen Grafikfunktionen („Cockpit").

2.1.4 Konzerninterne Auslandseinsätze

In multinationalen Konzernen sind unter bestimmten Voraussetzungen internationale Mitarbeiteraustausche möglich. Dabei haben die „Auserkorenen" die Möglichkeit, verschiedene Unternehmen in anderen Kulturen kennenzulernen. Schon innereuropäische Arrangements mögen einen immensen Erfahrungsschatz bedeuten (z. B. südeuropäische Lebens- und Arbeitsweise). Solche Auslandseinsätze kommen auf allen Hierarchieebenen vor. Für höchste Managerpositionen sind sie oft sogar Voraussetzung; der Kandidat hat zu beweisen, dass er mit wechselnden Arbeits- und Sozialumfeldbedingungen zurechtkommt. Solche Ideen gehören zum Bereich des internationalen Personalmanagements [Fest95]. Im Rahmen der „Post-Merger-Integration-Phase" bei der DaimlerChrysler AG wurden Arbeitnehmer besonders dazu motiviert, sich für einen Einsatz im Ausland zu bewerben, um die Fusion zu beschleunigen.

2.1.5 Virtuelle Unternehmen (VU)

VU sind u. a. durch häufige Personalwechsel gekennzeichnet [MeGE98]. Zahlreiche Beispiele belegen, dass bei den Beteiligten definitionsgemäß weniger Berührungsängste mit neuen (sozialen und organisatorischen) Umfeldbedingungen als bei Mitarbeitern in festen Arbeitsverhältnissen bestehen. Dabei gelten folgende Anforderungen an selbstständige Projektpartner: visionäre Persönlichkeit, Kernkompetenzen, Kreativität und Innovationsfähigkeit, Kommunikationsfähigkeit und -bereitschaft, Kooperationsbereitschaft, soziale Kompetenz, Fähigkeit zur Eigenmotivation, Mobilität, Flexibilität, Leistungsorientierung und lebenslanges Lernen [Vogt98, 72-117]. Obwohl das Festlegen von Ausprägungen im Einzelfall problematisch ist, so zeichnet sich im Unterschied zu einem festen Arbeitsverhältnis doch eine deutliche Tendenz ab, dass sich Einstellungen der Arbeitnehmer weg von einer möglicherweise eher statischen Position hin zu mehr Agilität entwickeln.

2.1.6 Zeitarbeitunternehmen

Auch Zeitarbeitunternehmen müssen schon immer mit dem Problem wechselnder Arbeitnehmer bzw. ihre Angestellten mit unterschiedlichen Arbeitgebern umgehen. In den USA ist die auf Personalvermittlung an ausgewählte Kunden spezialisierte Manpower Inc. der größte Arbeitgeber. Dort arbeiteten weltweit im Jahr 2000 mehr als 2 Mio. Menschen [Manp01]. Diese Zahl ist ca. vier- bis fünfmal größer als bspw. bei FORD oder General Motors. Zweistellige Zuwachsraten beweisen die zunehmende Beliebtheit von Zeitarbeitunternehmen auch in Europa [BZA01]. Man mag dies als Signal der Unternehmen dafür deuten, dass sie sich einen flexibleren Umgang mit Personal wünschen.

2.1.7 Unternehmensberater

Mit wechselnden Auftraggebern an verschiedenen Standorten haben auch Unternehmensberater zurecht zu kommen. Da es sich (meist) um hoch qualifizierte Arbeitnehmer handelt, die i. d. R. auf neueste IuK-Unterstützung zurückgreifen können, scheint ihnen der doppelte Umfeldwechsel leichter zu fallen. Schon bei der Rekrutierung werden Unternehmensberater auf soziale und kommunikative Qualitäten geprüft, um sich schnell in Teams integrieren zu können.

2 Grundlagen

2.1.8 Bereichsübergreifende Personaleinsatzplanung und interne Personalleitstände

Mit der Idee des zwischenbetrieblichen, regionalen Personal-Clearing am besten zu assoziieren sind vereinzelte Bestrebungen, eine bereichsübergreifende Personaleinsatzplanung [BrBü92] oder einen Personalleitstand zu etablieren [Scho00, 702-703]. Während Braun und Bühring Personalbedarfe über mehrere Werkstatträume oder Produktlinien in segmentierten Unternehmen disponieren wollen, geht es Scholz eher um ein Management-Informationssystem, durch das die Unternehmensleitung eine „aktuelle und komprimierte Übersicht über den Kostenstatus" erhält. Inwiefern die dabei verwendeten Definitionen und Vorstellungen für das regionale Personal-Clearing zu erweitern sind, zeigt diese Arbeit auf.

2.2 Renaissance der Regionen in Politik und Wirtschaft

2.2.1 Neugestaltung räumlicher Steuerungskonzepte, „Glokalisation" und regionale Arbeitsmarktpolitik

Eine grundlegende Annahme ist, dass regionalen Verbünden in einem „Europa der Regionen" wieder verstärkte Bedeutung zukommt. Wenn es im Politikjargon um die Neugestaltung räumlicher Steuerungskonzepte geht, ist die Ursache für die Diskussion meist der problematische Zustand, dass ca. 70 % der politischen Entscheidungen in Brüssel auf EU-Ebene getroffen und in Deutschland diese dann nur noch umgesetzt werden [BiLo00]. „Schnelle, maßgeschneiderte politische Entscheidungen sind in der Region vor Ort zu fällen, zentralistische Entscheidungsstrukturen dafür zu schwerfällig" [Stoi00, 4]. Diese Wendung zur Region kommt auch in Wirtschaftskreisen u. a. im Phänomen „Glokalisation" zum Ausdruck: Die Tendenzen der Globalisierung bilden die Voraussetzung für die größere Bedeutung der Regionen, somit sind Globalisierung und Regionalisierung komplementär. Daraus hat sich der Begriff der „Glokalisation" gebildet [Swyn92].
Versucht man die politische und wirtschaftliche Sichtweise zu vereinen, so ist die „Revitalisierung des Föderalismus" eine Antwort auf die Globalisierung, die dazu geführt hat, dass nicht nur die Volkswirtschaften, sondern auch die Standorte zueinander im Wettbewerb stehen. Trotzdem werden die Auswirkungen internationaler Konkurrenz auf Arbeitsmärkte regional erfahren. „Das verlangt von den Nationen und Regionen sowie den darin ansässigen Unternehmen und Menschen Flexibilität, Innovationsfähigkeit, Anpassungsbereitschaft und -fähigkeit sowie Übernahme von Verantwortung für sich und andere. Hand in Hand mit der wachsenden Integration der Weltwirtschaft geht der Ruf nach größerem politischen Mitspracherecht der Bürger, nach Subsidiarität, nach Selbstbestimmungsrechten und Dezentralisierung" [Stoi01, 41-42]. Regionale Personalbörsen sind ein Baustein dazu.
Eine aktuelle Studie von McKinsey zeigt auf, dass Wachstum heute an weniger beweglichen Faktoren, den Ideen und den Marken, hängt [Bier00, 220]. Die Wiedergeburt des Genius Loci veranlasst Unternehmen, Clusterbildung bzw. regionale Netzwerke zu initiieren. Als Beispiel sei das Projekt AutoVision der Volkswagen AG erwähnt, das auf einem 35 Hektar großen Gewerbegebiet für Zulieferer ein Forschungszentrum für 700 Ingenieure und Techniker sowie einen Innovationscampus für Gründer im Automobilzulieferbereich vereint. Eine Arbeitsvermittlung versorgt die sich neu ansiedelnden Zulieferer mit regionalen Arbeitskräften. In der Gegend sank die Arbeitslosenquote zwischen der Jahresmitte 1998 bis zum Sommer 2000 von 17,2 % auf knapp zehn Prozent. Auch die TIME-Branche (Telekommunikation, Informationstechnik, Medien und Entertainment) ist ein Beispiel für erfolgreiche Clusterbildungen wie z. B. in Silicon Valley, Bangalore und Silicon Alley in New York [NaSc00, 21-24].

Doch die Idee regionaler Netzwerke ist keinesfalls neu. Bereits 1920 lieferte Marshall mit seiner Theorie des industriellen Distrikts die (wichtigsten) ökonomischen Erklärungen für derartige Konzentrationen: Eine große Anzahl von Unternehmen an einem Ort ermöglicht das Entstehen eines Arbeitskräftepools, der sowohl für Arbeitsanbieter als auch -nachfrager von Vorteil ist. Gleichzeitig sinken die Preise aufgrund von Skaleneffekten. Schließlich fließen Informationen über kürzere Distanzen schneller, besser und erlauben es damit den Unternehmen, sich gegenseitig in ihrer technischen Entwicklung zu befruchten [BGLS01].

Die Umsetzung regionaler Arbeitspolitik durch Politik und Wirtschaft kann durch verschiedene Konzepte erfolgen, die im Folgenden mit ihren Vor- und Nachteilen charakterisiert werden [Kröm98].

1. Mit der Schaffung eines **Regionalbüros** ist die regionale Arbeitspolitik als Sonderaufgabe etabliert und in ein eigenständig operierendes Gremium überführt. Es entsteht eine Instanz, die über die Macht und die Mittel zur Durchsetzung regionaler Konzepte verfügt. Nachteilig ist, dass die von anderen Bereichen abgetrennte Regionalstelle ergänzend zu den bisherigen Zuständigkeiten existiert und sich nur schwer eine neue politische Handlungskultur sowie eine regionale Identität ausbilden.

2. Will man arbeitsmarktpolitische Akteure an einem „**Runden Tisch**" versammeln, so könnten einerseits in einer solchen regionalen Konferenz das Know-how und die Erfahrungen der verschiedenen Beteiligten zusammengebracht und dadurch neue Strategien für arbeitsmarktpolitische Maßnahmen erarbeitet werden, die ohne diese Kooperation nicht zustande kommen würden. Andererseits erweist sich die Trennung von Ideenentwicklern, die keine eigene Befugnis über Bewilligung und Finanzierung haben, und Entscheidungsträgern, die Konzepte beurteilen, freigeben oder verwerfen, als wenig funktional (Trennung von Denken und Handeln).

3. Wenn eine **bereits existierende Institution** mit regionaler Ausrichtung die Moderatoren- oder Repräsentantenrolle der Region übernimmt, besteht die regionalpolitische Aufgabe darin, den Standpunkt der regionalen Entwicklung gegenüber den partikularen Akteuren zu vertreten, diese auf die Relevanz von Weiterentwicklungen hinzuweisen und darüber das Bewusstsein ihrer räumlichen Einbettung zu fördern (z. B. Industrie- und Handelskammern (IHKn), Handwerkskammern).

4. Unter einem **Netzwerk** der arbeitsmarktpolitischen Akteure wird die kooperative Bearbeitung der Beziehungen unter den Beteiligten zur Entwicklung eines gemeinsamen Handlungsziels verstanden. Annahme dabei ist die wachsende Interdependenz von den Aktivitäten anderer, sodass die Folgen des eigenen Tuns kaum mehr autonom gesteuert werden können. Dabei kristallisiert sich die Region als noch überschaubarer Raum heraus, weil darin durch die Aufeinanderbezogenheit und die wechselseitige Durchdringung das Handeln der Akteure im Netzwerk überhaupt erst konstituiert wird. Ferner verlangt das Handeln in Netzwerken u. a. die Möglichkeit und die Fähigkeit zur Selbstorganisation, die nicht allein die Planung regionaler Projekte, sondern auch deren Umsetzung auf Basis der zur Verfügung stehenden Ressourcen beinhaltet (siehe Kapitel 7.2). Es stellt sich die Frage nach der Zielgröße, die eine handlungsleitende gemeinsame Orientierung ermöglicht. Als Anreiz muss dann auch der Erfolg der einzelnen Akteure tatsächlich an die Regionalentwicklung gekoppelt sein. Eine solche Kennzahl könnte die Anzahl der Beratungsgespräche im jeweiligen Arbeitsamtsbezirk darstellen. Ist das Netzwerk beim regionalen Personal-Clearing erfolgreich, so müsste diese Zahl zurückgehen, weil nur noch schwer vermittelbare Personen von der Behörde betreut würden. Dieses Vorgehen basiert aber auch auf einer Änderung der Anreizstrukturen in den Arbeitsämtern, die (derzeit noch) versuchen, möglichst vielen zu Vermittelnden die gleiche Betreuung zukommen zu lassen.

2.2.2 Beschreibungsmöglichkeiten von Netzwerken allgemein

Aufgrund der stark unterschiedlichen Ausprägungen von Netzwerken ist eine klare Definition und Abgrenzung vielen Autoren nur sehr schwer möglich. Eine Erfassung des Phänomens wird daher meist über eine Aufzählung der Eigenschaften versucht. Zu diesen gehören i. Allg. (z. B. [LoRe01, 6-7], [Will88], [Ball98], [Port99]):

1. Interdependenz (Kombination ihrer Ressourcen führt zu Synergieeffekten),
2. asymmetrische Machtverteilung (z. B. ein fokales Unternehmen, siehe Kapitel 4.2.8.1),
3. Reziprozität (Beziehungen zwischen den Akteuren beruhen auf gegenseitigen Anpassungsprozessen; nicht nur Austausch, sondern auch gegenseitiges Verschulden und Verpflichten sind essentiell für eine gestärkte Bindung),
4. Komplexität (rein ökonomisch und sozial),
5. Dauerhaftigkeit (z. B. Stabilität notwendig, Netzwerkbeziehungen gelten als eine Art Kapital, in das „gegenseitige Anpassung investiert" wird),
6. Offenheit und Flexibilität (intern und extern, damit Dynamik und Innovationsfähigkeit erhalten bleiben) und
7. Gegenpol zu Markt und zu Hierarchie: Markt gilt als Koordinationssystem mit dem Preis als Instrument, die Interaktionen verlaufen horizontal und sind gleichberechtigt. Hierarchie hat die Anweisung als Mittel, demzufolge verlaufen die Transaktionen eher vertikal. Netzwerke dagegen dienen nicht nur zur Herstellung ökonomischer Effizienz, sondern auch zur Reproduktion von Herrschaft.

Andere Autoren versuchen mithilfe von Morphologischen Kästen die wichtigsten Besonderheiten von Netzwerken zum Ausdruck zu bringen (Tabelle 1, z. B. [BIBS01], [Hess98]).

Merkmal	Ausprägungsformen		
Veränderlichkeit	Statische Systeme		Dynamische Systeme
Veränderungspotenzial im Vernetzungsprozess	Netzstruktur	Anzahl der Akteure	Beides
Wettbewerbsformen	Inter-Wettbewerb		Intra-Wettbewerb
Erklärungsansätze	Theoriefrei	Geografische Ökonomie	Ökonomische Geografie	Sonstige
Entwicklungsphasen	Suchphase	Vereinbarungsphase	Abwicklungsphase

Tabelle 1   Allgemeine Morphologie zu Netzwerken

Statische Systeme sind nach der Konstitution unveränderlich. Dagegen können sich bei **dynamischen Systemen** die Netzstruktur, die Menge der vernetzten Akteure oder beides im Zeitablauf ändern (Abbildung 1) [BIBS01, 17-19].

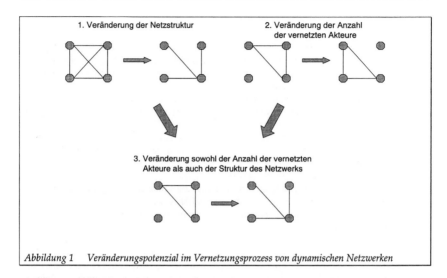

Abbildung 1 Veränderungspotenzial im Vernetzungsprozess von dynamischen Netzwerken

Verdrängungsprozesse sowohl in der Flächennutzung als auch im Arbeitsmarkt sind Erklärungsversuche für den **Intra-Wettbewerb** in Netzwerken bzw. Regionen. Für den **Inter-Wettbewerb** dagegen gibt es theoriefreie, ökonomische, wirtschaftsgeografische und sonstige Ansätze [Knyp99]. Als **theoriefrei** gilt die Fallstudienforschung, in der z. B. in USA das Silicon Valley der „Route 128" in der Nähe von Boston gegenübergestellt und Unterschiede aufgrund von Interviews festgehalten wurden. Nachdem Marshall mit seinen frühen Ideen keine Beachtung fand, ist es v. a. Krugman, der diese seit Mitte der 90er Jahre zu revitalisieren versucht (**geografische Ökonomie**). Die **ökonomische Geografie** dagegen thematisiert z. B. die japanischen Keiretsu-Strukturen genauso wie die Typologisierungen der „Hub-and-Spoke-Districts" (Nabe-Speiche-Netzwerke wie z. B. die Gegend um Seattle, die durch Boeing im Flugzeugbau geprägt wurde), der „Satellite Industrial Platforms" (Satelliten-Plattformen wie etwa die Region Wolfsburg um die Volkswagen AG) und der „State-anchored Districts" (Distrikte im Umfeld von staatlichen Behörden oder Forschungszentren wie etwa die Region um Brüssel, das als EU-Sitz einen reichen Nährboden für vielerlei Beratungsunternehmen bietet). Vielfach sind die Bewohner schon traditionsgemäß auf die Herstellung ganz bestimmter Produkte eingestellt (wie Uhrenerzeugung im Schwarzwald, Gablonzer Schmuck, Geigenbauer in Bubenreuth u. a. m. [MeBo99, 99]). Es ist dabei festzustellen, dass die Mikrostrukturen regionaler Netzwerke sehr unterschiedlich funktionieren können, wobei immer auch die Rolle einzelner Personen besondere Aufmerksamkeit erfahren hat (wie bspw. der Vorstandsvorsitzende der Jenoptik AG, Lothar Späth, im Raum Jena). Unter den **sonstigen Ansätzen** ist eine ganze Reihe unterschiedlichster Denkmodelle zu subsumieren, als da wären: politologische, populationsökologische, organisationssoziologische und kognitive Theorien. Ihnen allen ist die Betonung der Zeitstrukturen und damit des natürlichen Wandels gemein.

In der **Suchphase** findet die Informationssammlung über potenzielle Kooperationspartner statt. Daran schließt sich die **Vereinbarungsphase** an, in der Verhandlungen über Konditionen der Transaktion erfolgen. Die **Abwicklungs- (oder Durchführungs-)phase** beinhaltet den Austausch von Gütern bzw. Informationen.

2.2.3 Voraussetzungen regionaler Netzwerke

Als allgemein gültige Voraussetzungen oder günstige Bedingungen für das Entstehen von Netzwerken werden von vielen Autoren einhellig genannt (z. B. [NaSc00, 24-25], [Gosl00, 44]):
1. Gleiche Idee, Ziele sowie Vertrauen der Unternehmen als Basis des Netzwerks.
2. Geografische Nähe und Verbundenheit (Aktionsradius ist oft kleiner als 100 km).
3. Vorhandensein technologischer Kompetenz („Brainpower").
4. Schlüsselfiguren als Promotoren.
5. In der Region verwurzeltes, für Menschen und Unternehmen geltendes Clustermilieu (kultur- oder strategiebezogene Ähnlichkeit): Einerseits fällt dadurch die Zusammenarbeit generell leichter, da sich die Denkweisen der Einzelnen gleichen und die Gefahr geringer ist, dass Unstimmigkeiten die Zusammenarbeit stören. Bezogen auf den Personalaustausch ist eine „Gleichgesinnung" vorteilhaft. Andererseits gewöhnen sich die Arbeitnehmer leichter an den neuen Arbeitsort und integrieren sich schneller, wenn sie bspw. bereits mit der bzw. einer ähnlichen Unternehmenskultur vertraut sind. Die erforderliche Zuversicht in jeden Kooperationspartner und in das Netzwerk als Ganzes kann darauf basieren, dass der Einzelne bei den Partnern gleiche Normen und Werte wiederfindet (siehe auch Punkt 1).
6. Kritische Masse an teilnehmenden Institutionen.
7. Klare „Spielregeln" (Vereinbarungen) und Geltung für alle Beteiligten: Die Eigenständigkeit der beteiligten Unternehmen und die anfallende Kosten für jeden Beteiligten müssen gewährleistet bzw. offensichtlich, die Aufgabenverteilung vorab geklärt sowie der Ausstieg eines Partners jederzeit (bzw. kurzfristig) möglich sein. Dieselben Rechte und Pflichten (Gleichstellung) aller Beteiligten lassen kein hierarchisches System zu, sodass kein Unternehmen weisungsgebunden, ausgebeutet oder unterdrückt sein darf [PiRW01]. Außerdem beugen Kooperationsverträge einem Vertrauensmissbrauch vor, sodass bei gravierenden Regelverstößen (z. B. gegenseitiges Abwerben von Personal) mit Sanktionen in Form eines Ausschlusses aus dem Netzwerk zu rechnen ist. Die Vereinbarungen müssen auch gewährleisten, dass Beziehungen zu anderen Unternehmen außerhalb des Netzwerks erlaubt sind und hierfür die Zustimmung der anderen Netzwerkmitglieder nicht notwendig ist.
8. Bereitschaft zur staatlichen Förderung bzw. entsprechender Gesetzgebung: Als Beispiel für die Auswirkung niedriger Handelsschranken dient die Industrie der USA, die im Vergleich zu der in Europa regional sehr viel stärker spezialisiert ist, da ihre Ansiedlung von keinen zusätzlichen, „künstlichen" Größen wie Zöllen beeinflusst ist [BGLS01].

Speziell die Punkte 6 und 7 sind in der Praxis sehr bedeutsam. Die besten Absichten lassen sich nicht verwirklichen, weil Akteure die Potenziale nur in dem Maße nutzen können, wie die rechtlichen Regelungen dies zulassen und fördern. Die Rechtsprinzipien und die daraus abgeleiteten Rechtsnormen setzen juristische Standards für die Informations- und thematischen Beziehungen zwischen den Akteuren voraus. Diese das Außenverhältnis von Netzwerken bestimmenden Regelungen sind aber auch durch interne Verhaltensanweisungen abzurunden [Schm00, 15-16]. Als eines der größten und deshalb schon an dieser Stelle kurz behandelten Probleme in Netzwerken gilt die Gestaltung von Sanktionsmöglichkeiten der Akteure. Die Teilnehmer wollen Überwachungsmöglichkeiten haben, was Einfluss auf die Kooperationsbeziehungen hat. Eine ausführliche Behandlung von möglichen rechtlichen Rahmenbedingungen und von Einzelfällen mit dem Ziel „Regionales Personal-Clearing" findet sich in Kapitel 4.5.

2.3 Fördernde und hemmende Faktoren

Tabelle 2 gibt einen Überblick zu den auffälligsten Pro- und Contra-Argumenten des regionalen Personal-Clearing mit Verweisen auf die nachfolgenden Kapitel.

Wirkungen/Anreize für...	↑ (positiv)	↓ (negativ)
den Einzelnen	Neueinstellungen (siehe 2.3.1.1), Standortvorteil (siehe 2.3.1.3)	Nicht für alle Berufsgruppen (siehe 2.3.2.1), Soziales Netz (siehe 2.3.2.6)
das Unternehmen bzw. das Unternehmensnetzwerk	Niedrigere Personalkosten und leichterer Personalaustausch (siehe 2.3.1.2), Standortvorteil (siehe 2.3.1.3)	Misstrauen (siehe 2.3.2.2), Flexible Arbeitszeitkorridore (siehe 2.3.2.3), Soziales Netz (siehe 2.3.2.6)
die Region bzw. die Volkswirtschaft	Reduzierter „Mismatch" (siehe 2.3.1.4)	Ungünstige institutionelle Einbindung (siehe 2.3.2.4), Gleichläufige Beschäftigungszyklen (siehe 2.3.2.5), Soziales Netz (siehe 2.3.2.6)

Tabelle 2   Positive und negative Wirkungen/Anreize des regionalen Personal-Clearing

Die rechtliche Basis der angedachten Transaktionen stellen das Arbeits- und das Sozialrecht mit Einzelgesetzen und Verordnungen dar. Aufgrund der Bedeutung ist ihnen das eigenständige Kapitel 4.5 gewidmet.

2.3.1 Fördernde Faktoren

2.3.1.1 Höherer Anreiz für Neueinstellungen

In Kombination mit den beiden folgenden Punkten ist vorstellbar, dass sich durch regionales Personal-Clearing eine „einstellungsfreundlichere" Personalpolitik für die Region etablieren ließe. Im Gegensatz zu häufig nur groben Berechnungen im betrieblichen Personalcontrolling stünde dann die Flexibilität der Mitarbeiter im Vordergrund und würde eine Neuverpflichtung begünstigen. Dies gilt bei Strukturumbrüchen v. a. für Arbeitskräftepools, die von Unternehmen völlig losgelöst sind und bspw. von Auffang- oder Weiterbildungsgesellschaften unterhalten werden [Wein96].

2.3.1.2 Niedrigere Personalkosten und leichterer Personalaustausch

Das gegenseitige Vermieten von Personalressourcen hat für die Unternehmen ceteris paribus niedrigere Personalkosten zur Folge, da nur die wirklich in Anspruch genommene Arbeitsleistung entlohnt wird. Für den Arbeitnehmer ergibt sich im Idealfall keine Veränderung, da mehrere Unternehmen gemeinsam sein Entgelt pro Zeitabschnitt aufbringen. Unternehmensspezifische Kapazitätsgebirge werden mit -tälern anderer Betriebe regional ausgeglichen. So reduziert sich der Personalbestand auf den durchschnittlichen und ist nicht mehr auf die Spitzen ausgerichtet. Folgt man der Hypothese einer wachsenden Bedeutung von Regionen, so kann im Umkehrschluss davon ausgegangen werden, dass sich in solchen Know-how-Zentren geeignetes Personal befindet und damit ein temporärer Austausch leichter möglich ist als anderen Orts.

2 Grundlagen 11

2.3.1.3 Betrieblicher und persönlicher Standortvorteil

Sowohl für einzelne Unternehmen als auch für deren Arbeitnehmer ergibt sich ein Standortvorteil in Regionen, die Personal-Clearing betreiben: Einzelne Betriebe könnten eher geneigt sein, sich dort niederzulassen, wo ihnen ein flexibler Umgang mit Humanressourcen (z. B. in Bezug auf die Personalbeschaffung) möglich ist. Gleichzeitig könnten Familien gerade in eine solche Region ziehen wollen, weil die Gefahr der Arbeitslosigkeit für den bzw. die Versorger grundsätzlich geringer ist. Durch die Aggregation von betrieblichen Nachfragen kann auch das regionale Aus- und Weiterbildungsdefizit eruiert werden.

2.3.1.4 Reduzierter „Mismatch"

Man kommt auf volkswirtschaftlicher Ebene mithilfe eines funktionierenden, regionalen Personal-Clearing auch der Optimalallokation von Personal zu Aufgaben wesentlich näher. Eine Einschätzung der Höhe und der zeitlichen Entwicklung eines möglichen „Mismatch" liefert die Beveridge-Kurve. „Sie ist eine Relation, welche die Arbeitslosenquote und die Quote der offenen Stellen in Beziehung setzt. [Es ist unmittelbar ersichtlich, dass] in jedem Zeitpunkt [...] einer bestimmten Zahl von Arbeitslosen eine gewisse Zahl an offenen Stellen gegenüber [steht]. Dabei scheinen sich diese Diskrepanzen im Zeitablauf noch vergrößert zu haben" ([Fran99, 197], [BaBe01], [LoWe01]). Diese Vermutung wird auch gestützt durch Aussagen einer auf IV in der Arbeitsvermittlung spezialisierten Führungskraft [Maaß99]. Sie gelangt aufgrund einer Zusammenarbeit mit den Arbeitsverwaltungen unterschiedlicher Länder zu der Einschätzung, dass die deutsche Volkswirtschaft dem theoretischen Ziel „optimale Allokation aller Arbeitskräfte" weiter entfernt ist als die anderer Länder, etwa Australien oder USA. Niedrigerer regionaler „Mismatch" hat auch eine Kostenersparnis zur Folge, die sich v. a. durch geringere saisonale und friktionelle Arbeitslosigkeit und die damit verbundenen Ausgaben ergibt. Dass es sich dabei um beachtliche Beträge handeln kann, verdeutlicht folgende Aussage: „Könnte man die Arbeitslosigkeit in der Summe theoretisch um eine Woche verkürzen, so ergäbe sich dadurch eine Einsparung an Transferleistungen von ca. einer Milliarde DM" [Alt01].

2.3.2 Hemmende Faktoren

2.3.2.1 Eignung des Konzepts nicht für alle Berufsgruppen

Das Personal-Clearing ist dadurch eingeschränkt, dass es nur mit bestimmten Arbeitnehmergruppen durchführbar ist. Alle Träger von wettbewerbsrelevantem Wissen kommen dafür nicht infrage, weil die Gefahr eines (un-)gewollten Know-how-Übertritts von Unternehmen als zu hoch eingeschätzt wird. Dennoch hat jeder Betrieb im Einzelfall zu entscheiden, welche Personen zur „Unique Selling Proposition" desselben beitragen und welche nicht. Zu Letzteren könnten in einer groben Näherung Menschen gehören, die in Anlehnung an die Klassifikation bei IV-Systemen einfache administrative und dispositive Tätigkeiten wahrnehmen [Mert00].

2.3.2.2 Misstrauen

Die Teilnehmer müssen einander und dem Netzwerkgedanken vertrauen, damit keine Ängste vor gegenseitigem Abwerben und dem Empfehlen von schwächeren Arbeitnehmern bestehen. Während sich Netzwerk-internes „Headhunting" vielleicht noch ansatzweise in einem rechtlichen Rahmenwerk regeln ließe, ist die Personalbeurteilung generell sehr subjektiv. Dieser

Vorgang wird umso schwieriger, je kürzer ausgeliehene Personen einander zur Verfügung gestellt werden.

2.3.2.3 Flexible Arbeitszeitkorridore

Um Beschäftigungsschwankungen entgegen zu wirken, haben Unternehmen eine Reihe von Maßnahmen entwickelt, die die Relevanz eines unternehmensübergreifenden Personalkapazitätsausgleichs abschwächen. Zu den wichtigsten gehören flexible Arbeitszeitkorridore (in Form von Langzeit- oder Lebensarbeitszeitkonten). So können Betriebe temporäre Überschüsse zu Lasten bisher angesparter Zeitkonten ausgleichen. Innerhalb der von Unternehmensleitung und Betriebsrat festgesetzten Ober- und Untergrenzen erfolgt die flexible Anpassung an Nachfrage- und damit Produktionsschwankungen.

2.3.2.4 Ungünstige institutionelle Einbindung

Im Folgenden ist ein doppeltes Spannungsfeld einer Lösung zu überführen, einerseits zwischen zentraler und dezentraler Organisation, andererseits zwischen privater und öffentlichrechtlicher Trägerschaft der Einrichtung, die regionales Personal-Clearing durchführt. Das geschieht unter der Voraussetzung, dass staatliche Organisationen ebenfalls eingebunden werden, wie es bei vielen EU-Projekten zu Beschäftigungsfragen schon in den Ausschreibungen verlangt wird (das regionale Unternehmertum wird zunehmend stärker in die Verantwortung genommen). Dieser Abschnitt soll also dazu beitragen, externe Gestaltungsdimensionen zu (er-)klären. Das Problem regionaler Arbeitsmarktpolitik besteht darin, dass eine Vielzahl an Beteiligten lokale, kommunale, regionale und regionalisierte Arbeitsmarktpolitik zumindest teilweise unverbunden nebeneinander umgesetzt hat. Dies ist leicht einsichtig, wenn man die beteiligten Akteure betrachtet: Land, Kommunen, IHKn, Handwerkskammern, Arbeitgeberverbände, Gewerkschaften, kirchliche Einrichtungen, Bildungsträger, Institute, Arbeitsämter und Landesarbeitsamt.
Man kann die Beteiligten in einem Kontinuum von „zentral" bis „dezentral" anordnen, womit auch das Interesse sowie die Eingriffsmöglichkeiten in den einzelnen Regionen verbunden sind. Eher zentrale Einrichtungen wie das Landesarbeitsamt müssen stärker ein Gesamtziel verfolgen als dies bspw. regionale und damit dezentrale Handwerkskammern können. Je dezentraler also das regionale Personal-Clearing in den bzw. mit dem Verwaltungsapparat kooperieren kann, desto besser scheinen die Erfolgsaussichten. Eng damit verflochten ist auch die Gestaltungsfrage hinsichtlich der Trägerschaft eines Netzwerks, die v. a. durch die Finanzierung desselben bestimmt wird. Auch hier konkurrieren selbstständige Unternehmensverbünde, die eigene Mittel einzusetzen bereit sind, mit Konstellationen, die ein auf öffentlicher Förderung basieren.
Sucht man nach volkswirtschaftlichen Begründungen, so sind diese mit der Theorie der öffentlichen Güter, dem Freifahrer-Syndrom, der Institutionenökonomie (v. a. mit ihrer Teildisziplin Transaktionskostenökonomie) und der Theorie des Föderalismus (Neue politische Ökonomie) „umrissen". Die Infrastruktur, die ein regionales Personal-Clearing möglich macht und damit zu einer besseren Passung von Anforderungs- und Qualifikationsprofilen beiträgt, kann man als öffentliches Gut sehen, das der Staat zur Verfügung stellen muss.
Gründen sich auf Basis der Theorie des Föderalismus dezentrale Verbünde (wie etwa „(Regionale) Netzwerke für Arbeit", siehe Kapitel 4.3), um damit einen regionalen Personalkapazitätsausgleich zu realisieren, so spielt die Anzahl der Beteiligten eine entscheidende Rolle. Wird diese zu hoch angesetzt, mag es zu häufigen Freifahrer-Syndrom-Erscheinungen, z. B. in Form von gegenseitigem Abwerben, kommen, weil es nicht möglich ist, die Kontrolle über die Einzeltransaktionen zu behalten bzw. die Kontrollkosten (lt. Transaktionskostenökonomie) dafür zu hoch sind. Dies spricht auch generell gegen die zentrale Organisation.

2 Grundlagen

Vorteil der zentralen Lösung wäre zweifelsohne, dass den beteiligten Akteuren keine direkten Kosten entstehen, während es bei dezentralen Lösungsalternativen zu nicht unerheblichen finanziellen Mehrbelastungen kommen mag. Der (dezentrale und möglichst erwerbswirtschaftliche) Verbund muss also selbst dafür sorgen, dass die Größe überschaubar bleibt.

Die von den öffentlich-rechtlichen Beteiligten und deren unterschiedlichen Interessen ausgehende „Verwaltungskonfusion" könnte also ein großer „Stolperstein" für ein solches Netzwerk sein. Will Letzteres bestehen, zählt pragmatisches Vorgehen beim Personal-Clearing mehr als die (scheinbar) weitreichende Absicherung durch bzw. Einbindung in ein administratives Regelwerk.

2.3.2.5 Gleichläufige Beschäftigungszyklen

Regionale gegenläufige Beschäftigungszyklen sind Voraussetzung für einen zwischenbetrieblichen Personalkapazitätsausgleich. Wenn bspw. eine Region sehr stark von Branchen dominiert wird, deren Konjunkturverläufe komplementär und nicht konträr zueinander stehen, so wollen die davon betroffenen Unternehmen gleichzeitig Personal abgeben bzw. aufnehmen. Ein Personal-Clearing wird dann nur durch ein Ausweiten des Gebietes möglich, in dem die Chance auf Kompensationseffekte wieder ansteigt. Um herauszufinden, ob eine Region einen guten oder schlechten Nährboden für diese Idee darstellt, sind Sekundärdaten abzuleiten. Der Mangel an Primärdaten macht den Einsatz eines Bündels statistischer Methoden notwendig, um aus dem vorhandenen (oft auch über ein bis zwei Jahre alten) Zahlenmaterial Näherungslösungen zu generieren. Die Komplexität der Regionalforschung hatte nicht zuletzt die Einrichtung eines eigenen Arbeitsbereiches am Institut für Arbeitsmarkt- und Berufsforschung (IAB) in Nürnberg zur Folge [IAB01].
Als wichtigste externe Einflüsse gelten Abwanderungen, strukturbedingte Fluktuationen und Saisonbereinigungen wie z. B. in der Bauindustrie oder von der Region unbeeinflussbare Faktoren wie nationale Gesetzgebung. Wie trotzdem stark vereinfachte, aber schnell verfügbare Aussagen zu gewinnen sind, zeigt ein mehrstufiger Datengewinnungsprozess [Maie01]:
1. In einer ersten Näherung sind die „offenen Stellen gesamt" den Arbeitslosenzahlen je Arbeitsamtsbezirk gegenüberzustellen.
2. Verschieden feingranulare Zeitreihenanalysen (monatliche oder wöchentliche) erlauben einen tieferen Einblick.
3. Eine Differenzierung nach Branchen, Berufen oder Qualifikationen schließt sich daran an. In der Kombination dieser Einzelbetrachtungen liegt die oben erwähnte Herausforderung.
4. Danach erfolgt im Idealfall der Abgleich mit aggregierten Individualdaten, wie sie aus den Online-Systemen Arbeitgeber-Informations-Service (AIS) und Stellen-Informations-Service (SIS) der BA zu entnehmen sind, um die Datenvalidität sicherzustellen.

Kritisch bleibt zu erwähnen, dass auch AIS und SIS nur bedingt ein repräsentatives Bild darstellen und deren Initiatoren darum bemüht sind, den Einschaltungsgrad zu erhöhen, d. h. eine ernst zu nehmende Konkurrenz für die zahlreichen anderen elektronischen Stellenvermittlungsplätze im WWW zu sein, um u. a. auch bessere Regionaldaten zu erhalten. Eine ausführliche Diskussion der Jobbörse der BA (JBA), zu der AIS und SIS gehören, findet sich in [MaPr00, 10-15].

2.3.2.6 Soziales Netz und Anreize

Das soziale Netz bewirkt, dass der Einzelne bei vorübergehender Arbeitslosigkeit nur eine begrenzte finanzielle Einbuße hat. Vor allem qualifizierte Kräfte, die sich keine Sorgen machen müssen, trotz entsprechender Bemühungen arbeitslos zu werden, könnten geneigt sein, bei Beschäftigungsschwankungen in ihrem Stammbetrieb Kurzarbeit oder gar Arbeitslosigkeit für einige Monate einem wiederholten Wechsel zwischen Unternehmen einer Region vorzuziehen.

Durch eine funktionierende regionale Personalbörse könnten auch die Vermittlungszahlen der Arbeitsämter sinken, sodass diese öffentlichen Stellen nicht genügend Anreize haben, die Börse zu unterstützen bzw. mitzutragen (siehe Kapitel 4).

Es bleibt fraglich und schwer abzuschätzen, inwieweit der Hinweis auf die „Pflicht zur Arbeit", die das Pendant zum „Recht auf Arbeit" ist [Scha01], ausreicht, um regionalen Personalbörsen zur „kritischen Vermittlungsmasse" zu verhelfen, wenn im Sozialsystem einer Volkswirtschaft die Anreize nicht stark genug sind oder gar „disincentives" gesetzt sind.

3 Einfluss des WWW auf die überbetriebliche Personaldisposition - eine Bestandsaufnahme

In diesem Kapitel ist der „Stand der Kunst" im WWW niedergelegt, wie schon heute Unternehmen bei der Personalbeschaffung und Arbeitswillige bei der Suche nach einer neuen Stelle vorgehen („Online Recruiting", „E-Recruiting" und „E-Cruiting").

3.1 Jobbörsen im WWW

Eine Jobbörse ist ein elektronischer Stellenmarkt im WWW, der Stellengesuche und -angebote offeriert. Sie fungiert also als Schnittstelle zwischen den Arbeit Suchenden und den Anbietenden [MaPr00, 1].

3.1.1 Systematisierungsansätze

Die Vielfalt der Online-Jobbörsen macht eine Systematisierung notwendig, um sowohl den ganzen Markt als auch einzelne Akteure darin transparent erscheinen zu lassen. Die verschiedenen elektronischen Stellenvermittlungsplätze im WWW lassen sich dabei nach mehreren Kriterien klassifizieren (Tabelle 3).

Unterscheidungskriterium	Ausprägungen		
Rechtsstellung	Privatrechtlich (originäre, derivative)	Öffentlich-rechtlich	
Spezialisierungsgrad	Allgemeine	Spezielle	
Ansätze zur Stellensuche	Aktiv	Passiv	
Verhältnis der Stellenangebote zu Stellengesuchen	Bewerberdatenbanken	Matching-Börsen	Stellendatenbanken
Reichweite	Regional	National	International

Tabelle 3   Systematisierungskriterien für Jobbörsen

3.1.1.1 Rechtsstellung

Privatrechtliche Online-Jobbörsen lassen sich in Bezug auf deren Stellenwert für den jeweiligen Anbieter zunächst in originäre und derivative Jobbörsen unterteilen [MaKM00, 125]. Als **originäre** Jobbörsen werden dabei diejenigen bezeichnet, die Kerngeschäftaktivitäten darstellen (z. B. www.stepstone.de, www.jobpilot.de). Im Gegensatz dazu sind **derivative** Jobbörsen für deren Betreiber lediglich ein Zusatzgeschäft neben anderen Bereichen. Sie werden häufig von Zeitungen, Verlagen oder Personalberatungsunternehmen geführt (z. B. www.berufswelt.de, www.akademiker-online). Die Online-Veröffentlichung von Stellenangeboten stellt für diese eine sinnvolle Ergänzung ihres Hauptgeschäftes dar. Häufig lassen sich dabei die Leistungen aus dem Kernbereich mit denen der Jobbörse kombinieren und parallel in Anspruch nehmen. Ein grundlegender Unterschied im Hinblick auf die Nutzungsmöglichkeiten von originären und derivativen Jobbörsen ist allerdings nicht feststellbar.

Neben diesen beiden Arten existieren als ernst zu nehmende Teilhaber an der Jobvermittlung im WWW die nicht kommerziellen Stellenanbieter, insbesondere Hochschulen und andere öffentliche Institutionen. Besonders ist hier die BA zu nennen, welche auch Stellenangebote aus den Handwerksberufen, die man sonst kaum in klassischen Jobbörsen vertreten sieht, anbietet [GiJü99].

3.1.1.2 Spezialisierungsgrad

Eine andere Unterscheidung lässt sich danach treffen, ob eine Spezialisierung der Jobbörse vorliegt. **Allgemeine** Jobbörsen treten nach außen hin ohne eine Spezialisierung für eine bestimmte Zielgruppe auf, was eine sehr heterogene Zusammensetzung der veröffentlichten Stellenangebote zur Folge hat. Ergebnisse für bestimmte Regionen, Branchen oder Funktionsbereiche müssen durch eine entsprechende Suchabfrage herausgefiltert werden. Die Suchkategorien können im Vergleich zu speziellen Anbietern jedoch nur relativ grobe Bereiche abdecken (z. B. „Postleitzahlengebiet 9" oder „Funktionsbereich EDV"). Bei **speziellen Jobbörsen** findet eine Konzentration auf eine besondere Klientel statt.
Diese kann sich auf bestimmte Regionen (z. B. www.berlin-job.de), Branchen (z. B. www.industrie-job.de, www.dv-job.de) oder Berufsgruppen (z. B. www.berufsstart.de, www.studienabbrecher.com) beziehen. Eine derartige Spezialisierung führt dazu, dass die Zahl der Stellenangebote tendenziell geringer ist, da der Kreis der angesprochenen Personen kleiner ist. So sind etwa bei www.dv-job.de und www.berlin-job.de jeweils ca. 6.000 Stellenangebote abrufbar, während bei der allgemeinen Jobbörse www.stepstone.de über 20.000 Stellenangebote (in Deutschland) zu finden sind. Allerdings stimmen spezielle Jobbörsen ihr Angebot besser auf die angesprochene Kundengruppe ab und bieten zielgerichteteren Service an. Suchanfragen können mit detaillierteren Kriterien ausgestaltet und passende Angebote somit leichter gefunden werden. So lässt sich der „Funktionsbereich EDV" bei www.dv-job.de z. B. weiter in „EDV-Datenbankverwaltung" oder „EDV-Anwendungsprogrammierung" differenzieren.

3.1.1.3 Ansätze zur Stellensuche

Der Job Suchende kann über verschiedene Funktionen die Angebote von Unternehmen aktiv „durchforsten" oder er platziert selbst ein anonymisiertes Stellengesuch und wartet, ob ein Unternehmen Interesse an seiner Bewerbung findet. In beiden Fällen bieten viele Jobbörsen die Möglichkeit, sich bei ihnen zu registrieren, indem man einige Angaben zur eigenen Person und zu seinen Berufswünschen macht. Dafür erhält man einen personalisierten Zugang. Diese Bewerberprofile werden in einem Pool zusammengefasst, auf den Unternehmen Zugriff haben. So ist es für den Einzelnen nicht mehr zwingend notwendig, aktiv nach einer neuen Stelle zu suchen, sondern er kann bei vielen Jobbörsen auch einfach sein Profil inkl. Lebenslauf und Qualifikationen hinterlegen. Die Anmeldung zu diesem Service ist zumeist kostenlos und erfolgt anonymisiert. Die Jobbörsen weisen dann auf neue Angebote, die den angegebenen Wünschen entsprechen, automatisch bspw. per E-Mail, Fax oder Short Message Service (SMS) hin. Analog wird dieser Service für Unternehmen bei der Suche nach Bewerbern angeboten.

3.1.1.4 Typen

Eine Gegenüberstellung der Anzahl der veröffentlichten Stellenangebote und der gespeicherten Bewerberprofile legt eine Differenzierung in drei Jobbörsentypen nahe (Abbildung 2):
1. Bewerberdatenbanken
2. Stellendatenbanken
3. Matching-Börsen

3 WWW und überbetriebliche Personaldisposition (Bestandsaufnahme)

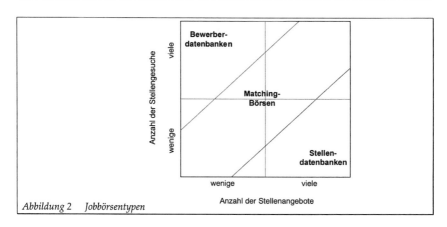

Abbildung 2   Jobbörsentypen

Bewerberdatenbanken zeichnen sich durch eine hohe Anzahl von Stellengesuchen bei einer vergleichsweise geringen Anzahl von Angeboten aus. Ein Beispiel für einen derartigen Typ ist etwa www.gulp.de, eine spezielle Jobbörse für Freiberufler, bei der ca. 3.000 Stellenangeboten etwa 21.000 Nachfragen gegenüber stehen.
Das Gegenstück mit vergleichsweise vielen Offerten und wenigen Gesuchen sind **Stellendatenbanken**. Im Extremfall konzentrieren sich diese Anbieter nur auf die Veröffentlichung von Unternehmensanzeigen und sehen für Einzelpersonen keine Möglichkeit vor, ein eigenes Profil zu speichern. Hierzu zählt etwa www.jobware.de.
Anbieter, die ein relativ ausgewogenes Verhältnis von veröffentlichten Stellenangeboten und gespeicherten Bewerberprofilen aufwcisen, können als **Matching-Börsen** bezeichnet werden. Eine Abgrenzung zu Bewerber- und Stellendatenbanken ist jedoch nicht trennscharf möglich. Innerhalb dieses Bereichs unterscheiden sich die Jobbörsen untereinander v. a. durch die Größenordnungen ihrer Datensätze. In dem in der Matrix weiter links unten liegenden Bereich sind tendenziell eher spezielle oder kleinere allgemeine Jobbörsen anzusiedeln. Die Spezialisierung grenzt die angesprochenen Zielgruppen explizit ein und hat somit i. d. R. eine niedrigere Datensatzanzahl zur Folge. Im mittleren Bereich der Matrix lassen sich v. a. größere allgemeine Jobbörsen, wie etwa die deutschen Marktführer www.jobpilot.de oder www.stepstone.de, noch weiter rechts oben amerikanische Jobbörsen einordnen (siehe Kapitel 3.1.1.5).
Um das rein rechnerische Potenzial eines automatischen Matching zwischen Angeboten und Gesuchen zu beurteilen, bietet sich die Kennzahl „Matching-Potenzial" (MP) an, die folgendermaßen berechnet werden kann [OV00]:

Matching-Potenzial (MP) = $\dfrac{\text{Anzahl der Stellenangebote (SA)}}{\text{Anzahl der Stellengesuche (SG)}}$

Für die unterschiedlichen Typen verhält sich diese Kennzahl wie in Tabelle 4 dargestellt:

Jobbörsentyp	Verhältnis von SG zu SA	Verhalten von MP
Bewerberdatenbank	SG >> SA	$\to \infty$
Matching-Börsen	SG $\approx$ SA	≈ 1
Stellendatenbanken	SG << SA	$\to 0$

Tabelle 4   Matching-Potenzial der Jobbörsentypen

3.1.1.5 Reichweite

Unter der Reichweite einer Jobbörse soll in diesem Zusammenhang das räumliche Zielgebiet verstanden werden, das sie mit ihren Angeboten abdeckt. Zu unterscheiden sind regionale, nationale und internationale Anbieter.
Regionale Anbieter grenzen ihr Angebot explizit auf eine relativ eng begrenzte Zielregion ein. Deren Ausdehnung kann dabei unterschiedlich sein und sich lediglich auf einen Großraum (z. B. www.kölner-job-stellenmarkt.de, www.jobsintown.de) oder ein ganzes Bundesland konzentrieren (z. B. www.bayern-job.de). Dabei findet keine weitere Einschränkung auf Branchen oder Zielgruppen statt, vielmehr werden von Unternehmen alle denkbaren Angebote des betreffenden Gebietes darin veröffentlicht. Hierbei kann auch eine engere Zusammenarbeit zwischen dem Anbieter der Jobbörse und den ansässigen Unternehmen stattfinden, wie sie auch im Rahmen dieser Arbeit gedacht ist (siehe Kapitel 4) angedacht ist.
Nationale Jobbörsen bieten hauptsächlich Angebote für das gesamte Bundesgebiet an, ohne explizit eine Region zu favorisieren. Eine Spezialisierung auf eine Branche oder eine Berufsgruppe ist dagegen denkbar (z. B. www.industrie-job.de). Ausgeschlossen ist auch hier nicht, dass Stellenanzeigen aus dem internationalen Bereich im Angebot enthalten sind, allerdings nehmen diese einen nur geringen Anteil ein.
Im Vergleich dazu veröffentlichen **internationale Jobbörsen** in einem hohen Maße Stellenanzeigen zu Tätigkeiten im Ausland. Zu differenzieren ist hier wiederum, auf welche und wie viele Länder sich diese internationalen Angebote beziehen. Während einige Jobbörsen etwa ihre Aktivitäten ausdrücklich auf ausgewählte Länder begrenzen (z. B. www.jobware.de auf Deutschland, Österreich, Schweiz), bieten andere weltweite Vermittlungsmöglichkeiten an (z. B. www.worldwidejobs.de). Viele Jobbörsen haben in verschiedenen Ländern Niederlassungen oder Domains, um in dem jeweiligen Arbeitsmarkt gezielter agieren zu können (z. B. www.jobpilot.dk in Dänemark).

Exkurs: US-amerikanische Jobbörsen
Eine gewisse Vorbildfunktion in quantitativer Hinsicht haben noch immer US-amerikanische Jobbörsen im WWW. Die bekanntesten elektronischen Vermittlungsplätze sind America's Jobbank unter www.ajb.dni.us, JobbankUSA.com (www.jobbankusa.com) und Monster.com (www.monster.com). Mit zwischen 500.000 und 1.500.000 Stellenangeboten sind sie die größten Jobbörsen. Vor allem Monster.com stellt aufgrund eines aggressiven Marketings und innovativen Konzepten wie Personalauktionen (talentmarket.monster.com) auch in Europa [Jäge00] eine zunehmend stärkere Konkurrenz für hiesige Anbieter dar.

3.1.2 Kriterienraster zur Bewertung

Um eine Bewertung von Jobbörsen im WWW vornehmen zu können, die nicht nur auf quantitativen Kriterien, wie z. B. Zahl der vorhandenen Stellenangebote, basiert, wird in diesem Kapitel versucht, auch qualitative Kriterien zu erarbeiten, die jederzeit als Raster zur Einschätzung der Situation von Jobbörsen im WWW dienen. Dabei gelten intuitive Navigation, übersichtlicher Seitenaufbau und schnelle Ladezeiten als Grundvoraussetzungen (Minimalanforderungen). Die folgenden zehn Merkmale bieten sich zum Vergleich von Jobbörsen im WWW an.

3.1.2.1 Suchfunktionen

Der Stellenmarkt sollte mit den vorhandenen Suchoptionen möglichst genau analysiert werden können. Für die Bewertung ist aber nicht alleine die reine Quantität der Auswahloptionen wichtig, sondern auch die Qualität des Ergebnisses, d. h. bei aktiver Suche, wie viele Treffer erzielt werden und wie genau diese der Anfrage entsprechen. Bei passiver Suche ist die Resonanz ausschlaggebend. Die am häufigsten angebotene Alternative ist die Suche per Selektionsformular. Sie sollte mindestens noch eine Eingrenzung nach Regionen, Branchen und/oder Tätigkeitsfeld sowie nach dem Anzeigenzeitraum zulassen [Onli01]. Ideal wären noch weitere Kriterien, wie z. B. Art der Anstellung, Sortiermöglichkeiten nach Sprache, Betrieb oder Datum, Hierarchieebene der Anstellung, erforderlicher Abschluss des Bewerbers sowie Berufsausbildung bzw. -erfahrung.

3.1.2.2 Datensatzanzahl

Für den Arbeit Suchenden sind darunter die Anzahl der Stellenangebote, für Unternehmen die Zahl der Stellengesuche in der Datenbank zu verstehen. Eine klassische Jobbörse kann einige tausend Anzeigen aufweisen. Es ist allerdings zu beachten, dass die diesbezüglichen Zahlen oft durch veraltete Anzeigen künstlich hoch gehalten werden. Darüber hinaus handelt es sich bei den veröffentlichten Zahlen um Angaben der Jobbörsen selbst.

3.1.2.3 Aktualität

Im Vergleich mit Printmedien können Inserate in einer Internet-Jobbörse wesentlich aktueller sein, sodass die Aktualität und die Aktualisierungszeit des Datenbestands auf jeden Fall zur Bewertung mit herangezogen werden müssen.

3.1.2.4 Angaben zum Inserat

Neben der schon angesprochenen Aktualität des Inserats (Anzeigendatum) sind einem Bewerber Informationen wie z. B. zum Unternehmen, eine ausführliche Beschreibung der Stelle oder Kontaktpersonen nützlich.

3.1.2.5 Angaben zum Service

Leitfragen zu den angebotenen Serviceleistungen können sein: Wer bietet sie an („Wir über uns")? Wer unterstützt bei Problemen? Was wird alles angeboten? Wie wird der Service genutzt? Darüber hinaus sind Informationen wie die Gesamtzahl der Stellengesuche/-angebote, die Anzahl der Besucher im Monatsdurchschnitt, die Zusammensetzung der Zielgruppe und der Stellenangebote für die Auswahl der richtigen Jobbörse hilfreich.

3.1.2.6 Kosten für den Service

Zusätzlich sind besonders für Unternehmen die Kosten des jeweils in Anspruch genommenen Dienstes wichtig. Hier schlüsseln einige Jobbörsen alle Preise von der einfachsten bis zur aufwändigsten Präsentation einer Stellenanzeige bzw. eines Unternehmensportraits sowie die Gebühren für eine erfolgreiche Bewerbervermittlung auf.
Tabelle 5 stellt die Preise der beiden marktführenden Jobbörsen auf Grundlage eines konstruierten Beispielfalls, der die Mindestkosten bei der Inanspruchnahme der Dienste zeigen soll,

dar. Ausgangspunkt ist ein Unternehmen, das folgende Leistungen in Anspruch nehmen möchte:
1. Veröffentlichung einer Stellenanzeige, Schaltungsdauer vier Wochen
2. Zugriff auf die Bewerberdatenbank sowie Kontaktaufnahme
3. Veröffentlichung eines Unternehmensprofils, mindestens vier Wochen

Jobbörse	Kosten (in DM) für...			Gesamtkosten (in DM)
	Stellenanzeige (4 Wochen)	Bewerberdatenbankzugriff und Kontaktaufnahme	Unternehmensprofil	
Jobpilot	1.946,05	1.946,05	1.505,99	5.398,09
Stepstone	850,00	1.100,00	500,00	2.450,00

Tabelle 5   Preisvergleich ausgewählter Jobbörsen (Stand: 2000-12)

3.1.2.7 Fehlerfreiheit

Die Fehlerfreiheit sollte eine Selbstverständlichkeit sein. Leider kommen jedoch Nachlässigkeiten wie „JavaScript-Error" oder Fehlanzeigen bei den Suchfunktionen noch allzu oft vor. Gerade die kleineren Jobbörsen haben hier noch großen Nachholbedarf, aber auch große sind wegen ihres riesigen Datenbestandes und den enormen Anfragezahlen zuweilen überlastet. Ebenso sind falsche oder nicht funktionierende Links zu vermeiden.

3.1.2.8 Möglichkeit zur Personalisierung

Ein guter Stellenmarkt zeichnet sich durch die Möglichkeit aus, sein Angebot personalisiert anzubieten, d. h. auf die individuellen Wünsche der Nutzer einzugehen. Dazu muss man selbst ein eigenes Benutzungsprofil eingeben.

3.1.2.9 Zusatzangebot

Ein fast schon standardisiertes Paket an Zusatzangeboten von (marktführenden privaten) Jobbörsen stellen
1. Online-Bewerbungsmöglichkeiten (Möglichkeit der direkten Bewerbung mithilfe von Online-Formularen),
2. WAP-Handy-Stellenabruf,
3. Webcam-Interviews,
4. Bewerbungstipps sowie Unternehmensprofile, durch die sich der Stellen Suchende genauer über einzelne Betriebe informieren kann,
5. Praktikanten- und Diplomarbeitsbörsen,
6. Beratung zu internationalen Verträgen sowie
7. Zusatzveröffentlichung der Stellenanzeigen in Industrie-Fachzeitschriften
dar.

3.1.2.10 IVW-Prüfung

IVW ist die Informationsgemeinschaft zur Feststellung der Verbreitung von Werbeträgern e.V. Viele der zur Bewertung herangezogenen Zahlen beruhen auf Angaben der Jobbörsen, so z. B. die Zahl der Stellenangebote/-gesuche oder die „Visits"/„Page Impressions". Diese

Zahlen können somit nicht als verlässlicher Bewertungsmaßstab dienen. Erst eine Überprüfung durch die IVW schafft hier Gewissheit [Fehr99, 21].

3.1.3 Kriterienrelevanz für Unternehmen und Arbeit Suchende

Es lassen sich zum einen Kriterien herausstellen, die für beide Seiten eine gleich große Relevanz besitzen. Andere jedoch besitzen aus Sicht des Arbeitgebers, weitere aus der des Arbeit Suchenden höhere Bedeutung. Abbildung 3 stellt diesen Sachverhalt grafisch dar, wobei dickere Pfeile eine stärkere Relevanz symbolisieren.

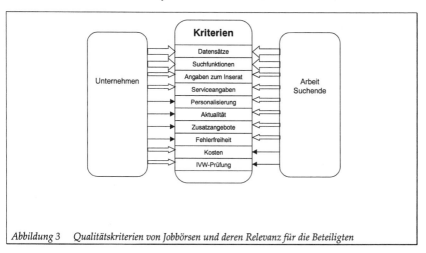

Abbildung 3 Qualitätskriterien von Jobbörsen und deren Relevanz für die Beteiligten

3.1.3.1 Für Arbeitgeber und Arbeit Suchende relevante Kriterien

Das entscheidende Merkmal, das beiderseits sehr wichtig für die Beurteilung einer Jobbörse ist, sind die gespeicherten **Datensätze**. Für den Arbeitgeber ist dabei die Anzahl der Bewerberprofile, für den Arbeit Suchenden die Anzahl der Stellenangebote von Bedeutung. Gerade auf dieses Merkmal wird auch in Ranglisten häufig allein Bezug genommen. Da das Veröffentlichen von Stellenangeboten zu einer Haupteintragsquelle vieler Jobbörsen gehört, gilt die Anzahl der Datensätze als Indikator für eine „aktive Marktstellung" [OV01a]. Mit steigender Anzahl der gespeicherten Angebote und Profile gewinnt auch die Leistungsfähigkeit der **Suchfunktionen** zunehmend an Bedeutung, da sowohl Arbeit Suchende in einer Datenbank nach Stellenangeboten als auch Unternehmen in einem Bewerberpool nach geeigneten Bewerbern suchen. Je differenzierter hier die Abfrage gestaltet ist, desto besser wird der gewünschte Bewerber bzw. das Stellenangebot gefunden. Bei der Beurteilung dieser Funktion muss allerdings auch berücksichtigt werden, inwieweit die gefundenen Datensätze mit der Sucheingabe übereinstimmen. Auch die **Angaben im Inserat** haben für beide Seiten Bedeutung, wenn auch aus unterschiedlichen Gründen: Für den Arbeit Suchenden stellen ausführlich gestaltete Inserate eine erste Informationsquelle zur freien Stelle und zum Unternehmen selbst dar. Arbeitgeber sind hingegen eher daran interessiert, ob die Möglichkeit zu einem ausführlichen Inserat geboten wird, um viele Informationen präsentieren und sich eventuell von anderen Unternehmen gestalterisch hervorheben zu können.

3.1.3.2 Nur für Arbeit Suchende relevante Kriterien

Zu den Merkmalen, die eher für die privaten Nutzer von Jobbörsen von Bedeutung sind, zählt die **Aktualität** der veröffentlichten Stellenangebote. Bei Interesse für ein Stellenangebot kann es frustrierend für den Suchenden sein, wenn mehrere dieser Stellen bereits besetzt sind. Andererseits nutzen Unternehmen teilweise gezielt so genannte Image-Anzeigen, für die keine vakanten Stellen existieren, um lediglich das Unternehmen zu präsentieren. Dies lässt sich von Jobbörsenanbietern allerdings nicht nachprüfen. Ein weiteres Kriterium für den Besucher ist die **Fehlerfreiheit** der Internetseite. Ebenfalls dient die Möglichkeit der **Personalisierung** eher dem Arbeit Suchenden. Der Nutzer erhält, nachdem er sein Profil eingegeben hat, zielgerichtet Informationen, die ihn interessieren, oder Verweise zu anderen Internetseiten. Dadurch können z. B. Anfragen von Unternehmen in einem virtuellen Postfach oder frühere Suchabfragen gespeichert und später wieder abgerufen werden. Weiterhin sind die **Zusatzangebote** häufig v. a. auf den Arbeit Suchenden zugeschnitten und deshalb eher für diesen ein Beurteilungskriterium. Weitere Merkmale, die der Nutzer zur Beurteilung heranziehen kann, sind wie immer im WWW etwa Übersichtlichkeit und Navigationsmöglichkeiten durch alle Unterseiten.

3.1.3.3 Nur für Arbeitgeber relevante Kriterien

In Deutschland darf grundsätzlich „...eine Vergütung [für eine Arbeitsvermittlung] nur vom Arbeitgeber verlangt werden" [Butt98, 81]. Für den Suchenden müssen die Leistungen einer Arbeitsvermittlung nach § 24 I Arbeitsförderungsgesetz (AFG) kostenlos sein. Deswegen ist das Kriterium der **Kosten** der Jobbörse lediglich für den Arbeitgeber relevant. Ein weiteres qualitatives Merkmal für den Arbeitgeber ist die Frage, ob die jeweilige Jobbörse einer Prüfung durch die IVW unterliegt. Dies kann v. a. bei der Entscheidung über die Platzierung eines Werbebanners auf der Seite der Jobbörse hilfreich sein, um den Werbeerfolg abschätzen zu können.

3.1.4 Auswahl an Jobbörsen im WWW

Tabelle 6 zeigt eine exemplarische Auswahl von bedeutenden (erwerbswirtschaftlichen) Stellenvermittlungsplätzen im WWW, gemessen an der Anzahl Stellenangebote.

Nr.	Anbieter	Name	URL	Anzahl Stellen
1	Jobs & Adverts AG	Jobpilot	www.jobpilot.de	27.600
2	Stepstone GmbH & Co. KG	Stepstone	www.stepstone.de	21.600
3	Jobticket.de GmbH	Jobticket	www.jobticket.de	9.000
4	Innoware GmbH	JobScout24	www.jobscout24.de	5.500
5	Stellenanzeigen GmbH & Co. KG	Stellenanzeigen	www.stellenanzeigen.de	18.000
6	Medianet GmbH	Stellenmarkt	www.stellenmarkt.de	13.500
7	Jobware Online-Service GmbH	Jobware	www.jobware.de	9.100
8	DataConcept GmbH	JobOnline	www.jobonline.de	7.400

Tabelle 6   Acht ausgewählte (erwerbswirtschaftliche) Jobbörsen und die Anzahl der Stellenangebote in der Datenbank (Stand: 2001-01)

3.1.5 Probleme bei der Nutzung von Jobbörsen im WWW

Aufgrund der genannten Größenordnungen für Jobbörsen im WWW sollte man meinen, dass eine Arbeitsvermittlung über das Internet leicht möglich ist. Dennoch können Nutzer auf vielfältige Probleme im Umgang mit Jobbörsen stoßen, die generell zwei verschiedene Ursachen haben. Zum einen handelt es sich um Mängel qualitativer Natur, die in der Eigenverantwortung der Jobbörse liegen, sowohl der Datenbestand als eigentlicher Kern der Jobbörse als auch das Procedere sind damit gemeint. Zum anderen resultiert ein ganzes Bündel von Herausforderungen aus der Marktsituation für Jobbörsen im WWW:

1. **Stellenanzeigen** sind häufig **veraltet** oder werden mehrfach aufgeführt.
2. So genannte **Jobbörsen sind in Wirklichkeit** nur reine Suchmaschinen oder **Informationsbörsen** (siehe Kapitel 3.3.1). Demzufolge entpuppen sich Stellenangebote als reine Links auf so genannte Human Resource Pages (HR Pages) von Unternehmen (siehe Kapitel 3.2), oder Adressen führen nicht zu Stellenangeboten sondern zu Informationsseiten.
3. Bei manchen Jobbörsen ist der Bestätigungs-Button bei der Eingabe von persönlichen Daten unglücklich programmiert, wenn man diese nicht verändern bzw. speichern will: Die „Back-Funktion" des Browsers führt zu einer Fehlermeldung, sodass die Eingabe zu wiederholen ist (**unzureichende Benutzungsführung**).
4. Hinterlegt der Nutzer sein Suchprofil, so kann es durch ein „ausgeprägtes" Push-Prinzip seitens der Jobbörse zum „**Information Overload**" kommen. Man erhält eine Vielzahl von Mails bzw. Hinweisen, die aber häufig nicht den vorgegebenen Kriterien entsprechen, was das Abarbeiten dieser Informationen dann zu einem zeit- und nervenaufreibenden Unterfangen werden lässt.
5. Aus dem so genannten „Zersplitterungsproblem" (heterogener Markt von Jobbörsen im WWW) folgt die **Benachteiligung von kleinen und mittleren Unternehmen** (KMU). Im Vergleich zu Großkonzernen sind diese Unternehmen aufgrund der Nutzungspreise häufig nicht in der Lage, in allen derzeit wichtigen Jobbörsen für potenzielle Bewerber präsent zu sein (sowohl für die aktive als auch die passive Suche). KMU müssen also mit der Gewissheit leben, keine gleichberechtigten Partner bei der Nutzung zur Personalakquisition über Jobbörsen im WWW und damit zumindest partiell ausgegrenzt zu sein.
6. Obwohl elektronische Vermittlungsplätze im WWW tendenziell die Suche nach qualifiziertem Personal erleichtern, geht durch sie dennoch eine Art „**Self selection**" über die persönliche Note von Bewerbungsunterlagen verloren. Je nachdem, in welcher Jobbörse sich der Bewerber registriert, hat er Zugang zu verschiedenen Unternehmen, zu denen er sonst nur schwer eine Verbindung hätte herstellen können. Dadurch entstehen dem Bewerber eine Vielzahl neuer Möglichkeiten zur Anstellung, was positiv zu sehen ist, einer Personalabteilung aber auch Mehraufwand, den es nicht zu unterschätzen gilt.
7. Die **technische Infrastruktur** bei Jobbörsen unterscheidet sich erheblich. Besonders nicht kommerziellen Jobbörsen fällt es schwer, ständig kostspielige Neuerungen zu implementieren. Ihnen gegenüber stehen, z. B. durch Venture Capital, äußerst zahlungskräftige kommerzielle Konkurrenten, die sich diese Investitionen und Innovationen leisten können bzw. aufgrund des starken Verdrängungswettbewerbs auch leisten müssen.
8. **Wettbewerbsrechtliche Fragestellungen** müssen aus zwei Gründen in die Betrachtung integriert werden: Zum einen sind viele kommerzielle Jobbörsen auch international tätig, die BA dagegen stößt an nationale Grenzen. Inwieweit sich nationale und EU-Vorschriften zur Vermittlung konkurrierend oder komplementär verhalten, ist zu klären (siehe Kapitel 2.2.1). Zum anderen stellt sich die nationale Frage, ob eine aus

dem öffentliche Etat finanzierte Verbesserung des Service der BA gegen herrschendes Wettbewerbsrecht verstößt, wenn auf Eigenmittel angewiesene Jobbörsen darunter zu leiden haben.
9. **Suchfunktionen** sind neben dem Datenbestand der Kern einer Jobbörse. Es ist jedoch festzustellen, dass es große Unterschiede gibt. Testet man Jobbörsen quantitativ, so können einige trotz mehrerer Tausend Angebote in der Datenbank bei fast jeder Sucheingabe keine Treffer ausweisen, andere dagegen bei Suche mit Selektionsformular eine Fülle von Ergebnissen melden, die aber nichts mehr mit dem eingegebenen Suchbegriff zu tun hat. Will man Suchfunktionen qualitativ bewerten, so gestaltet sich die Suche z. B. wegen fehlender logischer Operatoren, zu geringen Selektionsmöglichkeiten bei der Suche per Auswahlformular oder zu ungenauen, nicht sortierten Ergebnissen oft sehr mühsam. Ein gesonderter Test von Suchmasken ergab, dass auffällig oft nur sehr grobe räumliche, bei guten Jobbörsen hingegen sehr feingranulare Einschränkungen, z. B. nach dem PLZ-Gebiet der Anzeige, möglich sind [MaPr00]. Oft fehlen auch weitere Suchkriterien, wie z. B. Art der Anstellung, Funktionsbereich, spezielle Kenntnisse oder die Möglichkeit, das erhaltene Suchergebnis nach Betrieben, Aktualität usw. zu sortieren.

3.2 Human Resource Pages

Mit dem eigenen Internetauftritt, insbesondere mit den speziell für potenzielle Bewerber konzipierten Unterseiten, den so genannten Human Resource Pages (HR Pages), bietet sich den Unternehmen eine weitere Möglichkeit, den Personalbeschaffungsprozess über das WWW zu etablieren. Zwar nutzen dies noch nicht alle Unternehmen, jedoch ist ein deutlich ansteigender Trend dahin zu erkennen. Eine Studie von Recruitsoft iLogos Research ergab, dass Anfang des Jahres 2000 79 % der 500 größten Unternehmen der Welt ihre Webseiten zur Rekrutierung von neuen Mitarbeitern nutzten und damit als „Web Site Recruiter" bezeichnet werden können. Im Vergleich dazu waren es 1999 noch 60 % und 1998 nur 29 % [Recr00, 2]. Die Art der Nutzung zur Personalbeschaffung ist jedoch unterschiedlich und legt eine Trennung der „Web Site Recruiter" in „Basic Recruiter" und „E-Centric Recruiter" nahe.
Basic Recruiter nutzen das Internet zwar zur Veröffentlichung von Stellenanzeigen, sehen jedoch keine Kontaktaufnahme über das WWW vor und verlangen statt einer Online- eine schriftliche Bewerbung.
E-Centric Recruiter schöpfen dagegen das Potenzial des Internets weiter aus und nehmen über eigene Webseiten auch Online-Bewerbungen und -Anfragen entgegen. Ein Beispiel hierfür sind nahezu alle Investmentbanken und Unternehmensberatungen. Anfang des Jahres 2000 galten 46 % der untersuchten Unternehmen als E-Centric und 33 % als Basic Recruiter.

3.2.1 Zielsetzungen und Nutzungsmöglichkeiten

In Bezug auf die Aufgaben der Personalbeschaffung nutzen Unternehmen ihre HR Pages sowohl zur direkten als auch zur indirekten Personalwerbung. Erste Zielsetzung liegt einerseits darin, die Besucher der Webseiten auf derzeit zu besetzende Stellen aufmerksam zu machen. Letztendlich sollen auch hier potenziell geeignete Kandidaten zu einer konkreten Bewerbung veranlasst werden. Andererseits soll der Internetauftritt einen aktiven Beitrag zur Verbesserung des Unternehmensimage leisten, wofür Arbeitgeber ein z. T. umfangreiches Informationsangebot bereitstellen.
Im Einzelnen lassen sich vier **Nutzungsmöglichkeiten** von HR Pages unterscheiden, die helfen sollen, die beiden Zielsetzungen zu erreichen. Die gewählte Auflistung spiegelt auch zunehmendes Interaktionsniveau mit dem WWW wider:

1. Stellenbörse
2. Zielgruppenspezifische Information
3. Kontaktaufnahme
4. Bewerberselektion

Nur ein Teil der Unternehmen, ähnlich wie bei den Jobbörsen, nutzt die gesamte Breite der Möglichkeiten. Fast alle haben Stellenbörsen, nur wenige jedoch selektieren mithilfe der Angebote auf den HR Pages infrage kommende Bewerber.

3.2.1.1 Stellenbörse

Die Veröffentlichung der offenen Stellen ist ein Hauptbestandteil der HR Pages. Theoretisch könnte jede zu besetzende Stelle auf den Webseiten des Unternehmens dargestellt werden, jedoch liegt eine eindeutiges Übergewicht an höher qualifizierten Positionen vor.
Die Zahl der Vakanzen in einer Datenbank kann v. a. bei international tätigen, größeren Unternehmen sehr umfangreich sein, sodass eine Möglichkeit zur gezielten Suche vorhanden sein muss. Diese wird, wie bei Jobbörsen, über eine katalog-, z. T. auch schlagwortbasierte Abfrage realisiert. Die vorgegebenen Kriterien grenzen dabei auf bestimmte Länder, in denen das Unternehmen tätig ist, einzelne Abteilungen o. Ä. ein. In dieser Stellenbörse werden Angebote für alle oben genannten Zielgruppen verwaltet. Eine Suche kann deshalb nach speziellen Angeboten für „Trainees", „Praktika" oder „Diplomarbeiten" erfolgen. Die Anzahl der Angebote ist im Vergleich zu Jobbörsen allerdings i. d. R. nicht so groß. Die Siemens AG veröffentlicht z. B. durchschnittlich rund 1.600 Stellen für potenzielle Mitarbeiter [Crus00, 44]. Eine allzu starke Eingrenzung der Suche kann deshalb dazu führen, dass keine entsprechenden Treffer zur Suchanfrage gefunden werden.

3.2.1.2 Zielgruppenspezifische Information

Aus „Internetnutzungsstudien" geht hervor, dass das WWW in erster Linie als Informationsquelle dient [OeSc00]. Dies bezieht sich auch auf die Mehrheit der Nutzer von HR Pages, die v. a. an Informationen über das Unternehmen interessiert sind [KrSJ00, 7]. Verschiedene Internetauftritte machen deutlich, dass sich die Personalverantwortlichen dessen bewusst sind. Man will potenziellen Bewerbern helfen, ihr Informationsdefizit in Bezug auf den Arbeitgeber und die betreffende Stelle zu verringern [Schn95, 29].
Die Informationen sind i. d. R. auf den Webseiten abrufbar (Pull-Verfahren), doch kann auch ein Newsletter eingerichtet werden, der den Empfänger über aktuell veröffentlichte Stellenangebote oder andere Neuigkeiten informiert (Push-Verfahren, z. B. www.payserv.ch). Die Inhalte der Seiten beziehen sich auf alle Bereiche des Unternehmens. Dargestellt werden z. B. Produktangebot, Umsatz- und Beschäftigtenzahlen, Unternehmensphilosophie, Anforderungen an sowie Leistungen des Unternehmens für Mitarbeiter u. Ä. Der Vorteil der Internetnutzung besteht u. a. darin, dass diese Informationen zum einen in einer großen Menge und zum anderen zielgruppenspezifisch präsentiert werden können. Die Webseiten sollen insbesondere die vier „Segmente" Schüler, Studenten, Absolventen und Berufserfahrene ansprechen. Die Zielgruppen weisen unterschiedliche Ansprüche und Interessen bezüglich der dargestellten Informationen auf, was ein differenziertes Angebot sinnvoll und zweckmäßig macht.

3.2.1.3 Kontaktaufnahme

Ein Vorzug des Internets gegenüber Printmedien liegt in der Interaktivität. Grundsätzlich stehen dem Bewerber für einen Kontakt die Alternativen E-Mail oder Online-Bewerbungsformular zur Verfügung. HR Pages, die dies nicht vorsehen, lassen deshalb einen entscheidenden Vorteil ungenutzt. Dabei ist es bei allen Unternehmen zwar möglich, kurze Anfragen an Personalsachbearbeiter zu senden, allerdings stehen viele v. a. einer Bewerbung über das Internet immer noch reserviert gegenüber und verlangen diese explizit in schriftlicher Form. Das Angebot von Kontaktmöglichkeiten auf den Webseiten bedarf vom Unternehmen auch einer entsprechenden internen Bearbeitung. Interessenten, die Online-Anfragen verschicken, erwarten auch eine schnelle Antwort. Untersuchungen haben aber gezeigt, dass Unternehmen z. T. gar nicht oder nur spät auf elektronische Anfragen reagieren [MeRi01].

3.2.1.3.1 E-Mail

Die Angabe einer E-Mail-Adresse stellt die am häufigsten genutzte Alternative zur Kontaktaufnahme dar und ist für alle Unternehmensseiten im WWW sinnvoll. Eine kurze Anfrage per elektronischer Post eignet sich zum einen dazu, nähere Informationen von Mitarbeitern zu erfragen. Der Interessent kann dabei Unklarheiten, die bei seiner Recherche auf den Webseiten aufgetreten sind, beseitigen. In Bezug auf eine konkrete Bewerbung kann er bspw. vorab klären, ob diese online erwünscht sind, falls nicht explizit angegeben. Zum anderen können sich Bewerber auch per E-Mail direkt beim Unternehmen bewerben. Dies kann in kurzer Form oder mit allen relevanten Unterlagen (z. B. Lebenslauf, Zeugnisse), die als Anhang der Nachricht verschickt werden, erfolgen.

3.2.1.3.2 Online-Bewerbungsformular

Bei Unternehmen, die einer Online-Bewerbung aufgeschlossen gegenüber stehen, finden sich meist separate Formulare. Durch die Vorgabe von Eingabefeldern können vom Nutzer alle relevanten Daten, wie persönliche Angaben, Schulbildung, bisherige Berufserfahrungen und Qualifikationen, abgefragt werden. Muss-Felder vermeiden, dass wichtige Daten fehlen. Zudem liegt ein Vorteil gegenüber E-Mail-Bewerbungen darin, dass die Daten nahezu standardisiert im Unternehmen eintreffen und computergestützt weiterverarbeitet werden können. So entsteht ein Kandidatenpool für sich daran anschließende Selektionen. Fehlt eine derartige Bearbeitung, kann dies auch aufgrund steigender Bewerbungseingänge [Meye00, 167] zu einer größeren Belastung der Personalabteilung führen, die neben den papierbasierten nun auch Online-Bewerbungen zu verwalten hat [HR01].

3.2.1.4 Bewerberselektion

Eine Folge, die das Online Recruiting mit sich bringen kann, mag eine steigende Anzahl an Bewerbungen sein, die jedoch häufig von zu gering qualifizierten Interessenten geschickt werden [Fiel01, 1]. Aus diesem Grund bedarf es geeigneter Selektionsverfahren, um den Kreis der infrage kommenden Kandidaten einzuschränken. Herkömmliche Auswahlinstrumente sind etwa die Auswertung schriftlicher Bewerbungsunterlagen, zeit- und kostenintensive Assessment-Center oder persönliche Interviews. Aus diesem Grund empfiehlt es sich, auch Teile dieser Verfahren online durchzuführen, sodass die Kosten für anschließende „Offline"-Tests dementsprechend reduziert werden können.
In der Phase, in der sich der Bewerber noch über das Unternehmen informiert, bieten sich v. a. Methoden an, die auf die Selbstselektion der Bewerber setzen. Auf HR Pages lässt sich dies z. B. in Form von Fragebögen oder eines Online-Spiels (z. B. www.hotstaff.com bei der Commerzbank AG, siehe auch Kapitel 3.3.2) realisieren. Dabei erhält der Teilnehmer eines solchen Tests als Resultat ein Kompetenzprofil, das es ihm erlaubt, sich selbst hinsichtlich der Chancen für die jeweilige Stelle zu beurteilen. Die Hoffnung ist, dass ein Teil der Interessenten bereits aufgrund eines Vergleichs des erhaltenen Profils mit der Selbsteinschätzung von einer Bewerbung absieht. Es können aber auch noch unsichere, aber möglicherweise geeignete Kandidaten zu einer solchen motiviert werden.
An Bewerber, die bereits Kontakt zum Unternehmen aufgenommen haben, können zusätzlich per E-Mail Tests gesendet werden, die er zu absolvieren hat. Den ausgefüllten Test kann ein Personalverantwortlicher auswerten (Fremdselektion). Dabei kann ein solches Auswahlver-

3 WWW und überbetriebliche Personaldisposition (Bestandsaufnahme)

fahren in mehreren Schritten in einem Zug-um-Zug-Informationsaustausch erfolgen, bei dem nach jedem Schritt ein Teil der Bewerber aus dem Kandidatenpool herausfällt [Sche00]. Das Internet bietet dabei ein sehr gutes Potenzial, adaptive Tests durchzuführen, die den Schwierigkeitsgrad der Aufgaben in Abhängigkeit vom Ergebnis vorher beantworteter Fragen verändern. Mangels eigener Online-Selektionsverfahren können Unternehmen auch auf Bibliotheken im Internet zurückgreifen, wie sie die alpha-test GmbH (www.alpha-test.de) anbietet. Hierbei besteht die Möglichkeit, aus einer Sammlung verschiedener eignungsdiagnostischer Testverfahren zu wählen. Die alpha-test GmbH erhält die vom Bewerber ausgefüllten Formulare, wertet diese aus und sendet das Ergebnis an das Unternehmen. Die Bezahlung erfolgt in einem „Pay-per-use-Verfahren" [OV00a]. Personalverantwortliche können dies somit sowohl als Bestandteil der HR Pages als auch bei herkömmlichen Assessment-Centern nutzen, da die Ergebnisse innerhalb kürzester Zeit vorliegen.

3.2.1.5 Online-Bewerberabwicklung

Wie der gesamte Prozess einer **Online-Bewerberabwicklung** über das Internet, insbesondere über HR Pages, ablaufen kann, zeigt Abbildung 4 [Fört00].

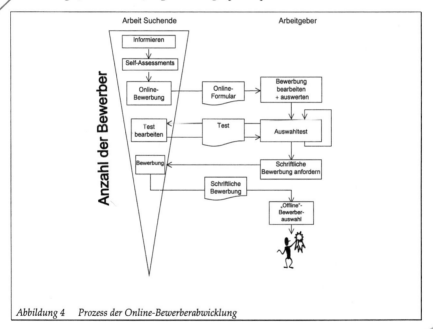

Abbildung 4   Prozess der Online-Bewerberabwicklung

Eine große Anzahl von Bewerbern informiert sich zunächst über das Unternehmen und freie Stellen, die dieses anbietet. Als Quellen im WWW können dabei Jobbörsen oder die eigene Homepage zur Recherche dienen. Bereits auf dieser Stufe verliert ein Teil das Interesse und gelangt zu der Überzeugung, dass die Anforderungen der Stelle oder das Unternehmen nicht mit den eigenen Qualifikationen oder Vorstellungen übereinstimmen. Anschließend können noch vor einer Kontaktaufnahme die oben erwähnten Selbstauswahl-Instrumente zum Einsatz kommen, um eine weitere Selektion der Bewerber vorzunehmen. Diejenigen, die das Interesse noch nicht verloren haben, sollen sich nun online bewerben. Das ausgefüllte Web-Formular wird an die Personalabteilung geschickt und bearbeitet. Nach dem Eintreffen der Daten erhält der Bewerber eine Empfangsbestätigung. Der entstehende Kandidatenpool kann im Anschluss daran jederzeit nach verschiedensten Kriterien durchsucht werden. Selektionen erfolgen dann z. B. über formale Anforderungen. Die noch verbleibenden Bewerber erhalten online eine Reihe von Auswahltests, mit denen sie weitere relevante Informationen an das Unternehmen senden. Gleichzeitig können sie ergänzende Daten über den Arbeitgeber innerhalb des Tests erfahren. Dieser Schritt kann sich mehrmals wiederholen, wobei sich die Zahl der Bewerber immer weiter verringert.

Als Ergebnis steht dem Unternehmen nun ein erheblich kleinerer Kreis an Kandidaten zur Verfügung, der sich mit traditionellen „Offline"-Verfahren weiter „ausdünnen" lässt, bis schließlich der oder die Passende gefunden wird.

3.2.2 Qualitätskriterien

Da sich die HR Pages verschiedener Unternehmen z. T. sehr stark voneinander unterscheiden, ist auch hier eine Beurteilung anhand geeigneter Kriterien notwendig. Es bieten sich dafür Merkmale an, die sich auch für andere Webseiten eignen: Informationsgehalt, Zugangsmöglichkeiten, Interaktivität, Benutzungsfreundlichkeit, Design und Zusatznutzen [StJä00, 30].

3.3 Sonstige Möglichkeiten zur Unterstützung des Personalbeschaffungsprozesses im WWW

3.3.1 Informationsbörsen im WWW

Informationsbörsen im WWW lassen sich nach der Art der Informationsbeschaffung unterscheiden. Karriereportale präsentieren (wie auch Jobbörsen im WWW) eigene Angebote, Gesuche oder Verweise auf andere Institutionen sowie Tipps für natürliche und juristische Personen. Beispiele, die auch starken Community-Charakter haben (siehe Kapitel 6.2.5), sind HR4YOU oder Jobfair24. So ist HR4YOU als Personalmesse konzipiert und versteht sich selbst als „Portal für die tägliche Lösungssuche im Bereich des Personal- und Sozialwesens" [HR4Y01]. Besucher finden dort in verschiedenen „Ausstellungshallen" Anregungen zu Themen wie
1. EDV/Software/Hardware,
2. Lernen/Bildung/Training,
3. Medien/Verlage,
4. Outsourcing/Service,
5. Personalbeschaffung/Stellenmärkte,
6. Personalmanagement,
7. Unternehmensberatung,
8. Versicherungen (Kranken-, Renten-, Pflege- und sonstige Versicherungen) und
9. Veranstaltungen/Messen/Termine und Events.

Das Angebot von Jobfair24 ist ähnlich, jedoch kann man sich in der 3D-Job-Messe durch einen Avatar, der ein virtuelles „Ich" repräsentiert, darstellen lassen [Jobf01].

Meta-Suchmaschinen und das Angebot von „Worldwidejobs" (WWJ) basieren auf „Fremdinformationen", die sie mehr oder weniger aufbereitet auf ihren Webseiten darstellen. Es gibt „Framing- oder Agenten-basierte" Konzepte.

3.3.1.1 „Framing-basierte" Geschäftsmodelle

Die seit 1999 existierende Informationsbörse WWJ unterscheidet sich in ihrer Ausrichtung von den weiter oben behandelten Jobbörsen. Die Dienstleistung besteht darin, mit einer Suchmaschine Stellenangebote auf den HR Pages von Unternehmen zu erfassen und übersichtlich in einem einheitlichen Rahmen (Frame) darzustellen. Derzeit bietet WWJ knapp 130.000 Stellenangebote in Deutschland (in ca. 4.000 Unternehmen) und 380.000 weltweit an (Stand: 2001-03), womit die marktführenden Jobbörsen Jobpilot und Stepstone bereits nach kurzer Zeit zahlenmäßig überflügelt wurden. Es ist angedacht, WWJ zum umfassenden Jobportal auszubauen. Diese Informationsbörse hat das Potenzial, den Markt für Online-Jobvermittlung dauerhaft zu dominieren, auch weil ihr Angebot nicht nur für Bewerber, sondern auch für Unternehmen kostenlos nutzbar ist. Damit entfallen die für Unternehmen noch immer sehr hohen Kosten für das Veröffentlichen einer Stellenanzeige im WWW. Dies ist v. a. deswegen als erheblicher Vorzug gegenüber den gewöhnlichen Jobbörsen zu werten, weil die Vorgehensweise einer Veröffentlichung den Möglichkeiten, die das Medium Internet bietet, nicht mehr hinreichend gerecht wird. Was das Layout betrifft, so gleichen die meisten Stellenanzeigen in Jobbörsen den Annoncen in Printmedien. Es beinhaltet jedoch für Unternehmen keinen erkennbaren Mehrwert, wenn sie für eine Dienstleistung wie das Erstellen einer Anzeige zwischen 500 DM und 2.000 DM zahlen, v. a. dann nicht, wenn sie auf ihren HR Pages ohnehin zu besetzende Stellen ausschreiben, wie es viele Unternehmen mittlerweile tun. In diesem Falle genügt die Platzierung eines Links in einer Informationsbörse wie WWJ, der dann auf die Webseiten des suchenden Unternehmens verweist, wo eingehendere Informationen zur angebotenen Stelle und zum Unternehmen selbst eingesehen werden können.

3.3.1.2 „Agenten-basierte" Geschäftsmodelle

Der Markt für Jobbörsen im WWW ist, wie schon angedeutet, stark zersplittert. Dieser Nachteil kann durch Suchmaschinen oder so genannte intelligente Agenten teilweise ausgeglichen werden [Sche00, 235]. Agenten durchforsten wie herkömmliche Suchmaschinen die Jobbörsen nach Angeboten und sammeln die gefundenen Ergebnisse übersichtlich in Linklisten, meist nach Fundort sortiert [Koch99, 54]. So gibt es eine Reihe von Agenten, die das Durchsuchen der Angebote abnehmen. Das Prinzip der Meta-Suchmaschinen hat auch im Bereich der Online-Jobbörsen Einzug gehalten. Beispiele hierfür sind in der Tabelle 7 zusammengefasst.

Name	URL	Erläuterung
CESAR	www.cesar.de	Der Agent bezieht das Angebot des Arbeitsamtes mit über 200.000 Stellen in die Suche mit ein.
JOBWOLRD	www.evita.de/jobworld/profisuche	Man kann aus insgesamt 28 Jobbörsen auswählen.
JOBROBOT	www.jobrobot.de	Das Angebot umfasst ungefähr 240.000 Anzeigen aus 200 Jobbörsen.
ZEIT-ROBOT	www.jobs.zeit.de	Mit den eingegebenen Suchkriterien kann man 80.000 Anzeigen auswerten.

Tabelle 7   Beispiele für intelligente Agenten bzw. Meta-Suchmaschinen (Stand: 2001-03)

3.3.2 Auswahlspiele

Auswahlspiele stellen eine neue, kreative Form einzelner Unternehmen dar, die ein „...spielerische[s] Element in den Bewerbungsprozess integrieren..." [Crus00, 44] und auf den „Spaßfaktor" bei der Auswahl setzen [Reuf00, 19]. Es handelt sich dabei um über das Internet geführte Spiele, in denen die Teilnehmer alleine oder in Teams verschiedene Aufgaben bewältigen müssen. Mit diesem Instrument wollen Unternehmen v. a. junge Internetnutzer erreichen, die u. a. auf „Entertainment" im WWW Wert legen [OeSc00]. Zudem werden die Bewerber über Unternehmen informiert, sodass man auch von einem „Infotainment" sprechen kann. Beispiele für solche Online-Spiele sind etwa www.challenge-unlimited.de der Siemens AG (aktiv bis 2000-07) und www.cyquest.de, ein durch Zusammenarbeit mehrerer Unternehmen (z. B. VW AG, Arcor AG) entstandenes Spiel.

Der grundsätzliche Ablauf ist ähnlich: www.challenge-unlimited.de richtet sich v. a. an den Fach- und Führungskräftenachwuchs. So kann sich jeder Interessierte anmelden und erhält mit der Registrierung ein eigenes Account, das mit einer Benutzerkennung und einem Passwort geschützt ist. Als Teilnahmebedingungen gelten oft Volljährigkeit oder eine bestimmte Gruppengröße, so bei den von der Mannesmann AG durchgeführten Planspiel www.theboard.com. In einer Datenbank werden alle Informationen zum Spieler und der jeweilige Spielstand gespeichert, sodass man bei einer Unterbrechung an der gleichen Stelle weiterspielen kann. Zum Informationsaustausch und zur Kontaktaufnahme ist die Angabe einer E-Mail-Adresse des Teilnehmers erforderlich, um diesen über verschiedene Ereignisse benachrichtigen zu können. Die Aufgaben sind in eine Geschichte eingebettet, in der zahlreiche Entscheidungen zu treffen und Fragen zu beantworten sind. Bei www.challenge-unlimited.de soll der Teilnehmer bspw. als „Cyber-Consultant" die „...Beratung aufstrebender Zivilisationen übernehmen" [Crus00, 46]. Bei dem dahinter stehenden Test handelt es sich um Aufgaben, die in Zusammenarbeit mit Psychologen der Ruhr-Universität Bochum konzipiert wurden. Die Teilnehmer müssen dabei verschiedenste Fähigkeiten und Kompetenzen unter Beweis stellen. Die Ergebnisse der einzelnen Abschnitte werden protokolliert und gespeichert. Außerdem erhält der Spieler dafür Punkte. Somit entsteht aus den einzelnen Testergebnissen ein Kompetenz- und Persönlichkeitsprofil des Teilnehmers.

Nach Abschluss des Spiels erfolgt der Eintrag in eine Rangliste, die auf den ersten Plätzen die Kandidaten mit den meisten Spielpunkten führt, was der besten Aufgabenbewältigung entspricht. Die Teilnehmer können ihr Kompetenzprofil anschließend einsehen und darüber entscheiden, ob die beteiligten Unternehmen Zugang zu den Profilen erhalten sollen. Dies ist u. a. auch aus datenschutzrechtlichen Gründen notwendig. Die Profile erhalten die Unternehmen zunächst in anonymer Form, um sie Vorselektionsmechanismen zu unterziehen [Köni00, 135]. Die ausgewählten Teilnehmer werden anschließend kontaktiert und zu weiteren Auswahlverfahren eingeladen. Bei www.challenge-unlimited.de beteiligten sich bisher etwa 13.000 Spieler, von denen 10.500 ihr Profil zugänglich machten, sodass diese für die Siemens AG zur weiteren Personalauswahl zur Verfügung standen.

3.3.3 Personalberater

Das Internet ist aus Sicht eines Unternehmens zunächst eine Quelle, um sich über die Leistungen verschiedener Personalberater zu informieren und Kontakt aufzubauen. Einen Überblick über verschiedene Personalberater verschaffen Seiten im WWW, die eine Sammlung solcher Unternehmen enthalten (z. B. www.consultants.de). Bei einer Zusammenarbeit kann das Internet weiterhin v. a. als Kommunikationsinstrument zwischen den Partnern zum Einsatz kommen. Neben Headhuntern ist es auch Unternehmen seit einiger Zeit möglich (z. B. unter www.onlineheadhunter.com), selbst nach Führungskräften suchen, die dort anonym ihre Profile vorstellen (vgl. Bewerberdatenbanken für Führungskräfte). So ist es in Zukunft denkbar, in vielen Fällen auf die Dienste von Personalberatern zur Suche nach Mitarbeitern für das Management zu verzichten. Zu Beginn der Suche gibt entweder das Unternehmen ein Anforderungsprofil der zu besetzenden Stelle vor oder erarbeitet dieses zusammen mit dem Berater. Die Suche und eine Vorauswahl geeigneter Kandidaten übernimmt anschließend das Beratungsunternehmen. Zum einen können sie ebenfalls auf Bewerberdatenbanken von Jobbörsen, für deren Nutzung sie auch meist spezielle Rabatte erhalten, zugreifen. Teilweise betreiben die Berater selbst Jobbörsen (siehe Kapitel 3.1.1.1, derivative Jobbörsen wie z. B. www.absolute-career.de), um möglichst große und auf ihre Bedarfe zugeschnittene Datenbanken mit potenziellen Kandidaten aufzubauen [Eick00]. In Abgrenzung zu Jobbörsen bieten „Consultants" zusätzlich umfangreiche Beratungsdienstleistungen für Unternehmen und Einzelpersonen (Coaching) an, wobei auch Jobbörsen immer mehr diesen Service bereitstellen, sodass diese sich in ihrem Leistungsangebot in einer Annäherungsphase zu Personalberatern befinden [Schw00, 32].

Da in den Unternehmen viele Mitarbeiter mit einer eigenen E-Mail-Adresse ausgestattet sind, eignet sich das Internet auch dazu, Fachkräfte und Spezialisten direkt am Arbeitsplatz zu kontaktieren. Dieser Vorgehensweise wurde allerdings mit einem Gerichtsurteil (rechtskräftig seit 2000-12, OLG Stuttgart, Aktenzeichen 2 U 133/99), das es Headhuntern zukünftig verbietet, „betriebliche Kommunikationssysteme" für Abwerbeversuche zu nutzen, zunächst ein Riegel vorgeschoben [NoJu00].

Der Vorteil der Internetnutzung gegenüber einer sonst üblichen Direktansprache von Bewerbern liegt v. a. in verkürzten Suchzeiten. Während zwischen der Ansprache und der Vertragsunterzeichnung früher bis zu sechs Monate vergingen, hat sich diese Zeitspanne auf bis zu drei Wochen reduziert [Schw00, 32].

3.3.4 Zeitarbeitunternehmen

Das Internet ist für Ver- und Entleiher ein Kommunikationsmedium, das den Informationsaustausch zwischen den Vertragspartnern ermöglicht. Ein erster Versuch zu einem virtuellen Marktplatz für das Finden und die Kontaktaufnahme zwischen Arbeitgebern und Zeitarbeitunternehmen ist unter www.adtempio.de zu sehen. Dieser Dienst ist seit 2000-11 aktiv.

Zur kurzfristigen Deckung eines Bedarfes können Anfragen oft mithilfe von Eingabeformularen auf den Webseiten der Personalverleiher spezifiziert werden. Das Unternehmen gibt dazu u. a. die erforderlichen Qualifikationen und die Anzahl des gewünschten Personals an. Um schnell reagieren zu können, muss das Zeitarbeitunternehmen selbst einen Pool an verschiedensten Mitarbeitern bereithalten. Für die Suche nach geeigneten Bewerbern mag es, ähnlich wie Personalberater, das Internet nutzen. In diesem Zusammenhang verhalten sich Zeitarbeitwie andere Unternehmen auch, indem sie z. B. in Jobbörsen inserieren oder die eigenen Webseiten verwenden.

Dargelegtes gilt v. a. für Vollbetriebe, die Vermittlung und Überlassung erwerbswirtschaftlich betreiben [RuSc97, 110]. Ausgewählte Beispiele hierzu sind www.adecco.de, www.randstadt.de und www.lorenz-zeitarbeit.de. Im Gegensatz zu Vollbetrieben haben Mischbetriebe zwar die Konzession der BA im Rahmen des AÜG, setzen diese aber nur für konzerninterne Vermietungen ein, um bspw. werksübergreifende Auslastungsschwankungen auszugleichen. Des WWW bedienen sie sich dabei nicht, vielmehr werden solche Transaktionen von Stabsabteilungen, meistens unter Federführung von Personalreferenten, abgewickelt. Deshalb sind es vorrangige Intentionen der vorliegenden Arbeit, diese Mischbetriebe bei ihren Bemühungen regional in Unternehmensnetzwerken zu vereinen und sie über ihre Personaldispositionen stärker als bisher an das Internet/WWW als dafür geeignetes Kommunikationsinstrument heranzuführen.

4 Vernetzung zu regionalen Personalbörsen

Die Vernetzung zu regionalen Personalbörsen (auch: (Regionale) Netzwerke für Arbeit) ist ein mehrstufiger Prozess. Auf Basis von Unternehmensnetzwerken (Kapitel 4.2), deren Teilnehmer sich zur temporären Mitarbeitervermietung mithilfe eines Personalleitstandes bereiterklärt haben, sind zunächst Jobbörsen (-konglomerate) im WWW (Kapitel 4.3), v. a. solche mit regionaler Ausrichtung (siehe Kapitel 3.1.1.5), zu integrieren. Diese elektronischen Stellenvermittlungsplätze im WWW haben darüber hinaus die Aufgabe, Über- und Unterbesetzungen zu kompensieren. In vielen Ländern spielen zentrale Arbeitsbehörden wie z. B. die deutsche BA eine wichtige Rolle bei der Arbeitsvermittlung. Sie könnte (neben den bisher genannten und sonstigen (halb-) öffentlichen Teilnehmern) eine herausgehobene Position einnehmen (Kapitel 4.4). Eine ausführliche Behandlung von möglichen rechtlichen Rahmenbedingungen und von Einzelfällen findet in Kapitel 4.5 statt.

4.1 Bezugsrahmen

Was man sich die Funktionsweise von regionalen Personalbörsen vorzustellen hat, verdeutlicht Abbildung 5.

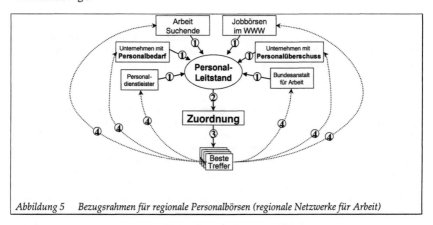

Abbildung 5   Bezugsrahmen für regionale Personalbörsen (regionale Netzwerke für Arbeit)

In einem ersten Schritt melden alle Beteiligten dem regionalen Personalleitstand ihre Wünsche in Form von Nachfragen oder Angeboten (①). Dort erfolgt eine Zuordnung offener Stellen auf suchende Einzelpersonen und umgekehrt (②). Die besten Treffer bzw. Match-Ergebnisse (③) werden zurückgemeldet (④).

Arbeit Suchende als erste Teilnehmergruppe lassen sich in zwei Kategorien einteilen. Sie suchen entweder latent oder aktuell nach einer neuen bzw. zusätzlichen Tätigkeit. Diese Einteilung hat den Vorteil, dass neben „echten" Job Suchenden ohne aktuelle Arbeit auch solche berücksichtigt werden können, die sich in einer festen Anstellung befinden und sich nur einen Eindruck von der aktuellen Arbeitsmarktsituation verschaffen wollen. Für den Fall, dass sich für sie eine interessante Option ergibt, sind sie durchaus bereit, eine neue Aufgabe zu übernehmen. Sattelberger unterscheidet Arbeit Suchende in Loyalisten und Söldner [Satt99, 71]. Erstere sind durch hohe Loyalität zu den Unternehmen gekennzeichnet. Söldner dagegen erledigen Jobs und lassen sich immer wieder von anderen, für sie interessanten Unternehmen „anheuern".

… Vernetzung zu regionalen Personalbörsen

Als zweite Teilnehmergruppe sind verschiedene Personaldienstleister, wie z. B. auf bestimmte Kundengruppen spezialisierte Personalberater oder Zeitarbeitunternehmen, zu nennen (siehe Kapitel 3.3).

Anhand der Ergebnisse der betrieblichen Personalbedarfsplanung können die beteiligten Unternehmen (Mischbetriebe i. S. d. AÜG) in zwei Lager eingeteilt werden: Unternehmen mit Personalbedarf und solche mit Personalüberschuss.

Einen weiteren Posten stellen die vielfältigen Jobbörsen im WWW dar (Kapitel 3.1). Regional bedeutsame öffentliche oder halb-öffentliche Einrichtungen (z. B. Arbeitsämter, IHKn, Handwerkskammern, Bildungsinstitute) schließen den Kreis der Teilnehmer.

4.2 Unternehmensnetzwerke

Der folgende morphologische Kasten zeigt einzelne Merkmale aufbauorganisatorischer Gestaltungsdimensionen und deren mögliche Ausprägungen [Köpf00]. Durch die Kombination der hervorgehobenen Kriterien ergibt sich eine Konstellation, die sich für ein regionales Unternehmensnetzwerk in Verbindung mit Personal-Clearing-Absichten eignet (Tabelle 8).

Merkmal	Ausprägungen		
Rechtsform	GbR	eG	*eV*
Reichweite	*Regional*	Überregional	International
Branchenzugehörigkeit	Gleiche Branche	*Unterschiedliche Branchen*	
Anzahl der Unternehmen	Variabel	*Festgelegt*	
Laufzeit	Bis zur Realisierung eines Projekts	*Bestimmter Zeitraum*	Unbegrenzt
Zugehörigkeit des Personals	Zentraler Arbeitnehmer-Pool	*Betriebseigener Arbeitnehmer-Pool*	
Regelung von Grundsätzen	*Detaillierter Vertrag*	Rahmenvertrag	Mündliche Absprachen
Verwaltung	Zentrale Stelle	*Unternehmensintern*	

Tabelle 8   Gestaltungskriterien und -varianten für Unternehmensnetzwerke mit Personal-Clearing-Absichten (die kursiven Einträge stellen besonders geeignete Ausprägungen dar)

4.2.1 Rechtsform

Beim Aufbau eines Unternehmensnetzwerks ist es zunächst wichtig, festzulegen, welche Rechtsform für die Kooperation sinnvoll ist. Die Rechtsfähigkeit, die Vertretung, das Haftungsverhältnis und der Aufbau der Organisation werden vorab geklärt und bestimmt. Bei der Wahl der Rechtsform ist zu berücksichtigen, dass der organisatorische und der finanzielle Aufwand für die Gründung möglichst gering sein sollen. Es ist deshalb abzuwägen, ob für das Unternehmensnetzwerk eine Gesellschaft des bürgerlichen Rechts (GbR), eine Genossenschaft (eG) oder ein eingetragener Verein (eV) vorzuziehen ist.

Diese „Gerüste" scheinen für Unternehmen auch interessant, zumal sich in der Praxis bisher außer Vertragswerken keine anderen rechtlichen Einbindungen etablieren ließen. „Sie schätzen offene und einfache Strukturen" [Blan01].

4.2.1.1 Gesellschaft des bürgerlichen Rechts (GbR)

Die Gesellschaft des bürgerlichen Rechts ist eine „Rechtsform des privaten Rechts, welche in §§ 705-740 BGB geregelt ist und die rechtliche Grundlage für sämtliche Personengesellschaften darstellt. [Sie] ist eine auf einem Vertrag beruhende Personenvereinigung ohne Rechtsfähigkeit, bei der sich die Gesellschafter zur Förderung eines gemeinsamen Zweckes zusammenschließen" [Schn98, 108].

Die GbR scheint zunächst eine geeignete Kooperationsform zu sein. Unternehmen können sich für den Zweck, ein Netzwerk zum Arbeitnehmeraustausch zu schaffen, zusammenschließen, ohne dass es einer staatlichen Genehmigung bedarf. Das BGB regelt einige Konstellationen wie bspw. Haftungs- und Vertretungsverhältnisse. Das Gesetz ermächtigt z. b. einen Gesellschafter, der nach dem Gesellschaftsvertrag zur Geschäftsführung befugt ist, die anderen Gesellschafter gegenüber Dritten zu vertreten. Des Weiteren sind individuelle Vereinbarungen im Gesellschaftsvertrag niederzuschreiben.

Bei dieser Rechtsform ergeben sich für das Unternehmensnetzwerk jedoch auch Probleme. Während es möglichst flexibel und großflächig angelegt sein soll, schränken die gesetzlichen Vorschriften dieses Reaktionsvermögen ein. So erschwert das Gesetz bspw. den Ein- oder Austritt von Gesellschaftern. Tritt ein Unternehmen aus der GbR aus, muss die Gesellschaft den Anteil, der ihm laut Vertrag am Gesellschaftsvermögen zusteht, ausbezahlen. Die Existenz der GbR könnte somit beim Austritt eines bzw. mehrerer Gesellschafter gefährdet sein, wenn Unternehmen keine weiteren Anteile erwerben wollen. Außerdem ist § 726 BGB zu berücksichtigen, der vorschreibt, dass die GbR bei Erreichen des gesetzten Unternehmensziels wieder aufzulösen ist. Hierbei stellt sich die Frage, wann dieser Punkt erreicht ist und wie die Idee des Netzwerks anschließend verfolgt werden kann. Gegen die Wahl der GbR als geeignete Rechtsform spricht zusätzlich die gesamtschuldnerische Haftung der Gesellschafter. Im Fall einer Klage müssen alle Gesellschafter sowohl mit ihrem Gesellschafts- als auch mit ihrem Privatvermögen haften, wozu vermutlich kein Teilnehmer bereit ist. Zudem wird die Motivation zum Beitritt dadurch erheblich gesenkt.

4.2.1.2 Eingetragene Genossenschaft (eG)

Die Genossenschaft ist eine „Rechtsform, die im Genossenschaftsgesetz (GenG) gesondert geregelt ist. Es handelt sich um eine eigenständige Rechtsform des privaten Rechts, die Züge von Personengesellschaften als auch von Kapitalgesellschaften trägt. Genossenschaften sind Gesellschaften mit nicht geschlossener Mitgliederzahl, welche die Förderung des Erwerbes oder der Wirtschaft ihrer Mitglieder mittels gemeinschaftlichen Geschäftsbetriebes bezwecken (§ 1 GenG). Mindestens sieben Genossen sind zu deren Gründung nötig. [...] Die Mitglieder zeichnen einen Geschäftsanteil und leisten eine Pflichteinlage, wodurch das Eigenkapital aufgebracht wird. Für die Verbindlichkeiten haften den Gläubigern neben dem Vermögen der Genossenschaft je nach Vertrag unter den Genossen die Mitglieder beschränkt, unbeschränkt oder evtl. gar nicht" [Schn98, 278].

Im Vergleich zur GbR hängt die Gründung einer Genossenschaft nicht von einem bestimmten Zweck ab. Das Risiko der Haftung ist i. Allg. auf die Höhe des Anteils beschränkt. Eine Nachschusspflicht ist durch den Gesellschaftsvertrag festgelegt. Darin ist auch die Höhe eines Geschäftsanteils vermerkt, der zu zahlen ist, wenn man der Gesellschaft angehören möchte. Jeder Erwerb eines Geschäftsanteils ist für die eG eine Finanzierungsmöglichkeit. Tritt ein Genosse aus, erhält er den Wert seines Anteils zurück. Dies ist für die Genossenschaft nur bedrohlich, wenn der Betrag sehr hoch ist oder der Besitz am Vermögen erheblich ist. Dieses Risiko ist durch einen entsprechenden Vermerk in den Statuten zu regeln. Die Finanzierung der ersten Anschaffungen ist durch die Einzahlung der Genossenschaftsanteile gewährleistet. Weitere Kosten (z. B. für die Anschaffung neuer Software zur elektronischen Arbeitnehmervermittlung), die im Laufe der Zeit anfallen, sind durch Gebühren zu decken. Somit müsste die Vermittlung von Arbeitnehmern innerhalb des Arbeitnehmer-Pools gebührenpflichtig erfolgen.

Bei einem Vergleich der Beschreibung einer Genossenschaft mit den Ansprüchen des intendierten Unternehmensnetzwerks ist ein Widerspruch festzustellen. Während die Struktur des Letzteren offen und variabel sein soll, ist die Genossenschaft aufgrund der gesetzlichen Vorschriften hinsichtlich Geschäftstätigkeit und Aufbau starr und unflexibel.

4.2.1.3 Eingetragener Verein (eV)

Ein Verein ist ein „freiwilliger Zusammenschluss von Personen zu einem bestimmten Zweck mit einer von der Individualität der jeweiligen Mitglieder unabhängigen (körperschaftlichen), den Bestand auf Dauer sichernden Organisation (§§ 21-79 BGB). Die Gründung eines Vereins geschieht durch die Einigung der Gründer, die die Satzung mit Namen und Zweck des Vereins feststellen. Höchstes Organ ist die Mitgliederversammlung. Sie handelt durch Vereinsbeschlüsse und wählt i. d. R. auch den Vorstand, der die Geschäfte des Vereins führt und ihn nach außen vertritt. [...] Der rechtsfähige Verein ist eine juristische Person, d. h., er ist selbst Träger von Rechten und Pflichten. Der rechtsfähige wirtschaftliche Verein ist auf einen wirtschaftlichen Geschäftsbetrieb gerichtet und erhält seine Rechtsfähigkeit durch staatliche Verleihung" [OV95, 121].

Jedes Mitglied beteiligt sich mit einer so genannten Aufnahmegebühr, wie sie bspw. von Sportvereinen erhoben wird, an der Gründung. Damit kann der Verein die notwendigen Anschaffungen, wie die Einrichtung eines Personalleitstands, finanzieren. Zur Deckung der laufenden Kosten, z. B. Aufwendungen für Werbung oder Gebühren, hat jedes Mitglied einen Jahresbeitrag zu zahlen. Dadurch kann das Netzwerk eine gebührenfreie Vermittlung von Arbeitnehmern ermöglichen. Für das einzelne Unternehmen sind die Kosten für die Beteiligung am Verein und demzufolge am Arbeitnehmeraustausch im Laufe eines Jahres kalkulierbar. Je häufiger ein Unternehmen die Dienstleistung des eV in Anspruch nimmt, desto kleiner wird der Fixkostenanteil einer Vermittlung. Dies wirkt sich positiv auf die Nutzung des Personalaustauschs und somit auf den Erfolg des Netzwerks aus.

Wichtige Grundsätze und Vereinbarungen, die den Personalleitstand betreffen, sind in der Vereinssatzung festzuhalten, an die alle Mitglieder gebunden sind. Der Ein- und Austritt eines Mitglieds erfordert lediglich eine Anmeldung bzw. Kündigung, wobei das austretende Unternehmen keinen Anspruch auf Auszahlung der Aufnahmegebühr oder des anteiligen Jahresbeitrags hat. Die Fortführung des Vereins ist demzufolge nicht gefährdet. Nachdem das Unternehmensnetzwerk auf die wirtschaftliche Förderung seiner Mitglieder abzielt, muss ein wirtschaftlicher Verein gegründet werden. Für dessen Rechtsfähigkeit sind allerdings eine bundesstaatliche Erlaubnis und eine Eintragung ins Vereinsregister beim zuständigen Amtsgericht erforderlich. Dieser bürokratische Akt kann den Gründungstermin evtl. verzögern,

stellt aber kein prinzipielles Hindernis dar. Der Vergleich der angeführten Rechtsformen ergibt, dass sich der eV als Rechtsform für ein Unternehmensnetzwerk sehr gut eignet. Demnach sei für die weitere Arbeit unterstellt, dass sich das Unternehmensnetzwerk als eV ausgestaltet.
Auch die Praxis scheint die Vorzüge des eV erkannt zu haben. So soll z. B. in Sachsen über das „Musical Valley" hinaus eine branchenübergreifende Vernetzung des Vogtlandes in Form eines eV erfolgen. In 350 Jahren haben sich dort mehr als 120 Unternehmen mit über 1.000 Beschäftigten in der Musikinstrumentenbranche entwickelt. Die ansässigen Betriebe, die alle Arten von Orchesterinstrumenten außer Schlagwerk führen, haben einen Exportanteil von über 50 % und wollen mit ihrem Verbund die Arbeitslosenquote in der Region merklich senken [Eich01].

4.2.2 Reichweite

Zu den Zielen des Unternehmensnetzwerks gehört u. a. auch die Stärkung eines speziellen Standorts oder einer Region. Durch den variablen Austausch von Arbeitnehmern muss ein Unternehmen bei Personalüberhang seltener Arbeitnehmer ausstellen und kann folglich mit sichereren Arbeitsplätzen werben. Ein solches Netzwerk mag also einerseits für Arbeitskräfte Grund genug sein, in eine bestimmte Region zu gehen, weil dort das „Gut Arbeit" effizienter alloziert wird. Andererseits ist diese Entwicklung auch für Arbeitgeber ein Anreiz, sich da niederzulassen, weil ihnen ein flexiblerer Umgang mit dem Faktor Personal möglich ist. Gelingt im Unternehmensnetzwerk innerhalb des abgegrenzten Gebietes ein Personalkapazitätsausgleich, so ist es nahe liegend, das Netzwerk auch über die Grenzen auszuweiten, damit das Bundesland bzw. letztendlich Deutschland als Standort an Bedeutung gewinnt (siehe Kapitel 4.3). Es müsste im Interesse einer Region liegen, die Entstehung von Netzwerken zu unterstützen, um die wirtschaftliche Lage der beteiligten Kommunen zu stärken. Letztere würden über höhere Steuererträge von den Betrieben profitieren. Finden sich jedoch innerhalb eines bestimmten Umkreises keine geeigneten Mitglieder oder sind Unternehmen anderer Regionen an der Kooperation interessiert, so sollte das Netzwerk überregional ausbaufähig sein. Dennoch ist für eine Erprobungsphase aus Transparenzgründen eine überschaubare Gegend auszuwählen. Schon heute findet in grenznahen Gebieten trotz unterschiedlicher rechtlicher Gegebenheiten ein internationaler Mitarbeiteraustausch durch pendelnde Arbeitnehmer statt.

4.2.3 Branchenzugehörigkeit der beteiligten Unternehmen

Zunächst liegt es nahe, dass sich Unternehmen der gleichen Branche zusammenschließen, da der Austausch ihrer Arbeitnehmer einfacher erscheint als zwischen Unternehmen unterschiedlicher Branchen. Von dieser Vorstellung hat man sich nach und nach zu lösen, da vielmehr das Tätigkeitsfeld und die Flexibilität der Arbeitnehmer im Vordergrund stehen. Dabei ist zu beachten, dass im Vorfeld Daten zum „regionalen Tauschpotenzial" zu erheben sind (siehe Kapitel 2.3.2.5).
Es liegt einerseits im Ermessen der Arbeitgeber, für welche Projekte sie ihre Mitarbeiter zur Verfügung stellen, andererseits hängt es von Letzteren ab, für was sie eingesetzt werden möchten. Man kann sich vorstellen, dass Arbeitnehmer aufgrund ihrer Ausbildung oder Tätigkeit in vielen Bereichen tätig sein können, es aber nicht wollen. Eine Raumpflegerin ist z. B. in vielen Unternehmen verwendbar. Allerdings macht es für sie einen Unterschied, ob sie Großraumbüros oder Fertigungshallen reinigt. Ein technischer Zeichner hingegen, der im Hochbau tätig ist, kann auch in anderen, verwandten Gebieten (z. B. Bau eines Staudammes) eingesetzt werden, da dieselbe Vorgehensweise bei der Problemanalyse und die gleichen Zeichenfertigkeiten gefragt sind. Hierfür sind jedoch Flexibilität und die Bereitschaft, sich in eine

neue Materie möglichst schnell hineinzudenken, notwendig. Voraussetzung für den Austausch generell ist dennoch, dass die Personen nicht Träger von wettbewerbsrelevantem Spezialwissen sind, das (nahezu) ausschließlich die hervorgehobene Marktstellung eines Unternehmens ausmacht (siehe Kapitel 2.3.2.1). Je mehr Unternehmen unterschiedlicher Branchen sich zu einem Unternehmensnetzwerk zusammenschließen, desto flexiblere Anfragen können über die Teilnehmer des Arbeitnehmer-Pools befriedigt werden und desto krisenfester ist es.

4.2.4 Anzahl der beteiligten Unternehmen

Hat das Unternehmensnetzwerk die Rechtsform eines eingetragenen Vereins (siehe Kapitel 4.2.1.3), so ist keine Mindestanzahl an Mitgliedern erforderlich; es können beliebig viele Unternehmen miteinander kooperieren. Trotzdem bietet es sich an, die Anzahl zunächst für eine Erprobungsphase zu begrenzen. Nachdem keiner der „frühen" Teilnehmer zunächst weiß, ob und wann gesetzten Ziele erreicht werden, sollte großes Vertrauen in die Idee des Netzwerks und in die Kooperationspartner vorhanden sein. Innerhalb eines festgelegten Zeitraums werden auch keine neuen Vereinsmitglieder aufgenommen. Dadurch bleibt das Netzwerk vorerst überschaubar und flexibel. Zudem kann es so schnell auf Änderungen, bspw. Verbesserungsvorschläge, reagieren.

4.2.5 Laufzeit

Die Alternative, zunächst ein Unternehmensnetzwerk für die Laufzeit eines Projekts zu gründen, würde bedeuten, dass Unternehmen für den erforderlichen Zeitraum von drei bis zwölf Monaten Arbeitnehmer ent- bzw. ausleihen. Die Testphase ist jedoch zu kurz, um ausreichende Erkenntnisse für eine Neustrukturierung eines Netzwerks zu sammeln. Es hat noch kein reger Informationsaustausch zwischen den Unternehmen stattgefunden. Sowohl die Arbeitgeber als auch die Arbeitnehmer benötigen Zeit, um sich auf das neue System und die damit verbundenen Möglichkeiten einstellen zu können.

Die Laufzeit des Unternehmensnetzwerks soll daher ebenfalls für die Erprobungsphase auf etwa drei bis fünf Jahre begrenzt sein. Nachdem die Gründungsmitglieder noch keine Erfahrungswerte berücksichtigen können, ist es nahe liegend, dass sie in der Abwicklung und Gestaltung des Unternehmensnetzwerks einige Aspekte vernachlässigen oder nicht berücksichtigen werden. Daraus ergeben sich möglicherweise Veränderungen in der Vereinssatzung oder bei der Durchführung des Personalaustauschs. Je besser das Unternehmensnetzwerk ausgestaltet ist, desto größer sind der Erfolg und das Interesse anderer Unternehmen, sich an der Kooperation zu beteiligen. Als Vorbild kann das „Lernende System" aus der Organisationstheorie dienen.

4.2.6 Zugehörigkeit des Personals

Der Austausch von Humanressourcen erfolgt innerhalb des Unternehmensnetzwerkes. Jedes Unternehmen hat eigenes Potenzial an Arbeitnehmern, und jeder Arbeitgeber entscheidet, welche Arbeitnehmer er für den Austausch zur Verfügung stellt.

Der einzelne Arbeitnehmer schließt nur mit seinem Arbeitgeber einen Arbeitsvertrag ab, in dem er sich einverstanden erklärt, zeitlich befristet für einzelne Projekte zu anderen Unternehmen, die dem Unternehmensnetzwerk angehören, zu wechseln. Die Pflicht zur Vergütung und zur Fürsorge liegt in diesem Zusammenhang noch immer beim vertragsmäßig festgelegten Arbeitgeber, seinem Stammunternehmen.

4.2.7 Regelung von Grundsätzen

Innerhalb einer Kooperation sollen die Partner Grundsatzvereinbarungen schriftlich festhalten, um Missverständnissen oder Misstrauen vorzubeugen. Neben den gesetzlich vorgeschriebenen Punkten, wie bspw. Namen, Sitz und Zweck des Vereins, können die Statuten Angaben über die Aufgabenverteilung, die Ein- und Austrittsmöglichkeiten bzw. -voraussetzungen sowie die Rechte und Pflichten, die sich für die Mitglieder des Vereins ergeben, enthalten (siehe detailliert in Kapitel 4.5).
Es ist deshalb sinnvoll, Überlegungen über den Inhalt des Regelwerks anzustellen:
1. **Zweck:** Der Arbeitnehmeraustausch zwischen den Netzwerkpartnern soll der Sicherung von Arbeitsplätzen und Personalbestand sowie der Stärkung des Standorts dienen.
2. **Struktur:** Die Mitglieder wählen ein Unternehmen, vertreten durch dessen Leitung oder eine Person, zum Vorstand, die/der das Netzwerk nach außen vertritt, einzelne Unternehmen tragen für eine bestimmte Zeit die Verantwortung für ein Ressort (z. B. Abrechnungsstelle, Statistik-Abteilung).
3. **Zugangsvoraussetzungen:** Unternehmen können nur mit Zustimmung der Vereinsmitglieder beitreten. Neue Mitglieder müssen eine Einverständniserklärung bzgl. der Vereinssatzung unterzeichnen und sich bereit erklären, Personal auszutauschen.
4. **Aufgaben und Pflichten der Mitglieder:** Mitglieder sind verpflichtet, die Vereinssatzung einzuhalten, die vertraglichen Vorgaben zu erfüllen und die Mitgliedsbeiträge zu entrichten. Innerhalb des Netzwerks ist es den Unternehmen untersagt, Personal abzuwerben.
5. **Rechte der Mitglieder:** Die gleichberechtigten Vereinsmitglieder können auf den Arbeitnehmer-Pool zugreifen, die Vereinsstatuten einsehen und die Offenlegung der Geschäftsbücher fordern.

Der genaue Inhalt der Vereinbarungen orientiert sich an den Vorstellungen der jeweiligen Unternehmen. Wichtig ist, dass die Interessen der Mitglieder (Personal in der richtigen Menge zum idealen Zeitpunkt mit der passenden Qualifikation aufnehmen oder abgeben zu können) und v. a. der Arbeitnehmer (z. B. Lohn/Gehalt, Urlaubsanspruch, plausible Arbeitszeitregelung) gewahrt bleiben.
Hinsichtlich der Arbeitsverträge ist festzuhalten, dass zunächst jeder Arbeitnehmer mit seinem Unternehmen einen Arbeitsvertrag abschließt, in dem vermerkt ist, dass sich der Arbeitnehmer unter gewissen Voraussetzungen zu einem Austausch bereit erklärt. Erfolgt während des Arbeitsverhältnisses ein Austausch, so schließen die kooperierenden Unternehmen einen Vertrag zur Arbeitnehmerüberlassung.
In Anlehnung an den vom Netzwerk vorgegebenen Rahmenvertrag, der schwerpunktmäßig die Interessen des Arbeitnehmers wahrt, gestalten beide Parteien ein individuelles Abkommen. Dieses beinhaltet neben den Daten des aus- und des entleihenden Unternehmens sowie den Personalien des betroffenen Arbeitnehmers den Preis für die Personalüberlassung, den Einsatzbereich bzw. die genaue Beschreibung des Projekts, evtl. Urlaubsansprüche oder Sondervereinbarungen, die das entleihende Unternehmen dem Arbeitnehmer bezahlen bzw. absichern muss. Zu Letzteren sind z. B. die Nutzung der Kantine, der Verzicht auf Überstundenausgleich und die Nutzung eines Geschäftswagens zu rechnen.

4.2.8 Verwaltung

Aufgrund der gewählten Rechtsform vertritt der Vorstand das Unternehmensnetzwerk nach außen und ist für das Bestehen des Vereins verantwortlich. In seiner Funktion unterstützen ihn die am Netzwerk beteiligten Unternehmen, indem sie einzelne Aufgaben (Ressorts) übernehmen. Hierunter fallen bspw. die Überwachung der Beitragszahlungen, die Einhaltung der

Vereinssatzung und die Betreuung des Personalleitstands, der den Arbeitnehmeraustausch ermöglicht. Der Personalleitstand ist ein IV-System, das die Verbindung zwischen den beteiligten Unternehmen aufbaut. Über ihn können zum einen Unternehmen zur Verfügung stehende Arbeitnehmer bekannt geben und zum anderen Unternehmen, die Personal für ein bestimmtes Einsatzgebiet suchen, Anfragen stellen (siehe Kapitel 4.5). Der Impuls geht folglich von den Unternehmen selbst aus, ohne dass sich ein Vermittler einschaltet.

Grundsätzlich stehen dafür die beiden Alternativen Fremd- und Eigenorganisation (in unterschiedlich starken Ausprägungsformen) zur Auswahl [Hamm00]. Erstere entspricht dem Outsourcing der Personalabteilung. Alle anfallenden Tätigkeiten eines oder mehrerer Unternehmen in Bezug auf den Personalleitstand werden an ein externes Dienstleistungsunternehmen übertragen, wie z. B. auch Zeitarbeitunternehmen ausgewählten Betrieben bei der Personalsuche und dem -einsatz behilflich sind.

Bei der Eigenorganisation übernehmen entweder ein oder mehrere der beteiligten Unternehmen die Rolle des externen Dienstleisters.

4.2.8.1 Fokales Netzwerk-„Verwaltungs"-Unternehmen

Ein für die Erledigung der personalwirtschaftlichen Aufgaben zuständiges Unternehmen vollbringt allein Leistungen für alle Betriebe. Die einfachste Möglichkeit ist die Auswahl nach bestimmten Kennzahlen. Die individuelle Personalbetreuungskapazität kann als Hilfsgröße herangezogen werden, um einen Teilnehmer zur Betreuung des Leitstands zu bestimmen. Aber auch einfache Kennzahlen, wie z. B. Personalsachbearbeiter pro Beschäftigte oder der Automationsgrad in der Personalabteilung, können eine Rolle spielen. Führt man Letzteren in die Diskussion, so wird davon ausgegangen, dass ein höherer Automationsgrad ein Unternehmen leichter dazu befähigt, die zusätzlichen Aufgaben zu übernehmen, als dies eine „stark papierbasierte" Personalabteilung zu leisten vermag. Tendenziell kann man unterstellen, dass Unternehmen mit vielen Beschäftigten mehr Erfahrung im Umgang mit Personalfragen besitzen als kleinere Unternehmen. Es würde sich also anbieten, dem auf diesem Teilbereich erfahrensten Unternehmen die Aufgaben zu übertragen und von dessen Know-how zu profitieren.

4.2.8.2 Verteilte Verwaltung

4.2.8.2.1 Schichtsystem

Diese Aufteilungsform ist mit der in Kapitel 4.2.8.1 beschriebenen Übernahme sämtlicher Tätigkeiten durch ein Unternehmen vergleichbar. Der Unterschied liegt darin, dass hier immer ein Betrieb innerhalb eines bestimmten Zeitabschnitts (z. B. ein Quartal, Halbjahr oder Jahr) für sämtliche Personalaufgaben zuständig ist. Nach Ablauf des vereinbarten Zeitraums werden alle Tätigkeiten auf das „nächste" Unternehmen im Netzwerk übertragen, wobei die Reihenfolge vorab festzulegen ist. Soll innerhalb dieses Schichtplans getauscht werden, so ist das jeweils diensthabende Unternehmen dazu verpflichtet, die Verwaltungsaufgaben zu erledigen oder einen einsatzbereiten Tauschpartner zu benennen. Soll z. B. Betrieb A federführend die Geschäfte des Personalleitstands übernehmen, hat aber gerade erst einen neuen Personalmanager verpflichtet oder befindet sich in der Schlussphase einer Restrukturierung und kann somit dieses nicht leisten, so mag der Tausch mit dem ohnehin nachfolgenden Unternehmen B ein Lösungsvorschlag sein. In der regulären Zeit von B muss dann A einspringen.

4.2.8.2.2 Kompetenzverbund

Anstatt einer Zuweisung der Tätigkeiten in Abhängigkeit von der Zeit wie beim Schichtsystem könnte auch eine Zuweisung in Abhängigkeit von den Kernkompetenzen der Unternehmen erfolgen. So könnte bspw. ein Großbetrieb zur Beschaffung und zur Vermittlung von

Arbeitskräften sehr leistungsfähige IV-Systeme einsetzen, weil dort auch werksübergreifend Personal vermittelt wird. Es ist vorteilhaft, wenn solche Systeme in der Lage sind, auch rechenintensive Genetische Algorithmen abarbeiten zu können (Kapitel 5.3). Dieses Unternehmen wäre dafür prädestiniert, seine Software auch zur Lösung des unternehmensübergreifenden Personalaustauschs bereitzustellen. Ein anderer Betrieb mag eher aufgrund seiner besonders im psychologischen und pädagogischen Bereich geschulten Sachbearbeiter sehr geschickt bei der Personalbetreuung sein. Jeder Netzwerkteilnehmer könnte so seinen Beitrag leisten, was einem „Best-of-Breed"-Ansatz entspricht. Jedoch erfordert diese Lösung einen intensiven Informationsaustausch zwischen den Beteiligten, um die Daten- und die Funktionsintegration sicherzustellen (kritische Erfolgsfaktoren).

4.2.8.2.3 Schaffung einer gemeinsamen Organisationseinheit

Um die Nachteile des Kompetenzverbunds zu umgehen, wäre auch die Schaffung einer neuen (eventuell selbstständigen) Einheit eine zu bedenkende Organisationsform (siehe VU in Kapitel 2.1.5). Sie könnte aus mindestens einem „Gesandten" jedes Teilnehmers bestehen. Die Anzahl der „Abgestellten" richtet sich z. B. zunächst nach der Beschäftigtenzahl (z. B. je x Mitarbeiter bekommen die teilnehmenden Unternehmen einen Platz in der neuen Einheit, z. B. externe Personalabteilung, zugesprochen) und orientiert sich später an den Zuteilungsstatistiken zum Personaltausch. Eine entsprechende Belastungsrechnung identifiziert dann die größten Nutznießer des Systems, die dies in höheren Beiträgen oder durch das Bereitstellen von mehr Organisationskapazität (Zahl der „Gesandten") abgelten.

4.3 Doppelte Funktion von vernetzten Jobbörsen im WWW

Elektronische Stellenvermittlungsplätze im WWW haben in regionalen Personalbörsen eine doppelte Funktion. Zum einen nehmen sie ein erweitertes Clearing vor (Intravernetzung), zum anderen sichern sie aber auch die Verbindung, und damit Matching-Potenzial, mit anderen (regionalen) Netzwerken für Arbeit (Intervernetzung). Abbildung 6 verdeutlicht diesen Sachverhalt.

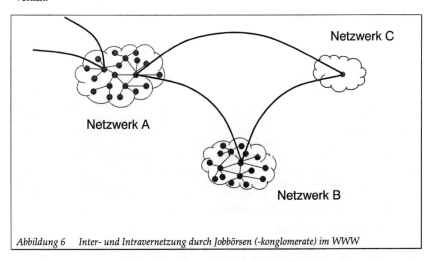

Abbildung 6   Inter- und Intravernetzung durch Jobbörsen (-konglomerate) im WWW

Die angedeuteten Cluster stellen größere oder kleinere Gebiete dar, in denen Personalkapazitätsausgleiche vollzogen werden. Die Verbindung dazwischen ermöglichen überregional operierende Jobbörsen (-verbünde) im WWW. Um im Folgenden verschiedenartige Assoziationen aus elektronischen Stellenvermittlungsplätzen aufzeigen zu können, seien die Dimensionen Netzwerkcharakter, Qualifikation und Reichweite ausgewählt. Zusammen lassen sich diese drei Kriterien in einem Würfel visualisieren (Abbildung 7).

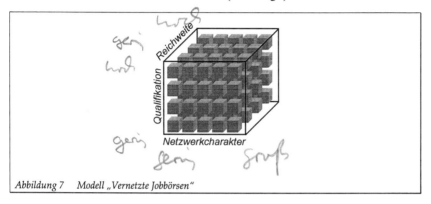

Abbildung 7   Modell „Vernetzte Jobbörsen"

Die kleinen Quader symbolisieren einzelne Jobbörsen. Auf der Abszisse ist das Merkmal Netzwerkcharakter abgetragen. Sind kleine Quader eher links positioniert, soll das zum Ausdruck bringen, dass Jobbörsen tendenziell alleine agieren. Kleine Würfel mehr in der rechten Hälfte stehen für verbundene/vernetzte Jobbörsen. Auf der Ordinate werden Qualifikationen der Mitarbeiter als Summe der vielen Einzelqualifikationen festgehalten, die Objekte der WWW-basierten Personaldispositionen sind. Die Qualifikation steigt von unten nach oben. Die dritte Dimension spiegelt die Reichweite des Personalkapazitätsausgleichs wider. Mikroökonomische Lösungen (auf einzelne Jobbörsen reduziert) stehen näher beim Ursprung. Kann dagegen von makroökonomischer Reichweite ausgegangen werden (die ganze Volkswirtschaft ist eingebunden), so sind die Quader eher im hinteren Bereich positioniert.

Für die Personalabteilungen ist es weniger zeit- und kostenaufwändig, sich auf der Suche nach potenziellen Neueinsteigern einen Überblick über den Arbeitsmarkt im WWW zu verschaffen, als den gleichen Prozess in Printmedien durchzuführen. Dennoch ist der „Besuch" aller für ein Unternehmen relevanten Jobbörsen notwendig, was jedes Mal u. a. die erneute Eingabe von Suchmerkmalen bzw. Präferenzen erfordert.
Tabelle 9 gibt dieses Stadium und eine wünschenswerte Entwicklung darauf aufbauender Kooperationsmodelle zwischen Jobbörsen wieder. Eine strikte Trennung zwischen den Stufen kann nicht erfolgen, vielmehr stellen sie ein Kontinuum von loser zu enger Kopplung zwischen Jobbörsen dar. Verwendete Merkmale sind:
1. Die Zugangsform zu verschiedenen Jobbörsen, Systemen oder Datenbanken drückt aus, ob verschiedene URLs zu verwenden sind.
2. Die Clusterung hält fest, ob es auf den Homepages von Jobbörsen explizit Hinweise bzw. Verweise auf andere Jobbörsen gibt. Falls ja, entstehen auf diese Art Jobbörsen-Cluster.
3. Die Syntax gespeicherter Merkmale in Datenbanken ist für ein später durchzuführendes Matching von Anforderungs- und Qualifikationsprofilen relevant. Bei einheitlicher Syntax gestaltet es sich weniger aufwändig als bei uneinheitlicher.

Merkmale Entwicklungsstadium		Zugangsform	Clusterung	Syntax
„Insellösung"		Verschieden	Nicht vorhanden	Uneinheitlich
Zentrale	Linkliste	Verschieden	Vorhanden	Uneinheitlich
Koordination	Jobbörsen-Mall	Gleich	Vorhanden	Einheitlich
Verteilte Lösung		Verschieden	Vorhanden	Einheitlich

Tabelle 9   Kooperationsmodelle von Jobbörsen

In den drei Stadien unterscheidet sich die Perspektive der Unternehmen von der der privaten Nutzer (z. B. der Job Suchenden). Auch Letztere sind in die Betrachtung einzubeziehen.

4.3.1 „Insellösung"

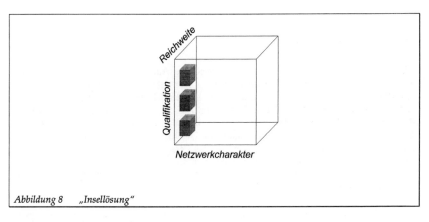

Abbildung 8   „Insellösung"

Um potenzielle Kandidaten mittels Jobbörsen im WWW zu finden, ist meist eine intensive Suche in spezialisierten Personalvermittlungsplätzen im Internet erforderlich. Der jeweilige Eingabeaufwand und die damit verbundene Zeit für suchende Unternehmen sind geringer als die Suche in Printmedien, jedoch einer gesteigerten Nutzung des WWW zur Personalbeschaffung nicht förderlich. Die Zugangsformen sind verschieden, die Syntax ist uneinheitlich. Eine Kopplung dieser einzelnen Jobbörsen mit Unternehmen bzw. einem Unternehmensnetzwerk mag die Rekrutierung vereinfachen, höhere Spareffekte sind möglich. Ein privater Benutzer kann sich dann „seine" branchen- oder berufsspezifische Jobbörse aussuchen. Ob er andere für ihn geeignete Personalvermittlungsplätze findet, hängt von seiner Neugier, seinem Suchgeschick und seiner Energie beim „Durchstöbern" des WWW ab. Die Vielfalt an Jobbörsen ermöglicht Zugriff auf niedrig wie auch auf höher qualifizierte Arbeitskräfte. Ein Cluster aus Jobbörsen ist nicht vorhanden und würde eher zufällig, z. B. durch ähnlich zu schreibende URLs, entstehen. Personaldispositionen spielen sich auf mikroökonomischer Ebene ab, ein Netz ist nicht aufgespannt. Als Beispiele für namentliche Entsprechungen wären www.dvjob.de und www.it-berufe.de zu nennen.

4.3.2 Zentrale Koordination

4.3.2.1 Zentrale Koordination durch Linkliste

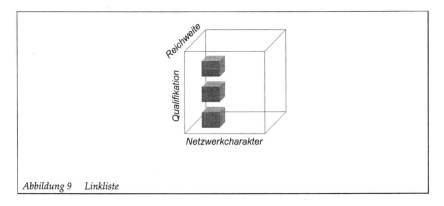

Abbildung 9   Linkliste

Eine vergleichsweise einfach zu realisierende Erleichterung würden aus Sicht eines Privatanwenders Linklisten darstellen, die auf die Existenz von ähnlichen oder komplementären Jobbörsen hinweisen. Der Grad der Vernetzung steigt, was Abbildung 9 (im Vergleich zu Abbildung 8) visualisieren soll. Die Seiten würden Verweise auf inhaltlich verwandte (berufs- oder branchenbezogene) und damit verbundene Angebote enthalten. Benutzer, Privatpersonen oder Unternehmen werden geführt. Kann ein Personalbedarf durch Einschaltung einer einzelnen Jobbörse nicht gedeckt werden, so ist eine diesbezügliche Rückmeldung in folgendem Wortlaut denkbar: „Leider haben wir derzeit kein Angebot für Sie, bitte versuchen Sie es aber bei [Name/n der anderen Jobbörse/n]". Sowohl der private Benutzer als auch das suchende Unternehmen hätten sich somit den Suchaufwand nach der nächsten interessanten Stellen- bzw. Kandidatensammlung im WWW gespart (z. B. in der Rubrik Stellenmärkte von www.jobs.de). Alle Handlungen finden auf mikroökonomischer Ebene statt.

4.3.2.2 Zentrale Koordination durch Jobbörsen-Malls

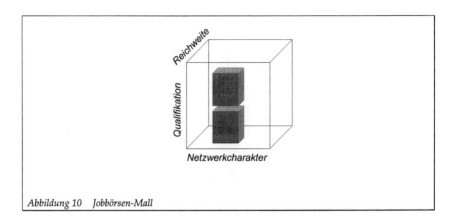

Abbildung 10   Jobbörsen-Mall

Die nächsthöhere Stufe stellt die Jobbörsen-Mall dar. Dabei handelt es sich um eine Verbindung bzw. Kooperation von Jobbörsen, die unter einer URL zusammengefasst sind. Der Netzwerkcharakter ist also noch stärker als bisher ausgeprägt, was in breiteren und weiter rechts liegenden Quadern zum Ausdruck kommt. Dennoch können Benutzer auf verteilte oder verschiedene Datenbanken verwiesen werden. Die beteiligten Jobbörsen haben entweder die gleiche Syntax (Tabelle 9) oder die Mall kann die Anfragen geeignet umsetzen. Diese Vernetzungsvariante hat für Unternehmen einen höheren Nutzen als für Privatanwender, weil sie besser von der Jobbörsen-Vielfalt profitieren. Auch dieses Kooperationsmodell bietet Arbeitskräfte aller Qualifikationsstufen an. Ein Privatanwender könnte Zusatznutzen in eventuell vorhandenen Mehrwertdiensten (z. B. regionalen Gehaltsspiegeln) finden. Das Kriterium Reichweite ist mikroökonomisch ausgeprägt. Als Beispiel kann www.worldwidejobs.de dienen (Kapitel 3.3.1.1). Nach Eingabe von Suchbegriffen werden passende Angebote verschiedener Unternehmen auf einer Seite aufgelistet.

4.3.3 Verteilte Lösung

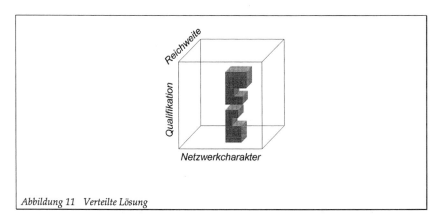

Abbildung 11   Verteilte Lösung

Die größte Herausforderung für ein Zusammenspiel von Jobbörsen stellt aufgrund der Interaktion die verteilte Lösung dar. Dieses Modell beinhaltet das höchste Rationalisierungspotenzial für suchende Unternehmen und Personen. Dabei werden im Vergleich zur Jobbörsen-Mall als homogenem Gebilde unter einheitlicher URL jetzt auch verschiedene Zugangsformen zugelassen. Die Einzelbörsen entlang der Qualifikationsachse unterscheiden sich darin, wie stark sie vernetzt sind. Abbildung 11 zeigt zwei solche Strukturen. „Für die Suche nach geeigneten Bewerbern [aller Qualifikationsniveaus] werden intelligente Software-Agenten engagiert. Der Personalsuchende hinterlegt dazu in einer Datenbank Anforderungsprofile, die der Agent permanent mit den eingehenden Bewerberprofilen vergleicht. Trifft das Suchprogramm dabei auf Wunschkandidaten, so wird eine entsprechende Erfolgsmeldung an den Auftraggeber weitergeleitet. Links auf die Originalquelle erleichtern den Unternehmen den gezielten Informationsabruf" [Siem00]. Die Profile der Arbeitskräfte lassen sich also nicht wie bei der Jobbörsen-Mall über einen gemeinsamen Einstiegspunkt eruieren, sondern sind in verschiedenen Datenbanken „verstreut". Für einen Privatanwender entsteht kein weiterer Mehrwert als in den anderen geschilderten Kooperationsmodellen. Noch immer ist das Merkmal Reichweite nur mikroökonomisch ausgeprägt. Ein Beispiel für eine verteilte Lösung ist www.cesar.de; der Agent bezieht das Angebot des Arbeitsamtes in die Suche mit ein (siehe Kapitel 3.3.1.2).

4.4   Integration der BA

Um die Vorstellung von sowohl auf betriebs- als auch auf volkswirtschaftlicher Ebene Nutzen stiftender Netzwerke für Arbeit (Abbildung 12) zu komplettieren, soll im Folgenden die BA in die Betrachtung integriert werden.

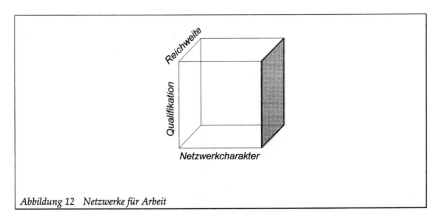

Abbildung 12   Netzwerke für Arbeit

Es liegt nahe, die derzeitige und zukünftige Stellung dieser traditionsreichen Institution in einem Szenario kurz zu erörtern. Tabelle 10 fasst Alternativen zusammen.

		Rolle der Jobbörse der BA (JBA)	
		Eher bedeutend	Eher unbedeutend
Rolle der sonstigen Jobbörsen	Eher bedeutend	Heute	Marktlösung
	Eher unbedeutend	Staatliche Lösung	Personal-Clearing zwischen Unternehmen

Tabelle 10   Entwicklungsszenarios

Die derzeitige Situation der Jobbörsen im WWW ist dadurch gekennzeichnet, dass sowohl die BA als auch private Anbieter den Arbeitsmarkt im Internet allerdings mit unterschiedlichem Fokus beeinflussen: Während sich die Letzteren tendenziell eher auf qualifizierte Hochschulabsolventen konzentrieren, ist die Behörde im WWW eher Anlaufstelle für Absolventen klassischer Ausbildungsberufe mit eher niedriger Qualifikation [Koch00, 106-111] (siehe Kapitel 3.1.1.1 und siehe Abbildung 13).

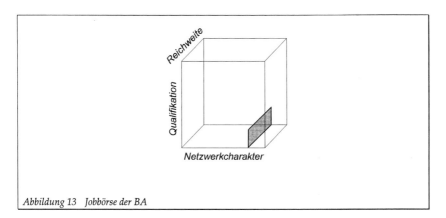

Abbildung 13 Jobbörse der BA

Da die BA mit ihren Arbeits- und Landesarbeitsämtern in allen Regionen Deutschlands präsent ist, kann nicht mehr nur von mikroökonomischer Reichweite, sondern von makroökonomischer Bedeutung gesprochen werden (z-Achse von Abbildung 13). Der Netzwerkcharakter ist durch die flächendeckende Anbindung der Unternehmen sehr stark ausgeprägt, der mikroökonomische Nutzen für einzelne Unternehmen, den die Arbeitsämter stiften, dennoch oftmals beklagenswert. So wurde z. B. vor kurzem für die Besetzung einer Sekretariatsstelle im Bereich Wirtschaftsinformatik I vom regionalen Arbeitsamt eine Person ohne PC- und MS-Office-Kenntnisse vorgeschlagen (!).

Für die Zukunft ist eine staatliche Lösung denkbar, wenn die Jobbörse der BA (JBA) die bisher elegantere Nutzung der privaten Jobbörsen und deren Mehrwertdienste integrieren und dabei die eigenen, schon bestehenden Größenvorteile ausspielen kann. Zu diesen zählen z. B. die Anzahl der gespeicherten Datensätze oder die Zugriffe auf die Webseiten, woraus der Bekanntheitsgrad oder die Marktposition resultieren. Diesen Vorteilen steht jedoch ein heterogenes Angebot im Datenbestand gegenüber, das durch seine fehlende Spezialisierung auf Branchen oder Berufe eher hinderlich wirkt. Eine Erweiterung um höher qualifiziertes Personal könnte sich in der Zukunft lohnen. Das Angebot der JBA ist für alle Benutzergruppen kostenlos, was einen weiteren Pluspunkt gegenüber den meisten privaten Jobbörsen darstellt, bei denen juristische Personen für die Benutzung in der Regel einen Obulus entrichten müssen. Letzterer dürfte aber durch die Kosten für alternative Rekrutierungsanstrengungen kompensiert werden. Gelingt der JBA die Umkehr in Richtung privater Jobbörsen nicht, so mag man sich eine Marktlösung vorstellen, bei der Arbeitsmarkt im WWW schwerpunktmäßig nur noch von den Privaten dominiert wird. Zu einer erweiterten Marktlösung gehörte auch das schon beschriebene Personal-Clearing zwischen Unternehmen ohne Einschaltung von Jobbörsen (in der ersten Ausbaustufe).

4.5 Rechtliche Rahmenbedingungen, spezielle Rechtsfragen und Einzelfalldiskussion

Die Ausführungen dieses Abschnitts basieren im Kern auf Entwürfen von Winter und Süslü ([Wint01], [Süsl01]).

4.5.1 Arbeitnehmerüberlassung (Leiharbeit) als rechtlicher Rahmen

4.5.1.1 Grundlagen

Die Arbeitnehmerüberlassung ist dadurch gekennzeichnet, dass ein Verleiher V dem Entleiher E einen bei ihm angestellten Arbeitnehmer für eine begrenzte Zeit überlässt, in der der Leiharbeitnehmer (LN) voll in die Betriebsorganisation des Entleihers eingegliedert ist ([PFBB01, Einführung vor § 611 Rn. 38], [FiKH00, § 5 Rn. 70]. Dafür hat sich der Begriff „Leihe" eingebürgert, obwohl es sich eher um miettypische Erscheinungen handelt. Die folgende Grafik visualisiert dieses Grundmodell, das auf einem Dienstverschaffungsvertrag zwischen V und E gemäß § 613 S. 2 BGB und der **Zustimmung des LN** basiert [PTBB01, § 611 Rn. 369]. Ein Arbeitsverhältnis des LN besteht dabei nach allgemeiner Meinung ausschließlich zu V, zu E lediglich ein **Beschäftigungsverhältnis**.

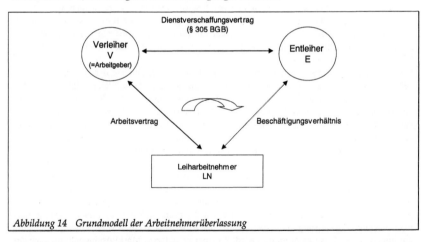

Abbildung 14   Grundmodell der Arbeitnehmerüberlassung

Inwieweit die gängigen Ansichten im Rahmen des Gesetzes zur Regelung der gewerbsmäßigen Arbeitnehmerüberlassung (AÜG) und der existenten Literatur auf die Idee der regionalen Personalbörse übertragbar sind, ist mangels Präzedenzfällen z. T. Ansichtssache (siehe Kapitel 4.5.2).

4.5.1.2 Anwendbarkeit des AÜG

4.5.1.2.1 Gewerbsmäßigkeit

Der **Begriff der Gewerbsmäßigkeit** ist im AÜG nicht definiert. Nach herrschender Meinung und ständiger Rechtsprechung dafür der gewerberechtliche Begriff maßgebend, weil es sich beim AÜG letztlich um ein gewerberechtliches Spezialgesetz handelt ([ScFH94, Rn. 278-279], [DiHS01, § 1 Rn. 47]). Danach gilt: Die Überlassung ist gewerbsmäßig, wenn sie **selbstständig** sowie mit **Gewinnerzielungsabsicht** ausgeübt wird und auf eine gewisse **Dauer** angelegt ist.

4.5.1.2.2 Dauer

„**Auf gewisse Dauer angelegt**" bedeutet eine nachhaltige, planmäßige Tätigkeit, die also nicht nur gelegentlich und zufällig auf lediglich vorübergehende Zeit ausgerichtet ist [ScFH94, Rn. 299]. Liegt also die Wiederholungsabsicht nebst den übrigen Voraussetzungen vor, so ist bereits das erstmalige Ausleihen gewerbsmäßig. Da die regionale Personalbörse eine dauerhafte Anmeldung mit wechselseitigem Personalkapazitätsabgleich anstrebt, kann bereits die Anmeldung (Verweis xxx) als Indiz für Wiederholungsabsicht gewertet werden. Bereits die einmalige Überlassung von Arbeitnehmern begründet nach der Rechtsprechung die Vermutung, dass Wiederholungsabsicht besteht.

4.5.1.2.3 Gewinnerzielungsabsicht

Gewinnerzielungsabsicht liegt vor, wenn das Entgelt, das für die Bereitstellung des LN gezahlt wird, die (Personal-) Kosten des V übersteigt (so genannter Überlassungsgewinn) [ScFH94, Rn. 48, 310]. Die Anwendung dieses Begriffs i. S. v. regionalen Personalbörsen ist jedoch umstritten, weil Arbeitnehmer lediglich zum Ausgleich oder gar zur Minderung eigener fixer (Personal-) Kosten bereitgestellt werden, wenn für sie sonst keine Einsatzmöglichkeit besteht. Da „Gewinn" nicht wörtlich zu nehmen ist und mittelbare wirtschaftliche Vorteile genügen, bejahen das [ScFH94, Rn. 314] und [DiHS01, § 1 Rn. 56]. Dennoch kommt darin zum Ausdruck, dass die Rechtswissenschaften die äußerst dynamische Entwicklung und die sich daraus wie im vorliegenden Fall ergebenden neuartigen Geschäftsmodelle im WWW noch nicht durchgehend be- und verarbeitet haben. Die Wirtschaftsinformatik als Disziplin könnte im Sinne eines Technologiedrucks Veränderungen initiieren, zumal es (aus betriebswirtschaftlicher Sicht) ziemlich paradox erscheint, mit einer Einnahme, die nicht mehr als die mit ihr verbundenen Kosten deckt, Gewinnerzielungsabsicht zu verbinden. Dennoch sei positiv bemerkt, dass nach § 1a I AÜG kleine Unternehmen keiner Erlaubnis bedürfen, wenn sie zur Vermeidung von Entlassungen oder Kurzarbeit Arbeitnehmerüberlassung betreiben.
Fazit:
Schließen sich **selbstständige** Wirtschaftsunternehmen zusammen, um sich je nach Bedarf **auf Dauer** gegenseitig **Arbeitnehmer auszuleihen**, dann hängt die Anwendung des AÜG von der **Gewinnerzielungsabsicht** ab. Letzteres ist umstritten, wenn dies maximal zum „Selbstkostenpreis" geschieht. Bislang gibt es keine Rechtsprechung dazu. Obwohl die besseren Argumente hier gegen die Anwendbarkeit des AÜG sprechen, ist angesichts der möglichen Folgen den beteiligten Unternehmen dringend anzuraten, die Anforderungen des AÜG vorsichtshalber zu beachten, da sonst kraft Gesetzes ein Arbeitsverhältnis zwischen LN und Entleiher entstehen kann.

4.5.1.2.4 Nicht gewerbsmäßige Arbeitnehmerüberlassung

Das gesetzlich nicht geregelte, nicht gewerbsmäßige Ausleihen von Arbeitnehmern ist (mit Zustimmung derselben) ohne Erlaubnis jederzeit möglich. Es kann vorübergehend oder gelegentlich sein. V haftet nicht für die ordnungsgemäße Dienstleistung des LN, sondern nur dafür, dass der LN für die vorgesehene Leistung tauglich und geeignet ist, also für die Auswahl (siehe Kapitel 4.5.2.6). Der LN bleibt auch hier Arbeitnehmer des V, also Angehöriger des Verleiherbetriebes.

4.5.1.2.5 Systematische Übersicht über die wesentlichen Regelungen des AÜG

Gemäß § 1 AÜG braucht der verleihende Arbeitgeber eine vorher einzuholende **Erlaubnis der BA** (§ 17). Ein ohne Erlaubnis zustande gekommener Arbeitsvertrag ist nach § 9 Nr. 1 grundsätzlich nichtig: Solange die Genehmigung noch eingeholt werden kann, ist der Vertrag schwebend unwirksam. Keiner Erlaubnis bedarf nach § 1a ein Arbeitgeber mit weniger als 50 Beschäftigten, der zur Vermeidung von Kurzarbeit oder Entlassungen einen Arbeitnehmer bis zur Dauer von zwölf Monaten einem anderen Arbeitgeber überlässt, sofern er die Überlassung vorher schriftlich dem zuständigen Landesarbeitsamt **angezeigt** hat. Der § 11 enthält **sonstige Vorschriften** über das Leiharbeitsverhältnis. Insbesondere ist der Vertrag zwischen V und LN **schriftlich** abzufassen und dem LN ein Merkblatt über den Inhalt des AÜG auszuhändigen. Nach § 12 bedarf auch der Vertrag zwischen V und E der Schriftform. Die §§ 15-16 ahnden Verstöße als **Ordnungswidrigkeiten**.

4.5.1.3 Rechtsverhältnis zwischen E und V (Dienstverschaffungsvertrag)

Im Dienstverschaffungsvertrag verpflichtet sich V widerruflich, E die Dienste oder die Arbeit eines Dritten (LN) zu verschaffen. Im Gegenzug erhält er eine Vergütung von E. V überträgt E regelmäßig die Befugnis, bestimmte Arbeitgeberrechte in seinem Namen auszuüben, d. h., er kann jederzeit die Weisungsbefugnis wieder an sich ziehen. Anders ist die Sachlage bei einer echten Abtretung, bei der V die Weisungsrechte für den vereinbarten Zeitraum verliert. Ein Zeitarbeitgeber V schuldet grundsätzlich nicht die Überlassung eines bestimmten Arbeitnehmers, sondern die eines beliebigen (qualifizierten) Arbeitnehmers (Gattungsschuld). Der Zeitarbeitgeber kann also jederzeit seinen LN austauschen (und muss dies unter Umständen auch).
In regionalen Personalbörsen ist die Situation anders. V will häufig ganz bestimmte, derzeit nicht benötigte Arbeitnehmer zeitweise „auslagern" und nicht austauschen. Dazu wird ein fester Überlassungszeitraum vereinbart sein, was für eine zeitweilige Abtretung der Organisationsrechte des Arbeitgebers, sobald feststeht, welcher Arbeitnehmer wie lange „ausgeliehen" werden soll, spricht.

Davon ist auch die Problematik Dienst- vs. Werkvertrag betroffen. Bei Letzterem schuldet der Arbeitgeber selbst die zum Erreichen des wirtschaftlichen Erfolges notwendigen Handlungen, wobei er sich eines Erfüllungsgehilfen (Arbeitnehmer) bedienen kann. Der Arbeitgeber bleibt dann die Erfüllung der im Vertrag vorgesehenen Dienste oder die Herstellung des geschuldeten Werkes selbst verantwortlich. Bei der Arbeitnehmerüberlassung hingegen überlässt V E einen oder mehrere geeignete LN. Eine wichtige Frage lautet hier: Schuldet der V die Dienste eines bestimmten oder eines beliebigen Arbeitgebers (Gattungsschuld/Einzelschuld)? Bei Gattungsschuld trifft V eine **„Auswahlverpflichtung"** dahingehend, dass er einen hinreichend qualifizierten Arbeitnehmer zur Verfügung zu stellen hat. Allerdings kann er, wenn sich herausstellt, dass LN diese Anforderungen in Wahrheit nicht erfüllt, verpflichtet sein, ihn auszutauschen (Beispiel Zeitarbeit).
Eine andere Möglichkeit wäre, dass zunächst von einer Gattungsschuld auszugehen ist, die sich aber irgendwann „konkretisiert" und in eine Einzelschuld verwandelt, was in hohem Ma-

ße Vereinbarungssache ist. Mit der Auswahl eines geeigneten Arbeitnehmers entsteht also die Gattungsschuld.
In regionalen Personalbörsen könnte z. B. V anhand mit E vereinbarter allgemeiner Kriterien einen seiner Arbeitnehmer abordnen. E könnte das Recht erhalten, binnen einer gewissen Frist dessen Eignung zu beanstanden. Tut er das, wäre weiter zu vereinbaren, ob und wie oft ausgetauscht werden muss, ob der Vertrag sonst mit welchen Folgen endet etc. Unternimmt er nichts, dann würde Konkretisierung eintreten.
V könnte aber auch schon einen ganz bestimmten LN „anbieten", der dann von E ausgeliehen wird. In diesem Fall trifft V eine Pflicht, bei Eingehen des Vertrages wahrheitsgemäße und sorgfältige Angaben über dessen Qualifikation zu machen. Nur wenn er das versäumt hat, haftet er aus „Eingehungsverschulden" für die Folgen (etwa vom LN verursachte Schäden, Kosten für eine Ersatzkraft etc.), schuldet aber in keinem Fall den Austausch des LN.
Der Dienstverschaffungsvertrag ist i. d. R. befristet, endet also mit seinem Ablauf. Eine ordentliche Kündigung scheidet somit aus. Eine außerordentliche Kündigung ist entweder nach der allgemeinen Regel des § 326 BGB möglich oder wegen so genannter positiver Forderungsverletzung des Vertrages durch den V, also einer schuldhaften (vorsätzlichen oder fahrlässigen) Pflichtverletzung.
E wird sich i. d. R. verpflichten, mindestens die Lohnkosten des V zu erstatten. Kann E den LN während der Vertragszeit nicht beschäftigen, so trägt er das Verwendungsrisiko, wird also von seiner Zahlungspflicht an V nicht befreit [DiHS01, Einleitung AÜG Rn. 19]. Als Nebenpflicht trifft E die Einhaltung der Arbeitsschutzvorschriften auch gegenüber V. Verletzt LN seine Pflichten, muss E dies V mitteilen [DiHS01, Einleitung AÜG Rn. 20].
Fügt E dem LN einen Schaden zu, so ist seine Haftung nicht nach § 104 SGB III beschränkt, denn diese Vorschrift gilt nur für die Betriebsgemeinschaft des jeweiligen Arbeitgebers selbst, also für das Verhältnis des E zu seinen Arbeitnehmern. E haftet also gegenüber LN und V [DiHS01, Einleitung AÜG Rn. 29].

4.5.1.4 Rechtsverhältnis zwischen V und LN (Arbeitsverhältnis)

Wie ausgeführt, braucht ein Arbeitgeber, der Arbeitnehmer gewerbsmäßig überlassen will, die vorherige Erlaubnis der BA. Das Entleihen ist nur mit Zustimmung des LN möglich [PTBB01, § 613 Rn. 5]. Als Nebenpflichten treffen LN u. a. Verschwiegenheitspflicht und das Wettbewerbsverbot [DiHS01, Einleitung AÜG Rn. 32]. V schuldet LN wie jeder „normale Arbeitgeber" den Lohn und trägt das Beschäftigungsrisiko; er muss den Lohn also auch dann zahlen, wenn er den Arbeitnehmer nicht einsetzen kann [PTBB01, § 615 Rn. 21]. Als Arbeitgeber hat V auch alle übrigen Arbeitgeberpflichten einschließlich Lohnfortzahlung im Krankheitsfall und der Urlaubsgewährung.

4.5.1.5 Rechtsverhältnis zwischen E und LN (Beschäftigungsverhältnis)

Umstritten ist, wie die Beziehung des LN zu E dogmatisch zu erfassen ist. Aus dem AÜG geht eindeutig hervor, dass kein Arbeitsverhältnis besteht. Es herrscht insofern Einigkeit, dass gegenseitige Schutz-, Treue- und Fürsorgepflichten zwischen E und LN bestehen, die denen eines normalen Arbeitsverhältnisses mehr oder weniger entsprechen. Wagner nennt
  1. auf Seiten des E die Pflicht zur Mitwirkung bei der Zeugniserteilung, Vorsorge für Leib und Leben analog § 618 BGB, Schutz der Persönlichkeitssphäre,
  2. auf Seiten des LN die Wahrnehmung der Interessen des E, Konkurrenzverbot, Verschwiegenheitspflicht, Auskunfts- und Rechnungslegung sowie Anzeige drohender Schäden [Wagn96].

Dort, wo das AÜG selbst solche Regelungen aufstellt, folgt es ebenfalls folgendem Grundsatz: Wenn E und LN miteinander so in Kontakt kommen, wie das in Arbeitsverhältnissen allgemein üblich ist, dann sind auch die gegenseitigen Rechte und Pflichten dieselben. So muss E die öffentlich-rechtlichen Arbeitsschutzvorschriften einhalten (§ 11 IV AÜG) und gilt als Arbeitgeber i. S. d. Arbeitnehmererfindungsgesetzes (§ 11 VII AÜG) (siehe insbesondere Kapitel 4.5.2.7).

4.5.1.6 Eckpunkte einer vertraglichen Ausgestaltung für Netzwerkunternehmen

Entsprechend den obigen Ausführungen spielt die Vertragsgestaltung insbesondere zwischen V und E eine entscheidende Rolle. Regelungsbedürftig erscheinen die folgenden Punkte des Dienstverschaffungsvertrages zwischen V und E:

1. Die Vorschriften des AÜG werden auch für den Fall, dass sie nicht kraft Gesetzes anwendbar sein sollten, für beide Seiten für verbindlich erklärt, um Rechtssicherheit herzustellen. Das beinhaltet die Zusicherung des V, dass erstens dieser eine Genehmigung nach dem AÜG besitzt, zweitens LN zur Verwendung bei E eingewilligt und drittens das im AÜG vorgeschriebene Merkblatt erhalten hat.
2. Art der geschuldeten Leistung (Gattungs- vs. Einzelschuld).
3. Beschreibung des vorgesehenen Tätigkeitsfelds des LN im Betrieb des E: Vordergründig scheint eine Regelung notwendig, inwieweit LN darüber hinausgehende Tätigkeiten (nicht) ausüben darf.
4. Qualifikation des Arbeitnehmers: Welche Qualifikationen besitzt LN (Einzelschuld) bzw. hat er zu besitzen (Gattungsschuld), die V zusichert? Weiterhin ist eine Klausel sinnvoll, wonach V sonst keine Umstände bekannt sind, welche die Leistungsfähigkeit und die Eignung des LN überdurchschnittlich beeinträchtigen. Alternativ ist denkbar, dass E die Gelegenheit erhält, LN zu testen (Probezeit mit Konkretisierung, Vorstellungsgespräch etc.). Mischformen sind möglich.
5. Höhe des durch E zu entrichtenden Entgelts.
6. Verpflichtung des E zur Berichterstattung an V über die Leistungen des LN, um diesen beurteilen zu können bzw. die Verpflichtung, den LN am Ende der Vertragslaufzeit selbst zu bewerten.
7. Ernsthaft erwägen sollte man eine Generalklausel, wonach E im Innenverhältnis so zu stellen ist, als hätte er LN für die Vertragsdauer befristet eingestellt (sofern weder eine gesetzliche noch eine vertragliche Regelung besteht). Der Bruttoarbeitslohn entspricht dem an V zu zahlenden Entgelt. Beide Vertragspartner verpfichten sich dadurch, finanziell und durch ihr sonstiges Verhalten alles in ihren Kräften Stehende zu tun, um diesem Zustand möglichst nahe zu kommen. Eine solche Regelung dürfte, gerade bei vereinbarter Einzelschuld den Interessen beider Parteien (Netzwerkunternehmen) am ehesten gerecht werden.

Alternativ und/oder zusätzlich sollten noch folgende Punkte geregelt werden:

1. Vereinbarungen für den Fall, dass die Arbeitskraft des LN ohne Verschulden des V ausfällt bzw. vermindert ist (Krankheit, Schwangerschaft, Wegbleiben usw.).
2. Regelung, inwieweit der LN im Betrieb des E zwecks Erholung freizustellen ist, sodass E am Urlaubsanspruch des LN „beteiligt" wird. Falls dies zustande kommt, ist auch eine Abrede sinnvoll, wonach V sich verpflichtet, zwischen E und LN abgestimmten Urlaub zu gewähren.
3. Hinsichtlich Vereinbarungen zur Kündigung wäre bei Einzelschuld zu überlegen, ob E den Dienstverschaffungsvertrag mit einer bestimmten Frist vorzeitig kündigen kann, wenn LN sich für den vertraglich vorgesehenen Einsatzzweck ungeeignet erweist, ohne dass V insoweit ein Auswahl- bzw. Eingehungsverschulden trifft. In jedem Fall sollte E das Recht besitzen, den Dienstverschaffungsvertrag unter den gleichen Vor-

aussetzungen außerordentlich zu kündigen, unter denen er berechtigt wäre, einem eigenen Arbeitnehmer fristlos zu kündigen, der die Stelle des LN einnimmt. Eine entsprechende Reklamation gegenüber V ersetzt die Abmahnung. LN ist davon in Kenntnis zu setzen, wobei es V überlassen bleibt, ob er seinerseits LN mit dieser Begründung abmahnen möchte.

4.5.2 Spezielle Rechtsfragen und Einzelfalldiskussion

4.5.2.1 Haftungsfragen

Wie bereits ausgeführt, haftet der Verleiher (nur) dafür, dass er den LN entweder **vernünftig ausgewählt oder gut genug beschrieben** hat. Im Übrigen muss er lediglich dafür sorgen, dass der LN überhaupt zur Arbeit erscheint.
1. Bei **Nichtleistung des LN** kann sich E folglich an V halten. Die Gründe für die Abwesenheit (z. B. Krankheit oder Urlaub) sind zunächst gleichgültig, sie spielen erst bei der Verschuldensfrage eine Rolle. Besteht noch eine Gattungsschuld, dann ist V verpflichtet, Ersatz zu schicken, oder es droht Schadenersatzpflicht (§ 326 BGB). Besteht bereits eine Einzelschuld, dann ist der Ausfall des LN nicht kompensierbar. E wird gemäß § 323 BGB von seiner Verpflichtung zur Leistung frei. Außerdem hat er die Rechte aus § 325 BGB (Schadenersatz oder Rücktritt), sofern V ein Verschulden trifft.
2. Bei **Schlechtleistung des LN** kommt eine Haftung des V dagegen nur bei Auswahl- (aus § 325 BGB) oder Eingehungsverschulden (nach culpa in contrahendo (cic) bei grob fahrlässiger Schlechtvermittlung) in Betracht. Verschulden setzt allerdings mindestens fahrlässiges Verhalten voraus (§ 276 BGB). Sofern LN **Schäden bei E** verursacht (bspw. den Computer zerstört), haftet er aus Deliktsrecht unmittelbar.
3. E ist LN gegenüber zur Einhaltung der Arbeitsschutzvorschriften verpflichtet. Erleidet LN einen **Körperschaden**, so sind seine Ansprüche gegen E und dessen Mitarbeiter (reguläre Arbeitnehmer) gemäß §§ 104-105 SGB VII beschränkt. Bei einem **Sachschaden** des LN, haftet E für sich und seine Arbeitnehmer (Erfüllungsgehilfen) bei Verschulden wegen Verletzung der Fürsorgepflicht.

4.5.2.2 Arbeitskampf

Der LN darf nach den allgemeinen Regeln nur im Betrieb des V streiken, nicht aber in dem des E. Er hat allerdings bei einem Arbeitskampf im Betrieb des E ein Leistungsverweigerungsrecht nach § 11 V 1 AÜG, damit er nicht gegen seinen Willen als Streikbrecher eingesetzt werden kann.

4.5.2.3 Betriebsverfassungsgesetz

Da der LN Angehöriger des Verleiherbetriebes ist (§ 14 I AÜG), bestehen Mitbestimmungsrechte nach dem Betriebsverfassungsgesetz (BetrVfG) nur gegenüber V bzw. dessen Betrieb. Im Verhältnis zu E besteht das Recht, die Sprechstunden der dortigen Arbeitnehmervertretung aufzusuchen und an den Betriebs- und Jugendversammlungen teilzunehmen. Außerdem gelten auch für LN §§ 81, 82 I und §§ 84-86 BetrVfG (§ 14 II AÜG), er hat also auch im Entleiherbetrieb das Recht der Anhörung und des Vorschlags für ihn betreffende Angelegenheiten sowie ggfs. ein Beschwerderecht. Er ist von E über die in seinem Betrieb einzuhaltenden Pflichten zu unterrichten, insbesondere bzgl. Sicherheit und Gesundheitsschutz [DiHS01, § 14 Rn. 8-11].
Zu den Aufgaben des Betriebsrates sowohl im Verleiher- als auch im Entleiherbetrieb gehört es, die Einhaltung der bestehenden Schutzgesetze auch im Verhältnis zum LN zu überwachen

[FiKH00, § 80 Rn. 3], einschließlich der Vorschriften des Bundesdatenschutzgesetzes (BDSG), Tarifverträge und Betriebsvereinbarungen. Der Betriebsrat bei E ist vor der Übernahme eines LN gemäß § 99 BetrVfG zu beteiligen und kann die Vorlage des Arbeitnehmerüberlassungsvertrages zwischen V und E sowie der Erlaubnis des V verlangen, wie er über deren Wegfall zu unterrichten ist (§ 14 III i. V. m. § 12 I, II AÜG). Ein ohne Mitwirkung des Betriebsrates geschlossener Leiharbeitsvertrag bleibt allerdings voll wirksam. Zulässig ist es, die Zustimmungsbedingung des Betriebsrates als auflösende Bedingung in den Arbeitsvertrag zu integrieren. Auch die vorläufige Einstellung nach § 100 BetrVfG ist zulässig [PTBB01, § 611 Rn. 10].

4.5.2.4 Tarifvertrag und Betriebsvereinbarungen

Die für einen Arbeitgeberbetrieb geltenden Tarifnormen und Betriebsvereinbarungen betreffen unmittelbar und zwingend jeden dort beschäftigten Arbeitnehmer (auch ohne Bezugnahme im Arbeitsvertrag).

Kantinenkoch LN soll vom Industriebetrieb V an die Sparkasse E vermietet werden. Die Vertragspartner sind sich bei der Höhe des Entgelts für LN nicht einig. Während LN bei V nach den Richtlinien des IG-Metall-Tarifs entlohnt wird, will E „nur" den niedrigeren Tarif nach ver.di bezahlen. Wie ist die Konfliktsituation zu lösen?

Es stellt sich die Frage, welcher der beiden Tarifverträge auf LN anzuwenden ist. Zur Lösung sind drei Alternativen denkbar.

1. LN wird an E entliehen und tritt automatisch in den Tarifvertrag des E ein.
   Für das regionale Personal-Clearing bedeutet dieser Vorschlag jedoch enormen Verwaltungsaufwand, da betroffene Mitarbeiter je nach Wechselhäufigkeit neuen Abrechnungsmodi unterliegen. Erschwerend wirkt, dass zwischen LN und E keine vertraglichen Beziehungen bestehen. Das Arbeitsverhältnis bezieht sich auf V und LN, nicht auf E und LN, weshalb auch nur zwischen V und LN ein Tarifvertrag gilt ([Scha00, 1251], [Pfis93, 150], [BeWu85, Art. 1 § 11 Rn. 38a], [NiBU96, Rn. 494]).
2. LN wird an E entliehen und unterliegt weiterhin dem Tarifvertrag mit V.
   Weil der Tarifvertrag eine Rechtseinrichtung zum Schutze der Arbeitnehmer ist, darf LN bei Einsätzen nicht schlechter gestellt werden als er stünde, wenn er weiterhin bei V beschäftigt würde [Scha00, 1933]. Auch darf V nicht die Möglichkeit gegeben werden, seine tariflichen Verpflichtungen zu umgehen, indem er LN an E verleiht, wo LN einen niedrigeren Lohnanspruch hätte.
3. LN wird an E entliehen und die für LN jeweils günstigsten Regelungen aus beiden Tarifverträgen gelten (Mischform).
   Diese Regelung und die Eigenheit eines Leihvertrages (ständige Rotation) würden dazu führen, dass Leiharbeitnehmer sich nur Betrieben zur Verfügung stellen, die ihnen bessere tarifvertragliche Konditionen bieten als andere Unternehmen (inkl. ihres „Stammarbeitgebers"). Sinn und Zweck der Leiharbeit wären damit konterkariert, was es zu verhindern gilt. Des Weiteren gilt wie in 1., dass einerseits zwischen LN und E keine vertraglichen Beziehungen bestehen und andererseits diese Regelung einen noch größeren Administrationsaufwand nach sich zieht.

Sollten sich regionale Personalbörsen etablieren und durchsetzen, dann dürfte eine wesentlich größere Menge gerade auch tarifgebundener Arbeitnehmer als bisher im Wege der Leiharbeit eingesetzt werden. Es ist dann nur eine Frage der Zeit, bis die Gewerkschaften das Thema entdecken.

4.5.2.5 Bundesdatenschutzgesetz

Sowohl V als auch E müssen sich an die in §§ 43,44 strafbewehrten Anforderungen des Bundesdatenschutzgesetzes (BDSG) halten. Während die übrigen Vorschriften des BDSG durch Vertrag mit LN außer Kraft gesetzt werden können, ist dies nach § 6 BDSG bei den Rechten auf Auskunft, Löschung oder Sperrung nicht der Fall.
Obwohl E mit Billigung des V dessen Rechte gegenüber LN ausübt, muss LN trotzdem in die Weitergabe seiner Personaldaten einwilligen. In der Regel tut er das schon stillschweigend in dem Augenblick, wo er sich zur Leiharbeit bei E bereit erklärt. Zu beachten ist, dass Letztere im Zweifel nur für solche Daten gilt, die E benötigt, um LN richtig einsetzen zu können. Das sind zunächst alle, die E auch bei einer Neueinstellung desselben Arbeitnehmers von diesem erfahren würde (Lebenslauf, bisherige Tätigkeit, Familienstand etc.), nicht jedoch Interna aus dem Arbeitsverhältnis mit V (z. B. Krankheitsdaten, Abmahnungen etc.). Umgekehrt ist der Spielraum größer: Im Zweifel ist E stillschweigend ermächtigt, alle Daten an V weiterzugeben, die dieser benötigt, um LN zu beurteilen (als Arbeitskraft). **Personalakten** sind i. d. R. (noch) nicht automatisiert. Sie fallen unter § 3 II BDSG, der besagt, dass auf sie nur einzelne Vorschriften des BDSG (wie z. B. § 5 BDSG bzgl. des Datengeheimnisses) anwendbar sind.

4.5.2.6 Schlechtleistung

Datentypistin LN wird von ihrem Stammunternehmen V an den Betrieb E vermietet. Ihre Aufgaben in E gehen weit über das Gewohnte hinaus. Sie wird z. B. auch als Telefonistin und Sekretärin eingesetzt. Haben V und E Ansprüche gegeneinander, wenn LN mit den ihr übertragenen Aufgaben nicht zurecht kommt?

Den Umstand, dass LN mit den ihr übertragenen Aufgaben nicht zurecht kommt, könnte man als eine Schlechtleistung des V ansehen und ihn dadurch eventuell haftbar machen (in Betracht käme eine Haftung aus positiver Forderungsverletzung). Grundsätzlich nimmt V die Arbeitnehmerauswahl vor, wodurch er auch die Aufgabe hat, die Leistungsfähigkeit des LN zu überprüfen. Zum Schadensersatze ist er aber insoweit nur verpflichtet, wenn durch LN Schäden verursacht wurden und diese auf die fehlerhafte Eignung zurückgehen [ScFH94, Einleitung Rn. 352]. Der Schaden kann auch darin bestehen, dass Arbeit durch LN erledigt wird und z. B. durch Überstunden von Kollegen abzuarbeiten ist. Nicht verpflichtet ist V für die Erbringung der Arbeitsleistung, weshalb ein Fehlverhalten des LN nicht zur Haftung des V führen kann.
Daneben gilt: Ist V bereits im Vorfeld bewusst, dass die qualitativen Fähigkeiten des LN beschränkt sind, so ist er auch dazu verpflichtet, E darüber aufzuklären [Stur90, 143]. E kann ein erhebliches Mitverschulden i. S. d. § 254 I BGB treffen, wenn er erkennen konnte, dass LN für die vorgesehene Tätigkeit ungeeignet war, ihn aber dennoch einsetzt ([ScFH94, Einleitung Rn. 353], [NiBU96, Rn. 399]). Dass im vorliegenden Fall aufgrund der geringeren Qualifikation von LN irgendwelche Schäden erzeugt wurden, ist nicht anzunehmen. Eine Haftung des V kommt somit nicht in Betracht. Stattdessen kann E von V, wenn er mit der Leistungsfähigkeit von LN nicht zufrieden ist, den Austausch gegen eine andere Arbeitskraft verlangen ([NiBU96, Rn. 387]; [DiHS98, Rn. 17]). Diese Möglichkeit wird ihm allerdings verwehrt bleiben, wenn E LN ursprünglich nur als Datentypistin einsetzen wollte, dies auch mit V so vereinbart hatte und sie dann im Nachhinein anderweitig disponiert. Um dann noch einen Austausch zu erreichen, müsste sich V damit einverstanden erklären.

Haben V und E Ansprüche gegeneinander, wenn LN mit den ihr übertragenen Aufgaben sehr gut zurecht kommt?

Der Umstand, dass LN mit den ihr übertragenen Aufgaben sehr gut zurecht kommt, ist aus rechtlicher Sicht eher unbedeutend, da die Entgeltfrage gänzlich im Überlassungsvertrag geregelt wurde („pacta sunt servanda"). Ein höheres Entgelt könnte folglich erst durch Abschluss eines neuen Vertrages zwischen V und E erreicht werden.

4.5.2.7 Arbeitnehmererfindung

Der technische Zeichner LN ist von seinem Stammunternehmen V an den benachbarten Betrieb E vermietet worden. Im Rahmen seiner Tätigkeit dort gelingt es ihm, ein Patent im Rahmen des Gesetzes für Arbeitnehmererfindungen (ArbNErfG) für eine innovative Zeichenvorrichtung zu vollenden. Sowohl V als auch E wollen sich die Rechte daran sichern. Wie kann der Streit geschlichtet werden?

Den Fall, dass LN eine Erfindung ausschließlich bei E macht, hat der Gesetzgeber in § 11 VII AÜG geregelt. Hiernach gilt E als Arbeitgeber i. S. d. ArbNErfG mit allen daraus resultierenden Ansprüchen.

Für die Situation, dass die Erfindung nur teilweise im Entleiherunternehmen gemacht wurde, ist § 11 VII AÜG einschränkend auszulegen. Es ist danach zu fragen, ob die Erfindung maßgeblich auf die Tätigkeit im Entleiherunternehmen zurückzuführen ist [ScFH94, § 11 Rn. 106] bzw. auf den dort errungenen Erfahrungen beruht; die Erfindung muss auf den Betrieb des E „bezogen" sein ([BeWu85, Art. 1 § 11 Rn. 47], [FrHa74, Art. 1 § 11 Rn. 52], [RiWl93, § 168 Rn. 84], [NiBU96, Rn. 555]). Damit soll der Mitwirkung des Entleiherbetriebs Rechnung getragen werden.

Anders ist der Fall gelagert, wenn die Erfindung auf Grund von Leistungen oder mithilfe von Arbeitsmitteln des Verleiherbetriebs gemacht wurde [ScFH94, § 11 Rn. 106]. Dann gilt V (und nicht E) als Arbeitgeber i. S. d. ArbNErfG.

Die Rechte für das Patent im vorliegenden Fall wird sich somit E sichern können, wenn er nachweisen kann, dass die Erfindung auf seinen Betrieb „bezogen" ist.

4.5.2.8 Geheimnisverrat

Die im Unternehmen V angestellte Laborantin LN arbeitet vorübergehend bei Arzt E. Dort ist auch seine Frau F beschäftigt, die eine eigenständige Praxis PL (inkl. Labor) betreibt. PL steht in Konkurrenz zu V. Weil LN auf ihren Chef aus diversen Gründen „sauer" ist, lässt sie sich auf freizügige Diskussionen und Gespräche ein. Somit ist es F leicht möglich, die Forschungsgebiete sowie die Wettbewerbsstrategie von V zu erschließen und sich eine Gegenstrategie zurechtzulegen. Wie ist die Lage zu beurteilen?

Im diesem Fall hat sich LN freizügig über die Wettbewerbsstrategie und die Forschungsgebiete von V unterhalten und somit die Betriebs- und Geschäftsgeheimnisse ihres Unternehmens nicht gewahrt, obwohl sie dazu auf Grund ihres Arbeitsvertrages mit V verpflichtet gewesen wäre [PTBB01, § 611 Rn. 41]. Insbesondere hat sie während der Zeit der Überlassung im Entleiherbetrieb die Pflicht zur Verschwiegenheit über die schutzwürdigen Interessen des V (Nebenpflicht) ([RiWl92, Fußnote 4 § 49 Rn. 16], [SCFH94, Rn. 196]). Ein solches schutzwürdiges Interesse für die Geheimhaltung liegt insbesondere dann vor, wenn wie hier die weitergegebenen Tatsachen für die Wettbewerbsfähigkeit des Stammunternehmens von Bedeutung sind.

Wie bereits erläutert, ist ausschließlich V im Rahmen eines Leihverhältnisses als Arbeitgeber anzusehen, weshalb die arbeitsvertraglichen Nebenpflichten ihm gegenüber auch während der Leihzeit eingehalten werden müssen. Diese bestehen grundsätzlich auch ohne eine ausdrückliche Vereinbarung im Arbeitsvertrag [Kunz93, 2482], allerdings sollte V bei besonders schutzwürdigen Betriebsgeheimnissen versuchen, deren Weitergabe mithilfe einer expliziten (schriftlichen) Geheimhaltungsvereinbarung zu unterbinden. Sie enden erst mit dem Arbeitsverhältnis zu V.

Die Verletzung der Verschwiegenheitspflicht begründet einen Schadensersatzanspruch des Verleihers V gegen LN wegen pVV. Allerdings ist die Haftung des LN für den Einzelfall abzuwägen – bei Vorsatz und grober Fahrlässigkeit ist die Haftung problemlos zu bejahen. Da LN im vorliegenden Fall bewusst und willentlich (also vorsätzlich) gehandelt hat, hat sie V den durch die Pflichtverletzung entstandenen bzw. noch entstehenden Schaden zu ersetzen. Darüber hinaus stellt der Verstoß gegen die Verschwiegenheitspflicht einen besonderen Kündigungsgrund i. S. d. § 626 BGB dar. Eine Weiterbeschäftigung bis zum Ablauf der Kündigungsfrist ist i. d. R. unzumutbar, wenn bspw. die Weitergabe geheimer Forschungsergebnisse sehr wahrscheinlich ist [Kunz93, 2483].

Darüber hinaus kann V auf Unterlassung zukünftiger Verletzungshandlungen (§ 1 UWG; §§ 823 I, 1004 BGB) klagen.

Nach Beendigung des Arbeitsverhältnisses hat zwar jeder Arbeitnehmer im Rahmen der Berufsfreiheit das Recht, die erworbenen Kenntnisse einzusetzen, auch wenn sie den Geheimhaltungsinteressen seines früheren Arbeitgebers widersprechen, jedoch kann dies seitens des ehemaligen Arbeitgebers durch Vereinbarung eines Wettbewerbsverbotes (gegen Entgelt) i. S. d. § 90a HGB für zwei Jahre unterbunden werden.

Im vorliegenden Fall wäre LN wegen Verstoß gegen die Verschwiegenheitspflicht fristlos kündbar. Zusätzlich könnte V LN auf Unterlassung und Schadensersatz verklagen.

4.5.2.9 Betriebsspionage

Die Laborantin LN arbeitet vorübergehend bei Arzt E. LN nutzt das in sie gesetzte Vertrauen aus und recherchiert heimlich in Unterlagen von E. Nach ihrer Rückkehr kann sie ihrem Chef detailliert von den Forschungen des E berichten. Welche Ansprüche stehen E zu?

Fraglich ist erstens, ob LN gegenüber E haftet, obwohl sie keinerlei vertragliche Beziehungen zu diesem unterhält, und zweitens, ob V ebenfalls als Anspruchsgegner infrage kommt.

LN unterliegt auch E gegenüber den bereits erwähnten Nebenpflichten (hier: Verschwiegenheitspflicht), was auf das rechtliche Konstrukt „Vertrag mit Schutzwirkung zu Gunsten Dritter" zurückzuführen ist [Scha00]. Danach kann E V für die ihn schädigenden Aktivitäten von LN in Anspruch nehmen (also Vertrag zwischen V und LN zum Schutze von E). V kann im Falle eines Verschuldens der LN von dieser Regress nehmen. Für den Fall, dass V LN zu ihren Handlungen angehalten hat, scheitert ein Anspruch des V wegen Verstoß gegen „Treu und Glauben".

Hinzu kommt eine Haftung von LN aus strafrechtlicher Sicht (Betriebsspionage § 17 I UWG; Unterschlagung § 246 StGB; Betrug § 263 StGB; Untreue § 266 StGB).

4.5.2.10 Urlaub

Schreibkraft LN wird von ihrem Stammunternehmen V an den Betrieb E vermietet. Da Sommer ist, will LN mit ihrer Familie einen vierwöchigen Urlaub antreten. Da sie insgesamt nur für drei Monate vermietet ist, will E auch nur zwei Drittel des Entgelts an V bezahlen. V dagegen beharrt auf der vollen Summe. Wie ist die Situation zu beurteilen?

Die Situation ist vertraglich und gesetzlich zu prüfen.
1. Vertrag: E kann gegenüber V die Zahlungsverpflichtung verweigern, wenn im Überlassungsvertrag Entsprechendes ausdrücklich vereinbart wurde.
2. Gesetz: Enthält das Vertragswerk keine gesonderte Absprache(n), oder gelten die gesetzlichen Regelungen, muss V E eine gleichwertige Ersatzkraft zur Verfügung stellen ([ScFH94, Einleitung Rn. 348], [NiBU96, Rn. 387, 398]), um einer Haftung aus Unmöglichkeit zu entgehen (§ 279 BGB bei Gattungsschuld, § 325 BGB bei Einzelschuld).

Grundsätzlich ist die zeitliche Lage des Urlaubes im Einvernehmen mit den Wünschen des LN vorzunehmen (§ 7 I Bundesurlaubsgesetz (BurlG)). Von diesem Grundsatz kann aus dringenden betrieblichen Gründen (z. B. unerwarteter personeller Engpass oder dringend zu erledigende Aufträge) zu Gunsten des Arbeitgebers abgewichen werden [NiBU96, Rn. 477]. Im Falle einer unzulässigen Selbstbeurlaubung haftet V dem E für Schadensersatz.

4.5.2.11 Abwerbung

Der gute Vorarbeiter LN soll wegen Auftragsflaute in seinem Stammunternehmen V an einen anderen Metall verarbeitenden Betrieb E ausgeliehen werden. Nachdem er seine Arbeit dort angetreten und sich gut eingearbeitet hat, bietet man ihm die Stelle des stellvertretenden Betriebsleiters an. LN nimmt das Angebot an. Was kann V rechtlich unternehmen, um dies zu verhindern? Welche Ansprüche hat V gegen LN und/oder E?

V könnte daran denken, im Arbeitsvertrag mit LN diesem zu untersagen, nach Beendigung des Arbeitsverhältnisses mit ihm ein neues mit einem E einzugehen. Dies hat der Gesetzgeber aber als un-wirksam geregelt (§ 9 Nr. 5 AÜG). Allerdings hat V die Möglichkeit, mit LN eine Wettbewerbsabrede zu treffen, die es LN längstens zwei Jahre verbietet, bei einem Konkurrenten (falls E dazu gehört) „anzuheuern". Dafür ist V allerdings zu einer angemessenen Entschädigung gegenüber LN verpflichtet.
Mehrere Fallkonstellationen sind denkbar:
1. Die erste Möglichkeit wäre, dass V von E abgeworben wird, ohne vorher ordnungsgemäß oder fristgerecht bei V zu kündigen. Hierbei würde es sich um eine unlautere Arbeitnehmerabwerbung handeln, die zusätzlich LN zum Vertragsbruch verleiten würde ([ScFH94, § 9 Rn. 141], [DiHS01, § 9 Rn. 24], [BeWu85, § 9 Rn. 30c], [NiBU96, Rn. 405]). Gleichzeitig wäre es eine Nebenpflichtverletzung des LN im Verhältnis zu V sowie ein Verstoß gegen § 1 UWG [ScFH94, § 9 Rn. 141]. In diesem Falle haftet E für Vermögensschäden des V (entgangener Gewinn).
2. Eine weitere Alternative bestünde darin, dass V im Vorfeld eine Abrede mit E trifft, die ihm verbietet, LN später einzustellen (also nach einer ordnungsgemäßen Kündigung des LN). Eine solche Abrede ist vom Gesetzgeber in § 9 Nr. 4 AÜG

untagt worden. Vielmehr kann E ein berechtigtes Interesse an der Einstellung des LN haben.

3. In der dritten Variante trifft V eine Abrede mit LN, wonach dieser nach Beendigung seines Arbeitsverhältnisses nicht bei einem E tätig werden darf. Auch dies ist nach § 9 Nr. 5 AÜG unzulässig. Vielmehr kann LN ein berechtigtes Interesse daran haben, mit seinem Entleiher einen eigenständigen Arbeitsvertrag zu schließen. Die wirtschaftlichen Nachteile, die dabei für V entstehen mögen, müssen hinter der verfassungsrechtlich garantierten Berufsfreiheit des LN zurücktreten ([ScFH94, § 9 Rn. 141], [DiHS01, § 9 Rn. 22]). E darf weder gehindert werden, einen Arbeitsplatz zu offerieren, noch ist LN zu versagen, ein neues Arbeitsverhältnis einzugehen. Eine solche Abrede hat selbst dann keinen Bestand, wenn sie in beiderseitigem Einvernehmen geschieht.

Während der Dauer des Arbeitsverhältnisses mit V kann dieser LN lediglich eine Nebentätigkeit bei einem früheren E untersagen bzw. genehmigungspflichtig machen.

Darüber hinaus kann V mit E eine Vermittlungsgebühr vereinbaren, wonach im Falle eines Verbleibens des LN bei E dieser V einen Obulus zu entrichten hat. Dieser darf jedoch nicht einem faktischen Einstellungsverbot gleichkommen [DiHS01, Rn. 26].

5 Überbetrieblicher Leitstand zur Personaldisposition

Dieses Kapitel beschäftigt sich zunächst mit den Integrationsbemühungen in verschiedenen Dimensionen (Kapitel 5.1). Danach werden sowohl der mögliche Ablauf eines Personalkapazitätsausgleichs, bestehend aus Gesamt- und Teilprozessen, der eine Anforderungsanalyse für den überbetrieblichen Personalleitstand widerspiegeln könnte (Kapitel 5.2, [Maie01a]) als auch die potenziell einsetzbaren Verfahren zur Personal-Aufgaben-Zuordnung (Kapitel 5.3) vorgestellt.

5.1 Integrationsbestrebungen

5.1.1 Erweitertes Personalinformationssystem

Der überbetriebliche Personalleitstand ist als ein erweitertes Personalinformationssystem (PIS) zu sehen. Nach der weit verbreiteten Definition von [Doms80] versteht man unter einem Personal- und Arbeitsplatzinformationssystem:
1. Ein System der geordneten Erfassung, Speicherung, Transformation und Ausgabe
2. von für die Personalarbeit relevanten Informationen über das Personal und die Tätigkeitsbereiche/Arbeitsplätze
3. mithilfe organisatorischer und methodischer Mittel inklusive EDV
4. unter Berücksichtigung des Bundesdatenschutzgesetzes, des Betriebsverfassungsgesetzes sowie anderer relevanter Gesetze, Verordnungen, Tarifverträge und Betriebsvereinbarungen
5. zur Versorgung der betrieblichen und überbetrieblichen Nutzer des Systems mit denjenigen Informationen,
6. die sie zur Wahrnehmung ihrer Planungs-, Entscheidungs-, Durchführungs- und Kontrollaufgaben
7. unter Berücksichtigung von sozialen und wirtschaftlichen Zielen

benötigen.
Anhand dieser Definition lassen sich jedoch die Funktionen eines solchen Systems zur Erfüllung der gestellten Aufgaben nur schlecht definieren. Bader sieht die Aufgaben eines PIS in der Unterstützung sämtlicher Funktionsbereiche des Personalwesens, nämlich der Personalbedarfsermittlung, der Personalbeschaffung, des Personaleinsatzes, der Personalerhaltung (Sicherstellen der Leistungsfähigkeit und der -bereitschaft der Mitarbeiter), der Personalentwicklung und der Personalfreistellung [Bade96].
Verschiedene Marktstudien zeigen die Reichhaltigkeit der unterschiedlichen Systeme auf ([Luch98], [StKn99], [OV00b], [OV00c], [Stro00]). Als umfangreichstes Modul ist das SAP R/3 HR zu nennen, das v. a. auch durch die Internet-Initiative mySAP.com mit einer Marktplatzlösung im WWW (Marketplace) ausgestattet wurde ([SAP01], [SAPM01]). Damit will die SAP AG betriebsübergreifende Szenarios verwirklicht sehen. So ist derzeit eine gemeinsame Personalbeschaffung durch Anbindung einzelner Jobbörsen im WWW und/oder eine Personalweiterbildung über denselben Bildungsträger auch von Seiten der SAP AG angedacht und vorstellbar.

Zu den wichtigsten Funktionen des Leitstands zählen die Personalverwaltung (z. B. Abrechnung der Mieten, Zeiterfassung und Beurteilung im Stammunternehmen), die Mitglieder-/Teilnehmerverwaltung (mit Beitragsberechnung, Zuteilungsstatistiken und Beurteilung der Mietvorgänge) und sonstige, wie bspw. das Vorhalten regionaler Arbeitsmarktdaten oder Gehaltsspiegel.

Die Verknüpfung von Leitstand und Personalinformationssystem(en) erfolgt bspw. für SAP R/3 HR und SP-Expert (siehe 7.3) alternativ und komplementär über die Module Personalbedarfsplanung (bei SAP R/3 HR) bzw. -prognose (bei SP-Expert) und die nachgelagerte Personaleinsatzplanung. Während Erstere einen Sollwert zum Ziel haben (mittelfristige Kapazitätsauslastungsvorschau), an dem sich alle personalwirtschaftlichen Maßnahmen auszurichten haben, deckt spätestens die (genauere) Personaleinsatzplanung Personalüber- und Personalunterdeckungen auf. Elektronische Planungsassistenten helfen dann, diese nach bestimmten Vorgehensmustern zu decken. So werden z. B. im Urlaub befindliche Mitarbeiter oder solche aus anderen Schichten angesprochen, um Lücken aufzufüllen. Unausweichliche Fehldispositionen kann der überbetriebliche Personalleitstand daran anschließend auszugleichen versuchen.

5.1.2 Semantische und syntaktische Standardisierungsbestrebungen

Nimmt man an, dass in regionalen Personalbörsen die Anzahl von Matching-Vorgängen steigt, so stellt sich die Frage, ob sich hinsichtlich Semantik (siehe Kapitel 5.3.1) und Syntax ein standardisiertes Profil beim Personaldatenaustausch im WWW ergeben kann bzw. wird. IV-gestützte, zwischenbetriebliche Personaldispositionen würden davon entscheidend beeinflusst. In einer heterogenen Umgebung müsste der Personalleitstand die Verständigungs- bzw. die Datenaustauschleistung vollbringen. So wären zahlreiche Schnittstellen zu den verschiedensten, im Einsatz befindlichen PIS zu definieren.

Was den Aufbau der zu übertragenden Daten allgemein (und speziell der Personaldaten) betrifft, so lassen sich in heterogenen Netzwerken (unterschiedliche Hardware, Betriebs- und Anwendungssysteme usw.) folgende Schnittstellenprobleme identifizieren [Matt99, 94]:
1. uneinheitliches Übertragungsmedium,
2. inkompatible Übertragungsprotokolle,
3. falsche Entschlüsselung des Nachrichtenaufbaus und
4. Missverständnisse zwischen Sender und Empfänger (mangelnde Dateninterpretation).

Ein isomorphes Problem liegt bei der Integration heterogener betrieblicher Anwendungssysteme vor [Ließ00], was hier keinesfalls komplett diskutiert werden kann, weil dies den Rahmen der Arbeit sprengen würde. Jedoch drängen sich zwei Ansätze auf, die sich für den Einsatz im überbetrieblichen Personalmanagement besonders zu eignen scheinen [Hane00].
1. Human Resources Extensible Markup Language (HR-XML): Auf einen ersten Ansatz zur Standardisierung von XML im Personalmanagement haben sich über 70 Organisationen in der HR-XML-Organisation [Hrxm01] geeinigt. Das Ziel dieser Einrichtung besteht darin, einen einheitlichen Rahmen für den Austausch von Personaldaten für die Lohn- und Gehaltabrechnung sowie die Personalbeschaffung festzulegen. Dazu wurden XML-Felder so definiert, dass alle relevanten Daten eines Arbeitnehmers erfasst werden können. Die Felder beinhalten z. B. die Anschrift, die letzten Arbeitgeber und die eingenommenen Positionen. Qualifikationen sind nach Klassen (bspw. Software, Programmiersprache, Erfahrung) eingeteilt, wobei die Qualifikationsmerkmale (bisher) als Text einzugeben sind. Die Eingabe von Merkmal und -ausprägung erfolgt gemeinsam.

Die Verwendung von XML in Verbindung mit Electronic Data Interchange (EDI) für das Personalmanagement mag zunächst etwas befremdlich sein, da es sonst nur bei großen Datenaustauschvolumina eingesetzt wird [BWKL00]. Ein einfaches Rechenbeispiel verdeutlicht jedoch, dass auch beim regionalen Personal-Clearing große „Mengen" entstehen: Ausgangspunkt ist eine Region, die 600.000 Einwohner hat. Ein Drittel davon soll durch die regionale Personalbörse zugeordnet werden. Geht man von einer durchschnittlichen Verweilzeit von zwei Monaten aus, so sind für 200.000 Personen 1.200.000 Zuordnungsvorgänge pro Jahr abzuarbeiten. Verteilt auf 50 Arbeitswochen (Annahme: die kleinste Matching-Zeiteinheit ist eine Woche) muss das System 24.000 Qualifikations- oder Anforderungsprofile (bzw. 48.000 Gesamtprofile) pro Woche verwalten und verarbeiten.

2. Electronic Commerce Markup Language (ECML): Mit ECML versucht eine Gruppe von IT-Unternehmen festzulegen, wie Felder in HTML-Formularen auszuzeichnen sind, damit sie sich automatisch ausfüllen lassen und Daten einheitlich in Anwendungen eingelesen werden können, ohne für die Datenzuweisung zusätzliche Programme zu benötigen [Behm00]. ECML liegt allerdings bislang nur als Entwurf vor. Eine verbindliche Festlegung der Feldnamen existiert noch nicht. Die Felder sind hierarchisch organisiert und in englischer Sprache benannt. Ein Beispiel verdeutlicht das Potenzial von ECML:
Im Ausdruck „Ecom_ShipTo_Postal_City" sind Hierarchien durch Unterstriche getrennt. „Ecom" steht für E-Commerce, „ShipTo" für die Empfangsadresse, „Postal" für postalisch und „City"' für die Stadt des Empfängers. Diese Struktur ließe sich leicht auf das Personalmanagement übertragen. „Ehrm_Profile_Social_Team" würde dann „Teamfähigkeit" repräsentieren mit „Ehrm" für Electronic Human Resource Management, „Profile" für das Profil, „Social" für Sozialkompetenzen und „Team" für Teamfähigkeit stehen. Der Wert des Feldes symbolisiert die Ausprägung.

5.1.3 Personalleitstand als HR-Trustcenter?

Sucht man nach Weiterentwicklungspotenzialen für den überbetrieblichen Personalleitstand, sind damit verschiedene Möglichkeiten zur individuellen Profilspeicherung verknüpft. Zum einen kann Letztere zentral in einem so genannten HR-Trustcenter (als Weiterentwicklung des Personalleitstands) erfolgen, zum anderen dezentral beim Arbeitnehmer, was dem ersten Szenario diametral gegenübersteht. Eine Mischform stellt die verteilte Speicherung dar.

5.1.3.1 Zentrale Lösung

Qualifikationsprofile können in Zukunft zentral in einem Trustcenter und nicht mehr nur von einer Organisation bzw. der Person selbst verwaltet werden [Bode99, 39-40]. Den Arbeitnehmern, den Arbeitgebern und dem Trustcenter kommen dabei verschiedene Aufgaben zu. **Mitarbeiter** müssen bereit sein, ihr Qualifikationsprofil zentral speichern zu lassen und die jeweils aktuellen Ausprägungen an das Trustcenter zu übermitteln. Die vertraulichen Daten (wie etwa Beurteilungsergebnisse) sollten für die Übermittlung sowohl vom Arbeitnehmer als auch der Organisation digital signiert sein, um ihre Richtigkeit zu gewährleisten. Bei Bewerbungen lässt der Mitarbeiter sein Qualifikationsprofil für seinen zukünftigen Arbeitgeber zur Ansicht freischalten.
Arbeitgeber erklären sich dazu bereit, Qualifikationsprofile ihrer Mitarbeiter anderen Arbeitgebern zur Verfügung zu stellen. Zusammen mit den Arbeitnehmern haften sie für die Richtigkeit der Daten per digitaler Signatur. Aktualisierte Mitarbeiterbeurteilungen sind im Trustcenter zu hinterlegen.
Das **Trustcenter** ist für die sichere Speicherung und Verwaltung der Profildaten zuständig. Es empfängt Daten der Arbeitnehmer und Arbeitgeber digital signiert. Bei der Vermittlung von offenen Stellen wirkt das Trustcenter auf verschiedene Arten mit:
1. Es bietet als externe Datenbank Selective-Dissemination-of-Information-(SDI-) Dienste an [MeGr00, 19]. So informiert es Organisationen über eingehende Qualifikationsprofile, die bestimmten Anforderungskriterien genügen. Es bedarf jedoch der Zustimmung eines Bewerbers (mithilfe der digitalen Signatur), um die Profildaten anonym zu veröffentlichen. Das Trustcenter würde nach wie vor die Rolle eines unabhängigen Intermediärs einnehmen.

2. Alternativ kann man das Trustcenter auch als Personalvermittlung verstehen. Es vergleicht eingehende Anfragen in Form von Anforderungs- mit den vorhandenen Qualifikationsprofilen. Anschließend informiert das Trustcenter Arbeitnehmer über potenzielle Arbeitgeber oder übermittelt Letzteren eine verschlüsselte E-Mail-Adresse, an welche ein Arbeitsangebot gesendet werden kann. Für einen solchen Matching-Prozess im Trustcenter müsste die Einwilligung des Arbeitnehmers vorliegen.

Abbildung 15 zeigt einen beispielhaften Ablauf unter Einbeziehung eines HR-Trustcenter. Dabei sind folgende Schritte denkbar:

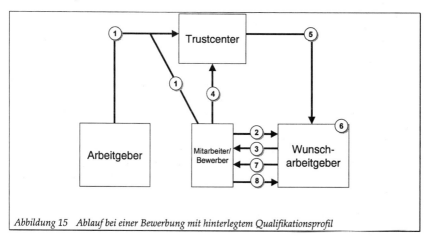

Abbildung 15 Ablauf bei einer Bewerbung mit hinterlegtem Qualifikationsprofil

1. Arbeitnehmer und Arbeitgeber hinterlegen das Qualifikationsprofil bei einem Trustcenter.
2. Der Arbeitnehmer bewirbt sich bei einer anderen Organisation um eine Stelle.
3. Der Wunscharbeitgeber zeigt Interesse und bittet den Bewerber um Übermittlung seiner Profildaten.
4. Der Bewerber gibt dem Trustcenter den Auftrag, seine elektronischen Unterlagen an den Interessenten zu senden.
5. Das Trustcenter übermittelt das Profil.
6. Der Arbeitgeber vergleicht seinen Anforderungskatalog mit dem erhaltenen Daten und ermittelt dabei, welche Stelle der Bewerber am besten besetzen könnte.
7. Der Arbeitgeber lädt den Bewerber (zu weiteren Tests und/oder Gesprächen) ein.
8. Der Abschluss eines neuen Arbeitsvertrages mit dem Wunscharbeitgeber schließt den Prozess ab.

Ein Nebeneffekt einer solchen Lösung liegt darin, dass die gesammelten Daten des Trustcenters gleichzeitig auch wertvolle Informationen zum Weiterentwicklungspotenzial der Region darstellen. Aus der Aggregation von Arbeitgeberinformationen ließe sich der regionale Bedarf für die betriebliche Aus- und Weiterbildung der Zukunft ableiten. Zusammengefasste Arbeitnehmerinformationen repräsentieren den Leistungsstand und erlauben eine Antwort auf die Frage, ob ein Unternehmen in diesem Raum auch eine quantitativ und qualitativ ausreichende Anzahl an Mitarbeitern vorfindet, was die Standortwahl erheblich beeinflusst. Betrachtet man diese Konstruktion auf Länderebene oder unter nationaler Reichweite, so könnten vernetzte Jobbörsen oder die BA die Funktion einer höher angesiedelten „Vermittlungsinstitution" wahrnehmen, die Arbeitnehmer auf andere, besser zu deren Qualifikationsprofilen passenden Regionen hinweist und damit zur Entstehung von regionaler Konzentration beiträgt.

5.1.3.2 Dezentrale Lösung

Im Gegensatz zur zentralen Speicherung des Qualifikationsprofils in einem Trustcenter kann der Mitarbeiter sein Profil u. a. auch auf einer persönlichen, tragbaren Chipkarte speichern. Eine so genannte SmartCard dient bisher z. B. als Geldkarte, wobei darauf auch berufliche Informationen wie ein Qualifikationsprofil gespeichert werden können [Loss00]. Der Arbeitnehmer sendet dann seine Online-Bewerbung an den Wunscharbeitgeber und übergibt gleichzeitig mit einer digitalen Unterschrift sein Qualifikationsprofil. Alternativ kann nach der Bewerbung das Profil auch auf Anfrage, getrennt von der Bewerbung, nachgereicht werden.

5.1.3.3 Verteilte Speicherung

Diese Lösung führt die beiden bisher vorgestellten zusammen und fügt noch die Ad-hoc-Eingabe dazu. Die Dreiteilung der Profildaten dient v. a. der zusätzlichen Sicherung und soll Datenmissbrauch vorbeugen. Es entstünde ein virtuelles Profil, wenn erstens Daten aus einem zentralen HR-Trustcenter abgerufen, zweitens eine Chipkarte weitere Informationen bereitstellt und drittens über eine Ad-hoc-Eingabe das Profil komplettiert wird. Erst nach dreistufiger Überprüfung und Dateneingabe ist es möglich, persönliche Profildaten zu versenden oder zu ändern. Diese Art der Speicherung scheint auch ein großes Einsatzpotenzial in der sozialen Sicherheit zu haben, in der verschiedene Gruppen- und Bürger(teil-)profile zu verwalten sind (Kapitel 7.1).

5.2 Prozessuale Überlegungen

5.2.1 Gesamtprozess

Das „Netzwerk für Arbeit" verfolgt das Ziel, Personal und Aufgaben kurzfristig regional neu zuzuordnen (siehe Kapitel 1.1). Den Gesamtprozess, der über den Personalleitstand mit seinen einzelnen Bestandteilen abgewickelt wird, visualisiert die folgende Grafik.

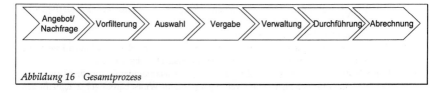

Abbildung 16 Gesamtprozess

5.2.1.1 Angebot und Nachfrage

Die jeweiligen Personalangebote und -gesuche müssen in Form von Qualifikations- und Anforderungsprofilen sowie zeitlichen Verfügbarkeiten durch die jeweiligen Teilnehmer spezifiziert werden. Es ist aber auch denkbar, Daten direkt aus den einzelnen Systemen zur Personaladministration und -disposition der angeschlossenen Betriebe zu importieren, sofern es hierzu eine Schnittstelle gibt.

5.2.1.2 Vorfilterung

Da die Anzahl der zu vergleichenden Personalangebote sehr groß werden kann, ist eine Vorfilterung sinnvoll. Diese erfolgt anhand der Zeit (Mindest-/Maximalzeiträume), des Ortes (Maximaldistanzen zum Arbeitsplatz), des Preises (Art der Bezahlung, preisliche Limits) und der Anzahl. Dadurch wird die Kombinatorik der möglichen Lösungen beschränkt, was kleiner dimensionierte (und damit einfachere sowie kostengünstigere) IV-Systeme zur Folge haben soll.

5.2.1.3 Auswahl

Zugriffsrechte spielen dann eine wichtige Rolle, wenn der Personalaustausch innerhalb geschlossener Verbünde (z. B. befreundete Unternehmen) stattfinden soll. Dies wird durch private Teilnehmergruppen umgesetzt, die das Matching mit den eingestellten Profilen nur anderen Mitgliedern in der Gruppe ermöglichen. Mit der Verwendung von öffentlichen Teilnehmergruppen können beliebige **Restriktionen** formuliert werden, etwa für bestimmte Branchen oder Personen (z. B. Schwerbehinderte).

5.2.1.4 Vergabe

Bei der Vergabe erfolgt der Abgleich von Qualifikationsprofil n und Anforderungsprofil m. Das Ergebnis ist ein Wert größer oder gleich null. Beim Wert null ist kein Matching möglich. Je größer der Wert, desto besser stimmen die beiden Profile überein.
Grundsätzlich sind die beiden Alternativen Best-for-one- und Best-for-all-Matching zu unterscheiden. Für den Fall einer Personalbörse mit Best-for-one-Matching bedeutet dies, dass das beste Ergebnis für ein zu vermittelndes Qualifikationsprofil n durch die Funktion

$$max(\; matching(n,m) \;), \text{ für alle Anforderungsprofile } m,$$

beschrieben wird. Da die Datenstruktur für Qualifikations- und Anforderungsprofile identisch ist, sind n und m vertauschbar, d. h. die Formel gilt gleichermaßen für Personalangebote wie -gesuche. Es ist also die bestmögliche Passung zwischen einer ganz bestimmten Stelle und allen dafür infrage kommenden Personen gesucht oder umgekehrt. Das Zuordnungsproblem liegt hier in der Form 1:n vor.
Wollte man ein Best-for-all-Matching erreichen, so stellt sich dies als lineares Optimierungsproblem dar, das eine n,m-Matrix mit Ergebnissen der Matching-Funktion auf eine Reihe von (n,m)-Paaren abbildet, mit der Bedingung, dass die Summe der Ergebniswerte optimal sei. Dabei ist zu beachten, dass das Ergebnis von $matching(n,m)$ für zwei Profile n, m nicht identisch sein muss mit dem Wert $matching(m,n)$. Dies hängt von dem verwendeten Matching-Algorithmus ab. Im Unterschied zum Best-for-one-Matching wird dem System eine simultane Betrachtungsweise unterstellt, die sich nicht mit Suboptima (wie auch immer sie durch Zielfunktionen festgelegt sind) zufrieden gibt, sondern das Gesamtoptimum sucht. Zur Vergabe gehören nach erfolgtem Matching auch Zuteilungsstrategien bei „Mehrfachbelegung" (siehe ausführlich in Kapitel 5.2.2 und Kapitel 5.3).

5.2.1.5 Verwaltung

Ist die Vergabe erfolgt, so sind einige formale Schritte zu gehen, bei denen ein Dokumenten-Management-System hilfreich sein kann. Zunächst sollten jedoch die „vergebenen" Qualifikationsprofile aus dem aktiven Personalangebot entfernt werden, um eine doppelte Zuteilung auszuschließen. Dann sind die für die Personalüberlassung notwendigen Dokumente zu erstellen und Verträge zu unterzeichnen. Die Personalbörse kann hier insofern helfen, als sie Mechanismen bereit stellt, die eine einfache Kommunikation der Teilnehmer untereinander ermöglichen. Auch fallen z. B. Vordrucke für Verträge, die Erstellung einer Arbeitsplatzbeschreibung oder eines Leistungsscheins aufgrund angegebener Tätigkeitsmerkmale in diesen Rahmen. Wenn bereits eingesetzte Dokumenten-Management-Lösungen untereinander inkompatibel sind, so könnte der Personalleitstand als „Übersetzer" auftreten, indem er Schnittstellen für die verschiedenen Software bietet.

5.2.1.6 Durchführung

In der eigentlichen Durchführungsphase kann die Personalbörse höchstens informativ wirken. So mag sich der Teilnehmer mithilfe des Systems einen Überblick über alle derzeit vermittelten Stellen und Personen mit deren Profilen und Laufzeiten verschaffen. Denkbar ist aber auch, dass der Anwender schon während der Laufzeit hinsichtlich einer bestimmten Person Notizen und Bewertungen zur späteren Kontrolle im System vermerkt. Zur Durchführungsphase gehört die gegenseitige Bewertung durch Arbeitgeber und -nehmer. Man kann sich diese Teilfunktion in Analogie zu den Mechanismen auf Auktionsseiten im WWW vorstellen. Auf Basis dieser Angaben könnte dann z. B. eine Art „Korrekturfaktor" ermittelt werden, mit dem zukünftige Angebote des Teilnehmers versehen würden und somit „schwarze Schafe" schon bei der Vergabe schlechter gestellt werden als andere Teilnehmer (siehe Kapitel 2.3.2.2). Es entstünde also eine Art „Rating" oder eine Klassifizierung, das bzw. die Kunden (im natürlichen oder juristischen Sinne) verschiedener Güteklassen repräsentiert (Segmentierung).

5.2.1.7 Abrechnung

Als letzter Schritt erfolgt die Abrechnung des Personals (Kapitel 5.2.3.1), aber auch des Leitstands (siehe ausführlich in Kapitel 5.2.3.2). Es kann sowohl mit Geld als auch über Punktesysteme bezahlt bzw. nur in bestimmten Abständen (z. B. quartalsweise oder halbjährlich) saldiert werden.

5.2.2 Zuteilungsstrategien bei „Mehrfachbelegung"

Die Zuteilung des zu vermittelnden Personals auf die Unternehmen ist immer dann problematisch, wenn die Person formal auf eine Stelle passt und mehrere Unternehmen an ihr interessiert sind. Am wahrscheinlichsten ist ein Auftreten solcher Streitigkeiten, falls ein Unternehmen allein den Leitstand betreut.

5.2.2.1 First come first serve

Das Unternehmen, das zuerst sein Interesse an einer Arbeitskraft beim Leitstand bekundet, erhält den Zuschlag. Diese Zuteilung ist auch über eine Warteliste realisierbar. Hierbei tragen sich interessierte Unternehmen in jeweils eine Aufstellung für jede Berufsbezeichnung ein. Die Zuordnung erfolgt dann in der Reihenfolge der Vermerke.

5.2.2.2 Auslosung

Bei mehreren Interessenten kann auch das Los entscheiden. Anstatt die Zuteilung von der bestmöglichen Passung zwischen Anforderungs- und Qualifikationsprofil abhängig zu machen, entscheidet der Zufall. Man mag sich diese Form allenfalls bei sehr einfachen Tätigkeiten vorstellen.

5.2.2.3 Dringlichkeit

Wenn Unternehmen angeben, ab welchem Zeitpunkt sie eine Arbeitskraft benötigen, kann man sich vorstellen, dass der Betrieb mit der höchsten Dringlichkeitsstufe den Zuspruch erhält. Die Gefahr bei dieser Methode besteht darin, dass die Unternehmen eine höhere Dringlichkeit (Differenz aus heutigem und gewünschtem Anfangsdatum) vorgeben, als dies in Wirklichkeit der Fall ist, was den Leitstand-Gedanken konterkarieren würde.

5.2.2.4 Auktion

Wird die Vergabe mithilfe verschiedener Auktionen vorgenommen, so bedarf es keiner expliziten Zuteilung mehr. Alle an einer Arbeitskraft interessierten Unternehmen können sich z. B. bei der Englischen Auktion für eher hoch qualifizierte Arbeitskräfte so lange gegenseitig überbieten, bis ein Unternehmen den Zuschlag erhält („natürliche" Ressourcen-Lenkung). Der Leitstand hat demzufolge lediglich eine Informationsfunktion (und keine Zuteilungsfunktion).

5.2.2.5 Kompensationstransfer

Das folgende Beispiel soll den Begriff Kompensationstransfer anschaulicher machen: Mindestens zwei Unternehmen (A und B) konkurrieren bei mindestens zwei veröffentlichten Stellen (Monteur und Zerspanungsmechaniker). Erhält z. B. Unternehmen A bei einem Monteur den Zuschlag, soll dafür Unternehmen B bei den Zerspanungsmechanikern zuerst zum Zug kommen. Um also die bevorzugte Behandlung im einen Fall auszugleichen (Kompensation), verhält es sich im zweiten Fall genau umgekehrt. Hierbei ist aber nicht bedacht, dass manche Arbeitskräfte dringender benötigt werden als andere. So kann es passieren, dass ein Unternehmen eine Arbeitskraft nicht zugesprochen bekommt, obwohl es diese für ein wichtiges Projekt gebraucht hätte. Es sind aber auch Kompensationstransfers vorstellbar, die nicht auf beiden Seiten Personal als Ausgleich bieten. Zu denken ist in dieser weiteren Form z. B. an bessere Lieferkonditionen, die als Gegenpol für einen wichtigen Mitarbeiter gesetzt werden.

5.2.3 Mitarbeiter- und Personalleitstand-Abrechnung

5.2.3.1 Mitarbeiter-Abrechnung

Es bieten sich zwei grundlegende Abrechnungsmöglichkeiten an: Im ersten Modell kann das Personal weiterhin von dem Unternehmen entlohnt werden, bei dem es momentan beschäftigt ist. Für die jeweiligen Arbeitskräfte ergeben sich so die wenigsten Komplikationen. Im zweiten Modell stellt das eine Unternehmen die Überlassung der Arbeitskraft eines Mitarbeiters einem anderen in Rechnung. Der Auszahlungsbetrag wird von diesem Betrieb an die betroffene Person weitergeleitet.

Bei beiden Alternativen ist gemein, dass ein Abschlag vom Bruttomonatsentgelt der vermittelten Arbeitskraft ihr Nettoeinkommen schmälert. Besonders bei Beschäftigten, denen eine betriebsbedingte Kündigung droht, erscheint dies sinnvoll. Um sie vor der Arbeitslosigkeit zu „schützen", stellt man sie dem Personalleitstand zur Verfügung, wo sie evtl. für andere Unternehmen Gewinn bringend eingesetzt werden können. Als Gegenleistung für die Vermittlung wird ein vorher zu bestimmendes Disagio auf ihren Lohn oder ihr Gehalt vereinbart (siehe auch Kapitel 5.2.3.2.1).

5.2.3.2 Personalleitstand-Abrechnung

Die Personalleitstand-Abrechnung ist in doppelter Weise von Zeitaspekten abhängig. Einerseits stellen Anfangs- und Endzeitpunkt der Verweildauer im Entleiherbetrieb (Provisionsmodell), andererseits die Laufzeit der Personaloption die Einflussgrößen dar (Optionspreismodell). Beim Provisionsmodell kann darüber hinaus vor oder nach dem Entleihvorgang ein Betrag als Aufwandsentschädigung für die Dienste des Personalleitstands festgelegt werden.

5.2.3.2.1 Provisionsmodell

Beim Provisionsmodell muss jedes Unternehmen einen (a priori oder ex post bestimmten) Betrag überweisen, der in der Summe mindestens die Kosten des Personalleitstands deckt (Verrechnungspreise). Dabei erhält der Leitstand für jede vermittelte Arbeitskraft eine Provision, z. B. in Abhängigkeit von
1. deren Position (gemessen am Monatsentgelt),
2. der Dringlichkeit oder
3. der tatsächlichen Verweildauer im Entleiherbetrieb.

Die Entlohnung des Leitstand-Gebildes erfolgt bei der **ersten Finanzierungsvariante** über Staffelpreise in Abhängigkeit von der hierarchischen Stellung der Einzelpersonen.
Die Höhe des für die Leistungen des Leitstands abzuführendes Betrages ist bei der **zweiten Alternative** von der Dringlichkeit, mit der ein Unternehmen eine Arbeitskraft für eine bestimmte Stelle benötigt, abhängig. Voraussetzung dafür ist, dass der Leitstand auch tatsächlich den passenden Gegenpart finden und damit die Stelle besetzen kann. Demnach erhält der Leitstand umso mehr, je schneller die Person vermittelt werden muss. Zeitkritische Arrangements sind also teuer zu bezahlen, während sich eine „Look-ahead-Feature" positiv auswirkt.
Beim **dritten Szenario** bemisst sich der für das Stammunternehmen zu leistende Beitrag an der voraussichtlichen Verweildauer einer Arbeitskraft im anderen Betrieb. Die Summe dieser ungefähren Vorausbezahlungen bilden das Budget, mit dem der Leitstand seinen Aufwand disponieren und kalkulieren muss. Es wäre denkbar, für eine Person, die langfristiger vermittelt wird, weniger zu verlangen als für eine mit nur kurzem Aufenthalt. Die Begründung liegt darin, dass die Umschlagshäufigkeit bei Kurzaufenthalten höher ist und einen Mehraufwand zur Folge hat, den man auf die Unternehmen überwälzt. Nachträglich wird dann auf Basis der tatsächlichen Dauer ein weiterer Betrag liquidiert bzw. die Differenz zurückerstattet.
Soll die Beitragshöhe für bestimmte Zeitabschnitte vorab wie in 1. und 2. bestimmt werden, stellt die Prognose des Break-Even-Punktes eine besondere Herausforderung dar. Daher bietet es sich an, den Obulus z. B. unter Zuhilfenahme der Zuteilungsstatistik im Nachhinein zu berechnen. Der Vorteil der dritten Variante ist darüber hinaus, dass sich die Vorgehensweise der ersten beiden auch für eine ex-post-Betrachtung eignet. So soll jedes Unternehmen entsprechend seiner Inanspruchnahme einen Beitrag zur Finanzierung des Leitstands leisten.

5.2.3.2.2 Optionspreismodell

Unabhängig von der Auslastung des Personalleitstands und dem Entleihvorgang, sondern eher an den Marktgegebenheiten orientiert, ist das Optionspreismodell, dass als einzige Einflussgröße die Laufzeit der Personaloptionen hat. Es mag nicht abwegig erscheinen, neben physisch vorhandenen Menschen in einem regionalen Netzwerk für Arbeit auch mit Personaloptionen zu agieren. Der Personalleitstand vergibt dabei Rechte, jemanden zu einer bestimmten Zeit, spätestens jedoch am vereinbarten Endtermin zu bekommen (Call) oder abgeben zu können (Put). Der Personal-Call stellt dann eine Mietoption dar. Sie gibt das Optionsrecht zum Mieten einer spezifizierten Person innerhalb einer bestimmten Zeit und zu einem bestimmten Preis an. Es besteht keine Verpflichtung, lediglich ein Wahlrecht. Wird eine Mietoption nicht ausgeübt, verfällt sie wertlos. Bei einem Personal-Put erwirbt der Käufer (gegen

Zahlung einer Prämie) das Wahlrecht, eine Person mit einer bestimmten Qualifikation zu einem bestimmten Zeitpunkt oder innerhalb der Optionsfrist zu einem vorher definierten Preis (Basispreis) abzugeben bzw. zu vermieten. Der Käufer eines Put muss jedoch keine Erfüllung verlangen; auch er kann die Option (wertlos) verfallen lassen. Dies wird i. d. R. dann geschehen, wenn ihm die Ausübung keinen wirtschaftlichen Vorteil bringt. Ein solches Modell ist derzeit z. B. bei einer Agentur von Programmierern oder Webmastern vorstellbar, die Puts kauft, um ihre Angestellten zu vermieten. Bei der engen Marktlage für IT-Kräfte wären Programmierer-Optionen generell höher bewertet als z. B. Lehrer-Optionen für das Fach Biologie.

5.3 Verfahren zur Personal-Aufgaben-Zuordnung

Als Basis der Personal-Aufgaben-Zuordnung gelten Anforderungs- und Qualifikationsprofile sowie deren Merkmale. Das folgende Kapitel behandelt nach diesen zunächst Personalzuordnungsmodelle, dann konkretere Verfahren, die sich daraus entwickelt haben. Erstere stellen die gedankliche Grundlage dar und sind deshalb für das weitere Verständnis unerlässlich. Dabei sind die Begriffe Assignment, Zuordnung und Zuweisung Synonyme für Matching.

5.3.1 Anforderungs- und Qualifikationsprofile sowie deren Merkmale

Merkmale allgemein werden häufig als Fähigkeiten bzw. Fertigkeiten, im englischsprachigen Raum als „skills", bezeichnet. Unter „hard skills" bzw. beruflichen Merkmalen fasst man die zur Erledigung der Aufgaben notwendigen Qualifikationsmerkmale zusammen, wie sie z. B. primär während der Berufsausbildung vermittelt werden. Sie lassen sich oft in Quantität und Qualität der produzierten Leistung messen. Unter „soft skills" (auch Schlüsselqualifikationen) werden Merkmale subsumiert, die schwer zu bewerten, zu vermitteln und stärker an die Person gebunden sind. Listet man skills unter- oder nebeneinander auf und verbindet die jeweilige Ausprägung mit Linien, so ergibt sich optisch ein Profil. Beim **Anforderungsprofil** eines zu besetzenden Arbeitsplatzes werden unter Merkmalen die notwendigen Eigenschaften zur Erfüllung der anfallenden Aufgaben verstanden. Häufig dienen die Mitarbeiterbeurteilung und die -befragung sowie die Stellenbeschreibung als Basis. Das **Qualifikationsprofil** vereint die Eigenschaften (Fähigkeiten und Verhaltensweisen), die ein Mitarbeiter aufweist. Aus dem Abgleich von Qualifikations- und Anforderungs- entsteht das Eignungsprofil. Es zeigt sich trotz aller damit verbundenen Schwierigkeiten ein deutlicher Trend dahin, Qualifikationsprofile auf den gleichen Eigenschaften wie Anforderungsprofile aufzubauen, die dann einer einzigen Liste zu entnehmen sind. Diese Standardisierung erleichtert bspw. die Eingabe und die Pflege derselben sowie v. a. das Skill-Matching selbst (siehe Kapitel 5.1.2). Verwendet man eine gemeinsame Liste, so ist eine einheitliche Terminologie gewährleistet. Die Beschreibung der einzelnen Begriffe vereinfacht einerseits die Verwendung der Merkmale und stellt andererseits einen inhaltlichen Vergleich aller Profile sicher. Eine Arbeitsplatz- bzw. Personaldatenbank verwaltet die Profile.

Was die Semantik der im Einsatz befindlichen Profile betrifft, so bildeten sich so genannte (bisher noch uneinheitliche) De-facto-Standards heraus, wie z. B. bei den marktführenden Jobbörsen im WWW (siehe auch Kapitel 7.3). Vorschriften zur Vereinheitlichung liegen nicht vor. Die Frage, inwieweit die Verantwortlichen der JBA mit ihrem Profil eine Vereinheitlichung erreichen können, muss unbeantwortet bleiben. Obwohl erhebliche qualitative Unterschiede zu privaten Jobbörsen bestehen, sprechen die enormen Zugriffszahlen auf AIS und SIS für eine gewichtige Rolle in der Standardisierungsdebatte. Weitere Brisanz erhält diese Frage, wenn auch (wie in naher Zukunft zu erwarten ist) auf EU-Ebene über eine Vereinheitlichung nachgedacht wird. Grundsätzlich gibt es zwei verschiedene Profilmodelle, die sich in Theorie und Praxis durchgesetzt haben.

5.3.1.1 REFA-Modell

Das REFA-Modell ist eine Weiterentwicklung des Genfer Modells zur Anforderungsklassifikation (Tabelle 11). Es handelt sich um ein äußerst grobes, dafür aber breit einsetzbares Raster, das seinen Ursprung in der Fertigungswirtschaft hat.

Genfer Modell	REFA-Modell	Beispiele
Können	Kenntnisse	Ausbildung, Erfahrung
	Geschicklichkeit	Handfertigkeit, Körpergewandtheit
Verantwortung für...		...eigene Arbeit, Arbeit von Kollegen und Sicherheit
Belastung	Geistige Belastung	Aufmerksamkeit
	Muskelmäßige Belastung	Dynamische, statische, einseitige Arbeit
Umgebungseinfüsse		Klima, Staub, Lärm, Hitze
		Nässe, Schmutz, Dämpfe

Tabelle 11   REFA-Klassifikation, abgewandelt nach [Scho00, 310]

Berthel [Bert00], Bühner [Bühn99], Drumm und Scholz behandeln das REFA-Modell ausführlich in ihren Monographien. Drumm schlägt für ein umfassenderes Profil noch identifizierende (z. B. Name, Geschlecht, Adresse), Kenntnis- (z. B. Bildungsgänge und -abschlüsse, Zusatzkenntnisse), physische (z. B. Belastbarkeit), kognitive (z. B. Intelligenzstruktur), psychische (z. B. Belastbarkeit, Motivation) und soziale (z. B. Kontaktfähigkeit) Merkmale vor [Drum00]. Auch Scholz konkretisiert das Modell im Einzelnen (Tabelle 12) [Scho00, 364].

Kategorie			Beispiele
Identifizierende Merkmale			Personalnummer, Name, Arbeitsplatz, Familienstand
Kenntnisbezogene Merkmale	Ausbildungsstand	Ausbildungsabschlüsse	Studiengänge, Akademischer Grad, Lehrgänge, Seminare
		Zusatzqualifikationen	Fremdsprachen, REFA-Kurse
	Beruflicher Werdegang		Vorherige Arbeitgeber, innerbetrieblichen Laufbahn
Physische Merkmale	Physischer Zustand		Körpermaße, -gewicht, chronische Erkrankungen und Behinderungen
	Körperliche Fähigkeiten		Funktionstüchtigkeit der Körperteile, Bewegungsbereiche
	Körperliche Beanspruchbarkeit	Aktiv	Ausdauer, Kraft, Geschicklichkeit
		Passiv	Lärm, Klima, Schwingungen
Psychische Merkmale	Geistige Leistungsfähigkeit		Auffassungsgabe, Kreativität, Gedächtnisleistung
	Arbeitsverhalten	Aufgabenbezogen	Pünktlichkeit, Exaktheit
		Personenbezogen	Hilfsbereitschaft, Teamarbeitsfähigkeit
	Psychomotorische Fähigkeiten		Auge-Hand-Koordination
	Psychische Beanspruchbarkeit		Im Hinblick auf Zeitdruck (Stress) oder Verantwortung

Tabelle 12   (Unter-) Kategorien von Fähigkeitsmerkmalen (erweitert nach [Rump81, 74])

5.3.1.2 Kompetenzmodell

Das Kompetenzmodell hat keinen gemeinsamen Ursprung, sich aber in der Praxis nach und nach durchgesetzt. Es werden darunter die Modelle ausgewählter Autoren verstanden, in denen die Merkmale eines Menschen mit dem Begriff „Kompetenz" klassifiziert sind. Es zeichnen sich dabei vier Klassen ab, drei davon werden in der Literatur einheitlich verwendet (stellvertretend [Bert00, 223]). Bei der vierten handelt es sich um Fachkompetenzen (hard skills), die je nach Berufsbild (z. B. Bäcker, Kfz-Mechaniker, Bürokaufmann) sehr unterschiedlich sein können.

Mit **Fachkompetenzen** sind Breiten- und Tiefenwissen sowie deren Anwendungs-Know-how zur fachlichen Bewältigung der Berufsaufgaben gemeint. Sie können während eines Hochschulstudiums, in einem Traineeprogramm, durch praktische Tätigkeit und durch betriebliche Weiterbildungs- und Entwicklungsprogramme erworben werden. **Methodenkompetenzen** umfassen die Fähigkeiten, um zu analysieren, Konzepte zu entwickeln und zu steuern, was einer gedanklichen Antizipation derjenigen Arbeitsschritte, die für eine Tätigkeit erforderlich sind, entspricht. Sie beschreiben i. Allg. die Möglichkeiten eines Mitarbeiters, seine fachlichen Merkmale umzusetzen [Böhm95, 124-125]. **Sozialkompetenzen** beziehen sich auf zwischenmenschliche Interaktion und befähigen zur Tätigkeit in hinsichtlich Alter, sozialer Herkunft, Hierarchieebene usw. verschieden strukturierten Gruppen. Sie ermöglichen, erfolgreich zur Problemerkennung und -lösung sowie zur Handhabung von personenbezogenen Konflikten beizutragen. Eine umfassende Definition von **Selbstkompetenzen** gibt es nicht. Viele Autoren subsumieren darunter persönliche Eigenschaften, deren Zuordnung zu den anderen Kompetenzen schwer fällt, z. B. Belastbarkeit, Dynamik und Kreativität. Daneben gibt es die tiefer liegenden Persönlichkeitsmerkmale wie z. B. Kontaktfreude, Ehrgeiz, Wettbewerbsmotivation und Einfühlungsvermögen [Joch97, 204]. Die Begriffskette Fach-, Führungs-, Sozial- und Selbstkompetenz stellt nach Hilb in doppelter Weise ein Kontinuum dar. In dieser Reihenfolge steigen sowohl die Beeinflussbarkeit bzw. die Lernbarkeit als auch die Bedeutung für die Mitarbeiterbeurteilung an [Hilb99, 140].

Zu diesen vier Kompetenzklassen mischen sich (leider unstrukturiert) auch so genannte Schlüsselqualifikationen wie z. B. Denkvermögen (abstraktes, analytisches, logisches usw.), Flexibilität, Kreativität, Kommunikations-, Entscheidungs-, Lern-, Team-, Motivations-, Führungs-, Kooperations-, Netzwerkfähigkeit, kulturelle Mobilität, Eigenverantwortlichkeit u. v. a. m. (stellvertretend [Mert74]).

Will man abschließend die Frage beantworten, warum sich nur zögerliche bzw. keine Tendenzen zur inhaltlichen Vereinheitlichung von Personalprofilen abzeichnen (etwa um das Matching von Qualifikations- und Anforderungsprofilen zu erleichtern), so mag das erstens an der Komplexität und Verschiedenartigkeit der unzähligen Berufsgruppen liegen (Interkomplexität), zweitens aber auch an der Begriffskonfusion von Merkmalklassen und Einzelfähigkeiten (Intrakomplexität) sowie drittens an der Subjektivität bei der Ausprägungsmessung und der damit einhergehenden (mangelnden) Vergleichbarkeit.

5.3.2 Assignment-Ansätze als Personalzuordnungsmodelle

5.3.2.1 Klassischer Assignment-Ansatz

Das Grundmodell der Personalzuordnung oder -zuweisung (personnel assignment) geht davon aus, dass eine bestimmte Anzahl von Arbeitskräften i (i = 1, 2, ..., n) bestmöglich auf eine gleich große Anzahl von Arbeitsplätzen j (j = 1, 2, ..., n) verteilt wird [Mose79]. Die Eignung des Mitarbeiters i für die Stelle j wird durch den Koeffizienten e_{ij} erfasst. Für ihn sind folgende Interpretationen möglich:
1. Übereinstimmungsgrad von Qualifikations- und Anforderungsprofil
2. Profildistanzen als Maß für die Leistungsfähigkeit
3. Eignungsscore

Die unabhängige Variable x_{ij} kennzeichnet die Zuordnung der Person i zur Stelle j und nimmt den Wert eins oder null an, je nachdem, ob eine Zuweisung erfolgt oder nicht. Es gilt, dass jede Person nur an einer Stelle eingesetzt werden kann und dass jede Stelle nur einmal besetzt wird.

Die mathematische Formulierung des linearen Gleichungssystems lautet:
Zielfunktion:

1. $\sum_{i=1}^{n}\sum_{j=1}^{n} e_{ij} x_{ij} \rightarrow$ Max! bzw. Min!

Nebenbedingungen:

2. $\sum_{i=1}^{n} x_{ij} = 1$

3. $\sum_{j=1}^{n} x_{ij} = 1$

4. $x_{ij} = \begin{cases} 1, \text{ falls der Mitarbeiter i der Stelle j zugeordnet wird.} \\ 0, \text{ falls der Mitarbeiter i der Stelle j nicht zugeordnet wird.} \end{cases}$

Der klassische Assignment-Ansatz entspricht nur selten realen Problemstellungen. Es lassen sich daher folgende Einwände vortragen ([Mose79], [KuMa91, 729]):

1. Veränderungen in den Merkmalstrukturen beim Mitarbeiter und bei den Stellenanforderungen finden keine Berücksichtigung.
2. Die kardinale Messung der Eignung ist v. a. bei persönlichen Merkmalen wie z. B. Kommunikationsfähigkeit problematisch.
3. Die Anzahl von Stellen und Arbeitnehmern muss gleich groß sein. Quantitative Abweichungen können jedoch durch das Einfügen von fiktiven Stellen oder Personen umgangen werden. Eine bestehende Überdeckung wird durch Freisetzung von Mitarbeitern abgebaut, neu geschaffene Stellen beseitigen eine Unterdeckung.
4. Die eingesetzten Personen und Tätigkeiten sind gleichwertig.
5. Kriterien wie Mindesteignung bzw. -anforderung fließen nicht mit ein.
6. Die Zielfunktion verfolgt nur die Minimierung bzw. Maximierung der Summe der Eignungskoeffizienten.

5.3.2.2 Realistische Assignment-Ansätze

Die Assignment-Modelle zur Lösung realistischer Problemstellungen beruhen auf einer Weiterentwicklung des klassischen Ansatzes. Nach Moser lassen sich die von ihr untersuchten Verfahren in drei Gruppen einteilen [Mose79].

5.3.2.2.1 Job-Man-Assignment ohne Optimierung

Als Grundlage dient ein Merkmalkatalog, der die Merkmalstrukturen der Arbeitnehmer (M_i) und die der Arbeitsplätze (M_j) bestimmt. Anschließend werden sie miteinander verglichen und die für einen Arbeitnehmer geeigneten Arbeitsplätze bzw. die für einen Arbeitsplatz geeigneten Arbeitnehmer ausgewählt. Der Job-Man-Assignment-Wert (V_{ij}-Koeffizient) ist definiert als das Maß für die Übereinstimmung zwischen Qualifikations- und Anforderungsprofil. Es findet keine Optimierung statt. Zudem wird nicht jeder Arbeitsplatz bzw. Arbeitnehmer mit jedem Mitarbeiter bzw. jeder Stelle verglichen, sondern nur mit den noch verfügbaren. Der resultierende Assignment-Vorschlag erfolgt aufgrund errechneter Eignungskennzahlen oder erreichter Punktwerte.

5.3.2.2.2 Statisches Assignment mit Optimierung

Zu einem bestimmten Zeitpunkt soll eine gegebene Anzahl von Arbeitnehmern einer gegebenen Anzahl von Arbeitsplätzen möglichst optimal zugeordnet werden. Die Berechnung der Eignungswerte (e_{ij}) erfolgt durch Kombination, d. h. mittels Addition, Subtraktion oder Multiplikation, der ermittelten Koeffizienten aus dem Job Man Assignment (V_{ij}) mit einem Zusatzfaktor (F_{ij}), in welchem Aspekte wie Umsiedlungskosten, persönliche Interessen oder Schulungsaufwand erfasst werden. Anschließend werden die Eignungskoeffizienten (e_{ij}) in eine Zuordnungsmatrix transformiert. Unter Beachtung der gewählten Optimierungskriterien und Restriktionen wird diese Matrix mithilfe von Verfahren des Operations Research gelöst.

5.3.2.2.3 Dynamisches Assignment mit Optimierung

In dynamischen Assignment-Systemen werden nicht nur Änderungen im Personalbedarf und -bestand berücksichtigt, sondern auch im Zeitablauf eintretende Veränderungen in der Merkmalstruktur der Arbeitsplätze und der Personen. Demnach werden die zu erwartenden Abweichungen der Kriterienausprägungen in Wahrscheinlichkeitsmatrizen erfasst. Durch Multiplikation der aktuellen Arbeitnehmer- und Arbeitsplatzprofile aus den Ausgangsmatrizen mit den Profilen aus den Wahrscheinlichkeitsmatrizen ergeben sich die künftigen Arbeitsplatz- und Arbeitnehmerstrukturen. Mit diesem Ergebnis lassen sich dann die Eignungswerte bestimmen und die optimale Zuordnung unter Beachtung der geltenden Optimierungskriterien und Restriktionen berechnen.

Während bei den aufgeführten Individual-Assignment-Systemen Arbeitnehmer und -plätze jeweils einzeln einander zugeordnet werden, sind jedoch auch Mitarbeitergruppen, Stellentypen oder Einzelaufgaben als Planungsobjekte denkbar:
1. Arbeitnehmer mit gleicher Merkmalstruktur bilden eine Arbeitnehmerkategorie und Arbeitsplätze mit gleicher Anforderungsstruktur eine Arbeitsplatzkategorie.
2. Neben Stellen können auch Einzelaufgaben zugeordnet werden.
3. Gruppen von Mitarbeitern (Teams) lassen sich auf eine oder ggfs. mehrere Stellen zuweisen.

Job-Man-Assignment-Systeme sind v. a. bei der Arbeitsvermittlung und bei der Berufs- bzw. Arbeitsplatzwahl sowie bei der Personalbeschaffung zu finden. Die berechneten Werte dienen lediglich als Grundlage für die eigentliche Auswahl, da ihre Treffsicherheit bisher nicht empirisch nachgewiesen worden ist. Statisches bzw. dynamisches Assignment wird v. a. in der betrieblichen Personaleinsatzplanung verwendet. Die Suche nach der theoretisch optimalen Lösung verursacht mit zunehmender Anzahl an Arbeitnehmern bzw. Arbeitsplätzen einen exponentiellen Anstieg der Rechenzeit, was zur Folge hat, dass so genannten „Second-Best-Lösungen", die auf Heuristiken und einfachen linearen Optimierungsalgorithmen beruhen, ein wachsendes Marktpotenzial nachgesagt wird [Feld01]. Dahinter verbirgt sich die Frage, ob der Wunsch nach der theoretischen Optimalallokation (z. B. in einem regionalen Arbeitskräfte-Pool) überhaupt betriebswirtschaftlichen Sinn macht. Breit gefächerte gesetzliche Vorschriften, branchenspezifische Regelungen und betriebsindividuelle Zugeständnisse können eine so hohe Anzahl von Restriktionen zur Folge haben, dass der zeitliche Aufwand bis zur Erreichung in keinem Verhältnis zur Gültigkeitsdauer desselben steht.

5.3.3 Verfahren zur Personalzuordnung

5.3.3.1 Überblick

Die Zuordnung von Personen zu Aufgaben ist eine Herausforderung, die das Operations Research fast von Anfang seiner Geschichte an beschäftigt hat. Später kam die Forschung zur Künstlichen Intelligenz hinzu. Mittlerweile sind ganze Klassen von konkreten Verfahren aus den Assignment-Modellen entstanden (Abbildung 17, [BEPW00], [Biet98], [Dall98], [LaMa98], [Mose79], [Schu99], [Wins91], [Zülc76]). Diese Fortschritte in Verbindung mit Innovationen der elektronischen Informationsverarbeitung, sowohl was die Rechen- und Antwortzeiten als auch was das Preis-/Leistungsverhältnis angeht, führen dazu, dass man immer mehr Aufgaben beim Eingrenzen der Möglichkeiten und bei der Allokation selbst an die Maschine delegieren kann. Dennoch ist auf absehbare Zeit von Dialogsystemen auszugehen. Diese können als eine Art Vermittlungsleitstand beschrieben werden. Innerbetriebliche Personalleitstände mögen als Vorbild dienen. So rechnet das System SP-Expert Zuordnungen mit einer

Mischung aus Expertensystem und Genetischen Algorithmen [FeDN98]. Hierbei kann bereits eine beachtliche Vielfalt von Teilzielen und Restriktionen, wie sie für das deutsche Arbeitsrecht und die davon stark beeinflusste Personalwirtschaft in deutschen Unternehmen charakteristisch ist, bewältigt werden. Anschließend wird der so generierte Vorschlag vom Disponenten kontrolliert, modifiziert und freigegeben.

Personalzuordnungsverfahren lassen sich in optimierende Verfahren und Heuristiken untergliedern. Optimierungsverfahren kommen v. a. in den statischen und dynamischen Modellen des Job-Man-Assignment zur Anwendung. Heuristiken lassen sich ihrerseits in zwei Lager dividieren: Die Punktbewertungs- und die Profilmethode werden vorzüglich in statischen Modellen eingesetzt, während Verfahren des Soft Computing sowohl in statischen als auch dynamischen Modellen zu finden sind. Die verschiedenen Varianten sollen kurz charakterisiert und deren Einsetzbarkeit für eine große Anzahl von Bewerbern und Stellen, wie sie bei einem „Regionalen Netzwerk für Arbeit" vorliegt, geprüft werden.

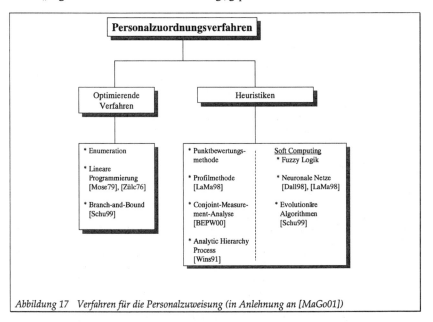

Abbildung 17   Verfahren für die Personalzuweisung (in Anlehnung an [MaGo01])

5.3.3.2 Optimierende Verfahren

5.3.3.2.1 Enumeration

Derartige Verfahren ermitteln für sämtliche Zuordnungskombinationen die Gesamteignung und bestimmen die Alternative mit dem höchsten Wert. Angenommen, n Bewerber sollen n Stellen besetzen, so gibt es n! (n-Fakultät) mögliche Zuweisungen. Bei 10 Kandidaten und 10 Stellen sind dies bereits über 3 Mio. mögliche Stellenbesetzungen. Damit sind solche Lösungsmethoden für große Assignment-Probleme prinzipiell ungeeignet.

5.3.3.2.2 Lineare Programmierung

Das Personalzuordnungsproblem lässt sich auch mithilfe der linearen Programmierung lösen [Mose79]. Zu nennen sind hier die Simplex- und die Transportmethode. Hierbei handelt es sich um so genannte iterative Verfahren, d. h., auf eine brauchbare Lösung folgt eine andere solche, bis letztlich eine optimale Zuordnung erreicht wird. Wesentlich weniger Rechenschritte benötigen die „Ungarische Methode" oder der Algorithmus von Ford und Fulkerson. Diese Ansätze ermitteln keine Zwischenlösungen, sondern gelangen durch sukzessive Transformation der Zeilen und Spalten einer Zuordnungsmatrix zu einer völlig reduzierten Darstellung, die die optimale Lösung repräsentiert. Bei großen Assignment-Problemen sind die „Ungarische Methode" und das Verfahren von Ford und Fulkerson der Simplexmethode überlegen. Ein Einsatz durch elektronische Datenverarbeitungsanlagen lässt sich jedoch am elegantesten mithilfe des Algorithmus von Ford und Fulkerson realisieren [Zülc76].

5.3.3.2.3 Branch-and-Bound-Verfahren

Das Branch-and-Bound-Verfahren teilt die Menge aller zulässigen Lösungen in disjunkte Teilmengen in Form eines Entscheidungsbaumes auf. Dabei wird für jeden einzelnen Zweig das Optimum bestimmt und mit den Ergebnissen der anderen Teilprobleme verglichen. Können Zweige zu keiner optimalen Lösung mehr führen, so werden sie abgeschnitten, um die Suche nach dem Gesamtoptimum zu verkürzen. Wichtig bei diesem Verfahren ist die Verwendung einer guten Schätzfunktion, mit der es möglich ist, viele Zweige bei der Suche zu beschneiden [Schu99].

5.3.3.3 Heuristiken

5.3.3.3.1 Grundlagen

Heuristische Lösungsmethoden orientieren sich an Faustregeln und führen nur in Ausnahmefällen und bei einfachen Anweisungsproblemen zu optimalen Ergebnissen. Sie lassen sich im Fall des Zuordnungsproblems in zwei Lösungsalternativen unterteilen [KuMa91]:
1. Nach dem **Rangordnungsprinzip** gehört an jeden Arbeitsplatz der jeweils beste Mitarbeiter. Diese Regel führt jedoch nur dann zu einer optimalen Lösung, wenn für jede Stelle jeweils ein anderer Bewerber die höchste Eignung besitzt. Ist ein Kandidat für mehrere Positionen am besten geeignet, so muss das Rangprinzip modifiziert werden. Durch die isolierte Betrachtung der Leistungsfähigkeit einzelner Personen wird nämlich übersehen, dass eine optimale Zuweisung nur unter Beachtung der relativen Eignungsverhältnisse der Mitarbeiter untereinander erfolgen kann.
2. Das zweite Verfahren versucht durch **Berücksichtigung von Spezialbegabungen** den Nachteil des Rangordnungsprinzips zu vermeiden. Es befolgt die Grundregel „jede Spezialbegabung an die für sie bestgeeignete Stelle", d. h., einem Bewerber wird die Stelle zugewiesen, für die er eine besondere Eignung besitzt. Vielseitig begabte Arbeitnehmer können dann unter Umständen jenen Arbeitsplätzen zugeordnet werden, für die sie etwas weniger geeignet sind. Das mag zur Folge haben, dass betroffene Arbeitnehmer unzufrieden und demotiviert sind, und somit wenig zur Effizienz des Unternehmens beitragen.

Es ist leicht einzusehen, dass diese Verfahren bei großen Bewerber- und Stellenzahlen, wie in einem „(Regionalen) Netzwerk für Arbeit" angedacht, zu unzureichenden Lösungen führen.

5.3.3.3.2 Punktbewertungsmethode

Bei Scoring-Modellen werden die Merkmalausprägungen mit Punktwerten versehen und durch eine Gewichtung in eine Rangordnung gebracht, welche die relative Bedeutung der Merkmale zueinander zum Ausdruck bringt. Der Gesamtwert ergibt sich aus der Summe der gewichteten Punktwerte. Für eine Stelle bzw. einen Bewerber sind dann diejenigen Arbeitnehmer bzw. Arbeitsplätze geeignet, deren Gesamtpunktzahl einen bestimmten Wert überschreitet. Ein Nachteil bei diesem Verfahren ist, dass Punkte nur wenig über die tatsächliche Eignung aussagen. Demnach erscheint es sinnvoll, die betrachtete Methode lediglich als Hilfsmittel bei der Personalauswahl zu verwenden.

5.3.3.3.3 Profilmethode

Die Profilmethode ist ein in der betrieblichen Praxis weit verbreitetes Verfahren und stellt ein Instrument zur Berechnung einer spezifischen Eignungskennzahl dar [LaMa98]. Die Grundidee besteht aus dem Vergleich des Anforderungs- mit dem gleich strukturierten Qualifikationsprofil. Ausgangsannahme ist, dass jedes Eignungskriterium durch eine reelle Zahl abgebildet werden kann.

Das **Distanzmaß** ermittelt einen Eignungswert, der auf der Summe der absoluten Differenzen zwischen Qualifikations- und Anforderungsprofil basiert. Je kleiner dieser Abstand ist, desto ähnlicher sind sich die beiden Profile und desto wahrscheinlicher ist die Eignung der Person für die Aufgabe. Da eine vollständige Deckung nur selten gegeben ist, bietet es sich an, Bandbreiten wie Mindest- und Höchstanforderungen zu verwenden. Ebenso kann die zeitliche Dimension hinsichtlich kurz- und langfristiger Anforderungen bei der Eignungsermittlung berücksichtigt werden. Nachteilig bei der Berechnung von Distanzen ist allerdings, dass hinter den Abständen vollkommen unterschiedliche Profilverläufe verborgen sein können.

Dieser Sachverhalt wird mit dem Maß der **Verlaufsähnlichkeit** behoben. Sie wird über den Korrelationskoeffizienten berechnet, gibt die Übereinstimmung in einem Muster wieder oder zeigt den Verlauf der Merkmalausprägungen der beiden Profile an. Hier ist jedoch zu beachten, dass ein Korrelationskoeffizient eine unterschiedliche Anzahl von Profilen mit gleichem Niveau repräsentiert.

Abbildung 18 zeigt, dass die Ergebnisse der beiden Ähnlichkeitsmaße verschieden sein können. So würde man nach dem Distanzmaß die Person A bevorzugen, obwohl sich deren Profil nicht vollkommen mit dem Idealprofil deckt. Umgekehrt ist nach dem Maß der Verlaufsähnlichkeit die Person B zu favorisieren, da deren Profilverlauf mit dem des Idealprofils vollständig übereinstimmt. Aus diesem Grund werden bei der Berechnung der Eignungskennzahl das Distanzmaß und das Maß der Verlaufsähnlichkeit häufig miteinander kombiniert.

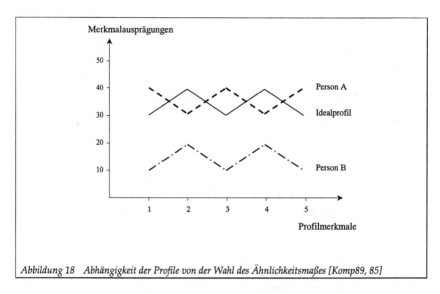

Abbildung 18   Abhängigkeit der Profile von der Wahl des Ähnlichkeitsmaßes [Komp89, 85]

Die Profilmethode weist jedoch bei genauer Betrachtung folgende Schwächen auf [LaMa98]:

1. Das Bestimmen der Merkmalkataloge ist schwierig, da die Abbildung des Menschen bzw. des Arbeitsplatzes nicht vollständig gelingt.
2. Die Kriterienausprägungen sind schwer messbar. Insbesondere bereiten soft skills wie z. B. das Engagement oder die Motivation Schwierigkeiten bei der Bestimmung.
3. Es ist problematisch, Interdependenzen zwischen den Kriterien darzustellen, v. a. solche mit synergetischen und kompensatorischen Effekten.
4. Ein weiterer Kritikpunkt ist die Festlegung der Merkmalgewichtungen.
5. Die Aggregation der Einzelwerte zu einem Gesamturteil ist schwer zu bewerkstelligen.
6. Es existiert keine geeignete Referenz- bzw. Vergleichsgröße hinsichtlich des Erfolges.

Ein bekanntes, auf der Profilmethode basierendes System ist das **„Cleff-Job-Matching-System"**. Es bestimmt auf der Basis von 16 „Arbeitsdimensionen" Qualifikations- und Anforderungsprofile und ermittelt durch eine Korrelationsrechnung folgende V_{ij}-Koeffizienten [Clef79]:

1. Der Occupational-Adjustment-Index ist das Ergebnis des Vergleichs von Präferenzen (Likes/Dislikes) und Erfahrungen (Done/Not Done) eines Bewerbers. Dieser Wert dient, empirisch belegt, als Indikator für das langfristige Verbleiben am Arbeitsplatz und damit der Häufigkeit des Wechsels.
2. Der Job-Match-Index fasst den Vergleich zwischen kombiniertem Qualifikations- (Präferenz- und Erfahrungsprofil) und Anforderungsprofil in einem Wert zusammen. Dieser ist ein Maß für die Ähnlichkeit der beiden Profile und legt die Rangordnung fest, in der sie angezeigt werden.
3. Der Difference-Index (DI) ist die Summe der quadrierten Differenzen über die Merkmalbewertungen der Profile. Er bestimmt die Reihenfolge, wenn der Job-Match-Index fast identisch ist.

$$DI = \sqrt{\sum_{i=1}^{16} d^2}$$

DI = Difference-Index
d = Geometrische Entfernung zwischen Qualifikations- und Anforderungsprofil je „Arbeitsdimension"

5.3.3.3.4 Conjoint-Measurement-Analyse

Die Conjoint-Measurement-Analyse stammt aus der Marktforschung und berechnet aus den Präferenzrangfolgen mehrerer Eigenschaften, wie wichtig diese sind und welche Bedeutung den einzelnen Ausprägungen zukommt [HiHe92; BEPW00]. Im Folgenden wird die Einsetzbarkeit dieser Methode bei der Personalselektion anhand der Auswahl von Hochschulabsolventen veranschaulicht. Als Entscheidungskriterien werden die Note des Vordiploms, die Abiturnote, eine abgeschlossene Berufsausbildung, die Anzahl der Praktika, ein längerer Auslandsaufenthalt sowie das Engagement für einen Verein oder eine Studentenvereinigung betrachtet. Bringt man diese Eigenschaften in eine Rangfolge und ermittelt den Nutzen der jeweiligen Ausprägungen, so ergibt sich das in Abbildung 19 skizzierte Ergebnis. Mithilfe dieser Werte lässt sich dann die jeweilige Eignung der Anwärter berechnen.

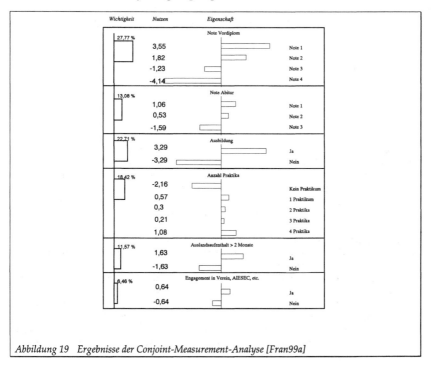

Abbildung 19 Ergebnisse der Conjoint-Measurement-Analyse [Fran99a]

Interessant bei dieser Methode ist, dass der Nutzenverlauf der Ausprägungen nicht linear ist. Dadurch wirken schlecht ausgeprägte Merkmale als Ausschlusskriterien. Ansonsten stellt dieses Verfahren eine gute Alternative zu anderen Modellen dar.

5.3.3.3.5 Analytic Hierarchy Process (AHP)

Das Verfahren des Analytic Hierarchy Process von Saaty gestattet es, durch eine Vielzahl paarweiser Vergleiche diejenige Alternative auszuwählen, welche die vorgegebenen Präferenzen am besten erfüllt. Zudem können inkonsistente Aussagen der Befragten erkannt werden ([Wins91], [HeMa96]). Ausgangspunkt von AHP ist eine so genannte Hierarchie, bestehend aus Zielsystem und Alternativen. In Abbildung 20 ist eine mögliche Anordnung im Fall der Personalauswahl zu sehen.

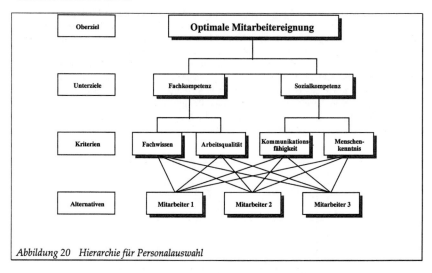

Abbildung 20 Hierarchie für Personalauswahl

Anschließend sind paarweise Vergleiche zwischen je zwei Elementen einer Hierarchieebene im Hinblick auf jeweils ein Element der nächsthöheren Stufe mithilfe einer Kombinationsmatrix durchzuführen. Die Skala der verwendeten Indikatoren reicht dabei von eins bis neun. Der Wert eins besagt, dass ein Attribut genauso wichtig ist wie das andere. Die Zahl neun bedeutet, dass eine Eigenschaft sehr viel wichtiger ist als die andere. Ebenso ist zu beachten, dass die Indikatoren möglichst konsistent zueinander sein sollten. Im nächsten Schritt werden die Spaltensummen der Matrix auf eins normiert. Das Gewicht für ein Attribut errechnet sich durch den Mittelwert der entsprechenden Zeilensumme. Die Gesamtpunktzahl einer Alternative errechnet sich aus der Summe der gewichteten Zielerreichungsgrade. Es wird die Alternative mit dem höchsten Punktwert ausgewählt.

Ein Nachteil bei diesem Verfahren ist darin zu sehen, dass die Menge paarweiser Gegenüberstellungen mit zunehmender Alternativenzahl überproportional ansteigt. Hier kann auf eine Variante des AHP-Verfahrens zurückgegriffen werden, bei der lediglich die Bestimmung der Zielgewichte über Vergleiche erfolgt. Des Weiteren ist es möglich, dass durch die Angabe von relativen Nutzwerten ein Vorschlag um so schlechter abschneidet, je besser die anderen sind. Veränderungen bei den Alternativen führen zu einer diversen Rangfolge zwischen bestehenden Varianten ([Wins91], [Henn98]).

5.3.3.4 Verfahren des Soft Computing

Soft-Computing-Anwendungen sind im Personalmanagement den Heuristiken (siehe Kapitel 5.3.3.3) zuzurechnen. Sie werden hier jedoch aufgrund ihrer zunehmenden Praxistauglichkeit und -relevanz separat betrachtet. Zu ihnen gehören Verfahren der Künstlichen Intelligenz, die tolerant gegenüber Phänomenen wie Unsicherheit, Unschärfe, unvollständiger Information und extremer Komplexität sind ([Biet98], [AlBA00]). Fuzzy-Systeme, Neuronale Netze und Evolutionäre (Genetische) Algorithmen stellen betriebswirtschaftlich interessante Kerngebiete der Künstlichen Intelligenz dar. Ihr möglicher Einsatz im Bereich des Personalauswahlprozesses soll nachfolgend näher untersucht werden.

5.3.3.4.1 Fuzzy-Systeme

5.3.3.4.1.1 Grundlagen

Die Fuzzy-Set-Theorie, auch als Theorie der unscharfen Mengen bezeichnet, dient dazu, menschliche Denkweisen und Erfahrungswissen adäquat mathematisch darzustellen und rechnergestützt zu verarbeiten. Während in der klassischen Mengenlehre ein Element entweder zu einer Menge gehört oder nicht, besteht die Grundidee der Fuzzy-Logik darin, dass Elemente zu einem bestimmten Grad Bestandteil mehrerer Mengen sein können. Dazu ist es notwendig, Zugehörigkeitsfunktionen wie Dreiecks-, Trapez- oder Gaußfunktionen zu bestimmen, die sich mit wenigen Parametern festlegen lassen und den Grad der Zugehörigkeit eines Elements zu einer unscharfen Menge angeben. Die Stärke der Fuzzy-Logik liegt in der Fähigkeit der Verarbeitung linguistischer und damit in der Regel unscharfer Ausdrücke, bspw. besitzt der Bewerber eher eine hohe als eine niedrige Eignung. Diese Konzeption entspricht durchaus der menschlichen Vorgehensweise, da es Personen leichter fällt, derartige Angaben verbal zu umschreiben als sie quantitativ exakt zu erfassen. Am Beispiel der linguistischen Variable „Mitarbeitereignung" sollen exemplarisch die verschiedenen Zugehörigkeitsfunktionen dargestellt werden (Abbildung 21). Letztere liegen in dem abgeschlossenen Intervall null bis eins. Die Werte null oder eins repräsentieren gewöhnliche klassische (scharfe) Mengen.

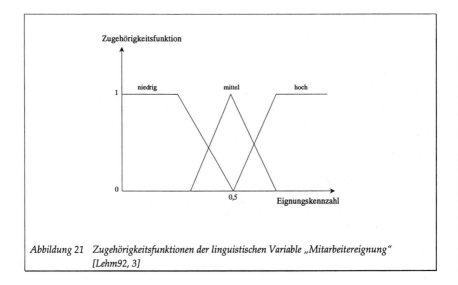

Abbildung 21 Zugehörigkeitsfunktionen der linguistischen Variable „Mitarbeitereignung"
[Lehm92, 3]

5.3.3.4.1.2 Ansätze zur Personalauswahl

Nach Lackes und Mack bieten sich für die Anwendung der Fuzzy-Logik im Bereich der Personalauswahl folgende zwei Formen an [KrKl99].

5.3.3.4.1.2.1 Eignungsermittlung auf Basis fuzzyfizierter Abstandsmaße

Die Differenzen zwischen dem Anforderungs- und dem Qualifikationsprofil je Merkmalausprägung werden, bezogen auf die Zielkriterien „Sozial- und Fachkompetenz", im Fuzzy-Regelsystem zu unscharfen Begriffen transformiert (Abbildung 22). Die Ermittlung einer Eignungskennzahl erfolgt durch Anwendung von logischen Regeln. Dies kann z. B. in folgender Form geschehen:

WENN	geringe Differenz bei Kriterium1
UND	geringe Differenz bei Kriterium2
UND	geringe Differenz bei Kriterium3
DANN	geringe Differenz bei Sozialkompetenz.

WENN	geringe Differenz bei Sozialkompetenz
UND	geringe Differenz bei Fachkompetenz
DANN	hohe Mitarbeitereignung.

Ein entscheidender Nachteil bei diesem Ansatz liegt in der Abhängigkeit von dem zuvor definierten Abstandsmaß.

5 Überbetrieblicher Leitstand zur Personaldisposition

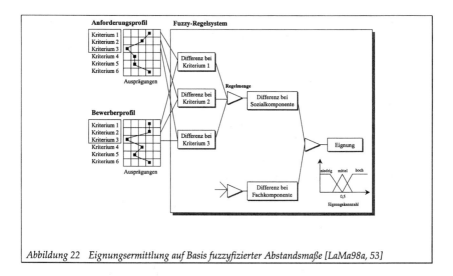

Abbildung 22   Eignungsermittlung auf Basis fuzzyfizierter Abstandsmaße [LaMa98a, 53]

5.3.3.4.1.2.2   Eignungsermittlung durch allgemein gültige Fuzzy-Regelsysteme

Dieses Verfahren bringt die einzelnen Merkmale, die z. B. durch Fragebögen ermittelt wurden, in eine direkte, hierarchische Beziehung zueinander (Abbildung 23). Die Regeln hierfür könnten etwa wie folgt lauten:

WENN hohes Fachwissen   UND gute Arbeitsqualität   DANN hohe Fachkompetenz.
WENN hohe Fachkompetenz UND hohe Sozialkompetenz DANN hohe Mitarbeitereignung.

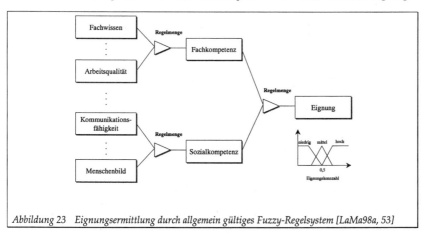

Abbildung 23   Eignungsermittlung durch allgemein gültiges Fuzzy-Regelsystem [LaMa98a, 53]

Die Verwendung von Fuzzy-Logik bietet optimale Möglichkeiten für den Einsatz im Bereich der Personalauswahl. So werden subjektive Einschätzungen, wie z. B. großes Fachwissen des Bewerbers, statt quantitativer Größen erfasst und durch logische Regeln zu einer Gesamtbewertung verknüpft. Eine Integration in ein bestehendes Personalinformationssystem oder den zwischenbetrieblichen Leitstand einer regionalen Personalbörse ist durchaus denkbar, sofern eine Verdichtung und eine Transformation der Daten in eine für die Fuzzy-Logik lesbare Form gegeben sind.

5.3.3.4.2 Neuronale Netze

5.3.3.4.2.1 Grundlagen

Neuronale Netze bestehen aus einer Menge untereinander verknüpfter Verarbeitungseinheiten, so genannten Neuronen, die über gerichtete Verbindungen Informationen austauschen [Biet98]. Ähnlich der Funktionsweise der Nervenzellen im Gehirn transformiert jedes Neuron die von außen oder von benachbarten Zellen stammenden Eingabe- zu Ausgabedaten, die an nachgeschaltete Einheiten weitergegeben werden. Die Stärke Neuronaler Netze liegt v. a. in ihrer Parallelität sowie in der Fähigkeit, selbstständig aus Erfahrungswerten zu lernen. Die einzelnen Neuronen bestehen i. d. R. aus einem Eingabe-, einem Gewichtungsvektor, einer Aktivierungs- und einer Ausgabefunktion. Aus der Summe der gewichteten Eingabedaten wird das Aktivitätspotenzial des Neurons berechnet und anschließend aus diesem der Ausgabewert erzeugt. Ein Neuronales Netz ist prinzipiell wie in Abbildung 24 aufgebaut.

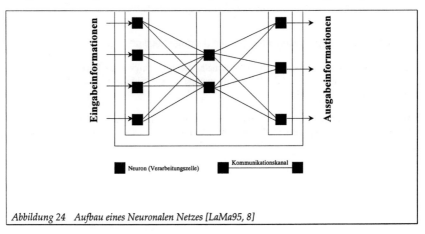

Abbildung 24   Aufbau eines Neuronalen Netzes [LaMa95, 8]

Neuronale Netze lassen sich als entscheidungsunterstützende Systeme einsetzen, indem die Eingabeinformationen die Beschreibung eines Problems repräsentieren und die Ausgabe als Lösung zu interpretieren ist.

5.3.3.4.2.2 Ansätze zur Personalauswahl mit Neuronalen Netzen

Im Rahmen der Personalauswahl sind Neuronale Netze für so genannte Punkt- und Klassenprognosen einsetzbar ([Dall97], [Dall98]). Bei der Punktprognose besitzt das System immer ein einzelnes Ausgabeneuron, d. h., es wird eine Gesamteignung eines Kandidaten berechnet. Demgegenüber wird die Ausgabe bei der Klassenprognose in verschiedene Gruppen unterteilt, wie z. B. die Ermittlung von Eignungskennzahlen für die Fach- und die Sozialkompetenz. Die Aggregation zur Gesamtbewertung erfolgt bei der Klassenprognose außerhalb des Netzes. In beiden Fällen wird die Anzahl der Eingabeneuronen durch die Menge der verwendeten Kriterien, wie z. B. im Qualifikationsprofil, bestimmt. Das Anforderungsprofil lässt sich durch die Parameter der Neuronen sowie durch deren Verarbeitungsfunktionen abbilden. So können die Neuronen in der ersten Schicht die Differenz zwischen dem Eingabewert und dem im Neuron vorgegebenen Sollwert zum nachgelagerten Neuron weiterleiten. Dort wird unter Berücksichtigung der Gewichtungen auf den Verbindungskanälen der Eignungswert ermittelt. Abbildung 25 zeigt die Profilmethode als ein einfaches Neuronales Netz am Beispiel einer Punktprognose.

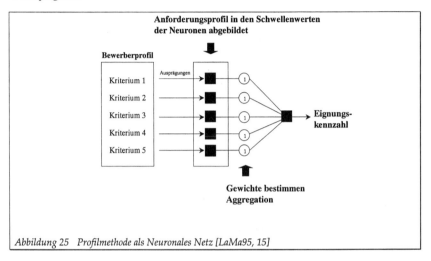

Abbildung 25   Profilmethode als Neuronales Netz [LaMa95, 15]

Ein Vorzug von Neuronalen Netzen liegt darin, dass derartige Systeme in der Lage sind, umfangreiche Kriterienkataloge zu betrachten. Sie können relevante von irrelevanten Merkmalen anhand der Gewichtungen unterscheiden. Ebenso werden komplexe, funktionale Abhängigkeiten zwischen Kriterien berücksichtigt. Den aufgezeigten Vorteilen stehen allerdings der Mehraufwand beim Einstellen bzw. Anpassen des Neuronalen Netzes auf das gegebene Problem und die regelmäßige Qualitätsprüfung gegenüber ([LaMa98], [Dall98]).

5.3.3.4.3 Evolutionäre (Genetische) Algorithmen

5.3.3.4.3.1 Grundlagen

Evolutionäre Algorithmen sind Such- und Optimierungsverfahren, die auf abstrakter Ebene die Grundmechanismen der natürlichen Evolution des Lebens imitieren. Demzufolge werden bei der Fortpflanzung Erbinformationen an die Nachkommen weitergegeben und durch den Einfluss von Mutation (Veränderung von Wissenseinheiten) und Crossover (Vermischen ausgewählter Erbinformationen) modifiziert. Es entstehen unterschiedlich konkurrenzfähige Nachkommen, von denen sich im Zuge natürlicher Auslese die besser angepassten Individuen gegenüber ihren Konkurrenten durchsetzen. Jede neue Generation wird durch eine so genannte Fitnessfunktion hinsichtlich ihrer Güte beurteilt und stellt die Ausgangspopulation für den nächsten Evolutionsschritt dar. Der Prozess endet, wenn ein vorgegebenes Abbruchkriterium erreicht wird [Niss94]. Der Basiszyklus eines Evolutionären Algorithmus wird in Abbildung 26 ansatzweise visualisiert.

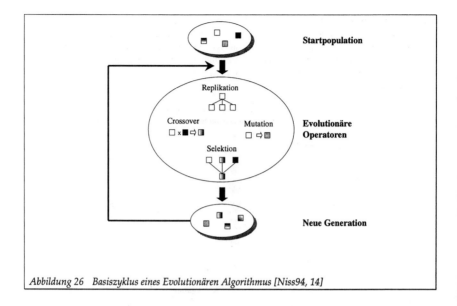

Abbildung 26   Basiszyklus eines Evolutionären Algorithmus [Niss94, 14]

5.3.3.4.3.2   Ansätze zur Personalauswahl mit Evolutionären (Genetischen) Algorithmen

Bei der Konzeption eines Genetischen Algorithmus ist zunächst eine geeignete Problemrepräsentation zu entwickeln. Es sind n Arbeitskräfte auf n Arbeitsplätze so zu verteilen, dass jede Person nur an einer Stelle eingesetzt werden kann und dass jede Stelle nur einmal besetzt wird. Dabei stellt jedes Chromosom genau einen kompletten Personaleinsatzplan dar und besteht aus so vielen Genen, wie es Arbeitsplätze bzw. Arbeitnehmer gibt. Abbildung 27 zeigt beispielhaft die Zuordnung von fünf Mitarbeitern auf fünf Stellen.

5 Überbetrieblicher Leitstand zur Personaldisposition 87

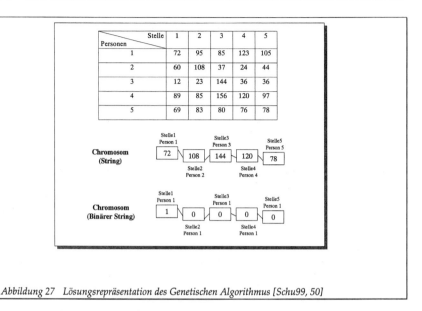

Abbildung 27 Lösungsrepräsentation des Genetischen Algorithmus [Schu99, 50]

Die Tabellenwerte stehen für die Eignung eines Mitarbeiters für eine bestimmte Stelle. Zudem werden unterschiedliche Darstellungsarten der Chromosomen als String oder binärer String visualisiert. Die Fitness eines Individuums ergibt sich aus der Summe der Eignungskennzahlen und beeinflusst die Überlebens- und Fortpflanzungswahrscheinlichkeit. Nachdem eine Startpopulation erzeugt wurde, erfolgt die zufällige Auswahl zweier Individuen für die Zeugung von Nachkommen. Sind diese dann gekreuzt, schließt sich daran die Mutation derselben an. Die neue Generation wird hinsichtlich ihrer Fitness bewertet und dient als Ausgangspopulation für den nächsten Evolutionsprozess. Ein Abbruch erfolgt, wenn entweder eine vorgegebene Anzahl von Generationen durchlaufen, eine bestimmte Laufzeit erreicht wurde oder wenn sich keine Qualitätsverbesserung über einen gewissen Zeitraum ergeben hat. Prinzipiell sind Genetische Algorithmen für die Lösung des Personalzuweisungsproblems geeignet. Nachteile ergeben sich jedoch aus dem enormen Entwicklungsaufwand sowie dem exponentiellen Anstieg der Berechnungszeit bei größeren Zuordnungsproblemen.

5.3.3.4.3.3 Beurteilung

Wie in den vorangegangenen Kapiteln gezeigt, gibt es eine Vielzahl von Methoden, die sich für den Einsatz im Personalbereich eignen. Die „Klassiker" unter den vorgestellten Verfahren sind sicherlich die „Ungarische Methode" bei den optimierenden Verfahren sowie die Profilmethode bei den Heuristiken ([Mose79], [ScCP99]). Beide Methoden wurden bisher in zahlreichen Anwendungssystemen, wie z. B. SP-Expert von Astrum und SAP R/3 Human Resources, eingesetzt und haben sich dort auch bewährt. Gleichrangig neben diesen Verfahren sind aber auch die aktuelleren Methoden des Soft Computing zu platzieren. Das Ziel bei allen vorgestellten Lösungswegen ist allerdings nicht der Ersatz eines Sachbearbeiters durch geeignete IV-Instrumente. Bei Personalentscheidungen wie -beurteilung und -auswahl ist einerseits noch keine Entwicklung zu erkennen, die den Mensch-Maschine-Dialoge erübrigen, andererseits soll durch die IV-technische Unterstützung dieser Prozesse vielmehr eine Vorauswahl der Kandidaten stattfinden, um für den Entscheider „handliche Arbeitsportionen" zu erreichen.

6 Prototyp einer regionalen Personalbörse

6.1 Technologische Grundlagen

6.1.1 Systemarchitektur

Die Personalbörse wurde als plattformunabhängige Web-Applikation in Client/Server-Architektur realisiert. Bei dieser Architektur wird zwischen einem Dienst nachfragenden Client (Frontend) und einem Dienst erbringenden Server (Backend) unterschieden. Der Benutzer benötigt auf Client-Seite lediglich einen Web-Browser (User Agent), der für alle maßgeblichen Plattformen verfügbar ist, sowie eine Internetanbindung. Er muss keine weitere Software installieren oder aufwändige Einstellungen vornehmen. Dadurch kann er von nahezu beliebigen Rechnern unmittelbar auf die Personalbörse zugreifen. Auf Server-Seite kommt Linux mit den Komponenten Apache, MySQL, PHP und phplib zum Einsatz. Alternativ ist aber auch Windows oder eine andere Unix-basierende Umgebung denkbar, sofern dort die genannten Module bereitstehen. Die Verwaltung der Datenbank kann zusätzlich mithilfe des plattformunabhängigen phpMyAdmin erfolgen. Die Architektur des Systems wird aus Abbildung 28 ersichtlich [Krau00]. Als Schnittstelle in das Internet dient der Web-Server (*Apache*). Er handelt prinzipiell drei verschiedene Arten von Anfragen ab:

1. Statisches HTML: Auch Bild-Dateien könnten z. B. Bestandteil des Web-Servers sein. Allein dieser sorgt dafür, dass diese übermittelt werden.
2. Dynamisches HTML: Fast alle Seiten werden dynamisch über PHP4 erzeugt. Das Matching ist komplett über eine PHP-Funktion gelöst, die ein externes Programm aufruft. PHP4 triggert das Matching, welches die Ergebnisse als HTML ans PHP zurückliefert und auch so darstellt. Dabei greift PHP4 direkt auf die Datenbank zu.
3. XML-Anfrage: Will man Jobbörsen „anflanschen", wie in einer erweiterten Ausbaustufe des Prototypen möglich und für regionale Netzwerke für Arbeit angedacht (siehe Kapitel 4.3), ist es sinnvoll, das Matching über XML-Dateien abzuwickeln. Obwohl dies in der vorliegenden Version nicht implementiert ist, steht eine solche Schnittstelle zur Verfügung.

6 Prototyp einer regionalen Personalbörse 89

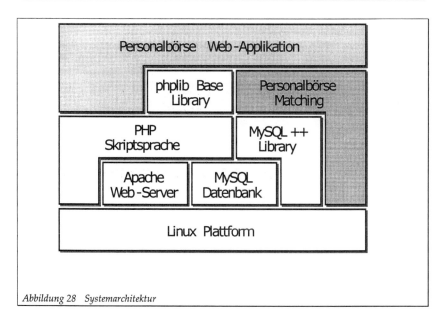

Abbildung 28 Systemarchitektur

6.1.2 Benutzungsoberfläche

Bei der Web-Oberfläche wurde Wert auf intuitive Bedienung, einfache und klare Menüführung sowie eine ansprechende Optik gelegt (Abbildung 29). Dabei befindet sich das Hauptmenü generell links; in einer waagerechten Leiste werden Kontextoptionen ebenfalls links dargestellt, während rechts Informationen über die An-/Abmeldung und der Hilfe-Button ihren Platz finden. Alle Menüfunktionen sind über den dynamischen Seitenaufbau mit PHP realisiert. Derzeit sind nur der Microsoft Internet Explorer 5.0 und höhere Versionen geeignet, um die Seiten fehlerfrei darzustellen.

Die Fallbeispiele in Kapitel 6.3 geben einen Überblick zur Funktionalität des Systems und zur Benutzungsoberfläche.

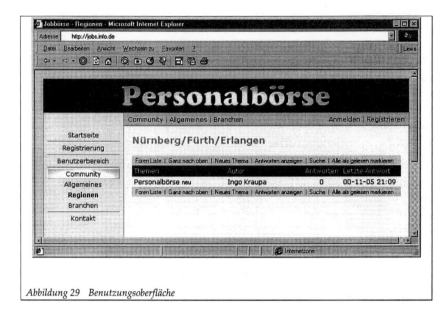

Abbildung 29 Benutzungsoberfläche

6.1.3 Datenbank

6.1.3.1 Benutzer- und -gruppenverwaltung

Die zentrale Tabelle, in der alle Daten der registrierten **Benutzer** gespeichert werden, ist users. Jedem Teilnehmer ist ein Eintrag in dieser Tabelle zugeordnet, der zum einen die für die Anmeldung benötigten Daten (Benutzer-ID, Login-Name, Passwort), zum anderen seine Stammdaten (Unternehmen, Name, Straße, Postleitzahl, Wohnort, E-Mail-Adresse) enthält. Um die Beziehungen der einzelnen Benutzer untereinander abzubilden, können sie sich zu **Gruppen** zusammenschließen. Die einzelnen Gruppen sind in der Tabelle groups gespeichert. Zu den Daten gehören eine Identifikationsnummer, über die es möglich ist, eindeutig auf eine Gruppe zu verweisen, eine Beschreibung, eine Referenz auf den Teilnehmer, der diese Gruppe angelegt hat, sowie ein Flag, über das festgelegt werden kann, ob eine Gruppe öffentlich oder privat ist.
In einer öffentlichen Gruppe kann jeder Teilnehmer selbstständig Mitglied werden. Wenn jemand Mitglied einer privaten Gruppe werden will, sind zwei Schritte notwendig. Zuerst meldet er sich bei der Gruppe an. Hierbei wird ein Eintrag in der Tabelle group_members mit dem Wert ‚P' für membership eingefügt. Somit gilt er als „Angemeldet", aber noch nicht als „Mitglied". Der Eigentümer der Gruppe muss jetzt entscheiden, ob er den Benutzer in die Gruppe aufnehmen will oder nicht. Nimmt er ihn auf, wird der Wert von membership von „P" auf „Y" gesetzt. Lehnt er ihn als neues Mitglied ab, wird der Wert membership auf ‚N' geändert. Nur wenn ein Teilnehmer als „Mitglied" einer Gruppe zählt, werden Personalangebote und -gesuche, die dieser Gruppe zugeordnet sind, bei der Suche nach Ergebnisse einbezogen. Die Möglichkeit, dass ein Benutzer beliebig vielen Gruppen angehören kann, macht die Tabelle group_members erforderlich.

6.1.3.2 Personalgesuche und -angebote

Die Tabelle jobs enthält alle Daten, die zur Beschreibung der Personalgesuche und -angebote benötigt werden. Hierzu gehören zum einen Felder, die für die Verwaltung notwendig sind: Dies sind die Job-ID, eine Referenz auf den Eintrag des Benutzers in der Tabelle users, der diesen Eintrag angelegt hat, und eine kurze Identifikation, die nur für den Teilnehmer bestimmt ist, um die Unterscheidung seiner einzelnen Personalgesuche und -angebote zu erleichtern. Zum anderen sind Felder mit folgenden Dateneingaben vorgesehen:
1. Region, für die Personen gesucht bzw. angeboten werden
2. Anzahl der Personen
3. Anfangs-Zeitraum
4. Ende-Zeitraum
5. Gehalt, das angeboten bzw. gewünscht wird

Zusätzlich ist noch ein Flag notwendig, das eine Unterscheidung von Personalgesuchen und -angeboten ermöglicht. Eine solche Unterscheidung wäre auch auf andere Weise möglich, z. B. könnte bei Personalgesuchen die Anzahl der Personen negativ sein. Um festzulegen zu können, welchen Teilnehmer, sprich welchen Benutzergruppen es ermöglicht werden soll, ein bestimmtes Angebot oder Gesuch zu sehen, wird die Tabelle job_group_members benötigt. An dieser Stelle kann ein Teilnehmer die Gruppen bestimmen, denen das Angebot bzw. Gesuch zur Verfügung gestellt werden soll.

6.1.3.3 Regionen

Die einzelnen Regionen sind in der Tabelle regions gespeichert. Um den Vergleich der Regionen beim Matching zu vereinfachen, hat die Regions-ID das Format llbbrrr mit folgender Bedeutung:
1. ll: Landeskennzahl (z. B. 49 = Deutschland, 44 = England)
2. bb: Bundesland, Kanton, Department o. Ä. (z. B. 01 = Baden-Württemberg, 02 = Bayern innerhalb Deutschlands)
3. rrr: Region (z. B. 001 = Nürnberg/Fürth/Erlangen, 002 = Bamberg/Forchheim innerhalb Bayerns)

Die Zahlen 0000000 würden dann alle Regionen, 4900000 alle Regionen innerhalb Deutschlands, 4902000 alle Regionen innerhalb Bayerns und 4902001 nur den Raum Nürnberg/Fürth/Erlangen in das Matching einbeziehen.

6.1.3.4 Skills

Die Skill-Gruppen-ID bestimmt, welcher Skill-Gruppe der Eintrag primär zugeordnet ist. Diese Zuordnung wird benötigt, wenn ein Skill in mehreren Gruppen enthalten ist. Mithilfe des Felds type kann festgelegt werden, in welcher Form die Eingabe der Werte erfolgen soll. Man kann z. B. bestimmen, ob zur Eingabe nur vorab definierte aus einem Pull-down-Menü oder aber beliebige Werte als Freitext möglich sind.

Die option_id legt die Werte, die einen bestimmten Skill ausmachen, fest. Die möglichen Interpretationen sind in der Tabelle skill_options zusammengefasst. Wenn eine eingefügte Option nur die Werte 0 und 100 annehmen kann, wobei 0 als „Ja" und 100 als „Nein" festgelegt wurden, steht sie für Qualifikationen, bei denen Zwischenwerte wenig sinnvoll sind. Ein Beispiel dafür ist „Führerschein der Klasse C", den man entweder besitzt oder nicht.

Um die Auswahl der Skills zu erleichtern, ist es möglich, sie in Gruppen zu gliedern (hierarchische Merkmalklassen). Dies dient der Übersichtlichkeit, erfordert aber zwei weitere Tabellen. Die erste, skillgroups, vereinigt alle vorhandenen Gruppen mit ihrer eindeutigen Identifikationsnummer und einer Beschreibung. In der zweiten, skillgroup_members, erfolgt die Zuordnung der einzelnen Skills zu den Gruppen. In einer solchen Gruppe stehen z. B. alle

Skills zur Beschreibung von Programmierkenntnissen Die Gruppe „Programmierkenntnisse" enthält also bspw. die Skills C-, C++-, Pascal-, Perl-Kenntnisse.
Denkbar wäre noch eine weitere Gliederungsstufe. Darin sind alle Qualifikationen für eine bestimmte Berufsrichtung aufgeführt. Ein Beispiel für dafür ist eine Gruppe „Informatiker", die Betriebssystem-, Datenbank- und Programmierkenntnisse vorhält. Die Zuordnung von Skills zu den einzelnen Personalgesuchen und -angeboten erfolgt über die Tabelle qualifications. Hierzu existiert für jede Zuordnung ein Eintrag, der definiert, zu welchem Gesuch oder Angebot er aus der Tabelle jobs angegeben wurde, welche Eigenschaft er aus der Tabelle skills beschreibt, sowie den dazugehörigen Wertebereich.

6.2 Implementierte Prozesse

6.2.1 Registrierung und späterer Zugang

Die Selbstregistrierung als Benutzer ist einmalig und für alle Teilnehmer zwingend. Sie dient der Identifikation, der Authentifizierung, der Autorisation bei späteren Aufrufen der Personalbörse und zur Kontaktaufnahme.

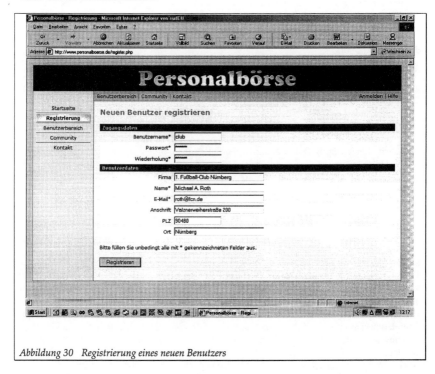

Abbildung 30   Registrierung eines neuen Benutzers

Die Zugangsdaten setzen sich aus einem Benutzernamen und einem Passwort zusammen. Der Benutzername ist frei wählbar, sofern nicht bereits vergeben. Damit identifiziert er ein Unternehmen, einen Unternehmensbereich oder eine Privatperson eindeutig. Die Authentifizierung

des Benutzernamens erfolgt über ein Passwort (Authentication by Knowledge). Das Passwort darf nicht leer sein, unterliegt sonst aber keiner Einschränkung.
Die Benutzerdaten spiegeln die notwendigen Informationen zur Kontaktaufnahme mit dem Ansprechpartner für die Personalvermittlung, bei Unternehmen der Personalverantwortliche, wider. Privatpersonen sollen hier ihren Namen, E-Mail und ihre private Adresse angeben. Benötigt werden diese Daten, sobald passende Ergebnisse zu Personalangeboten und -gesuchen vorliegen. Sie werden dann den beiden beteiligten Benutzern angezeigt.
Nach erfolgreicher Registrierung erstellt ein Teilnehmer unter seinem Benutzernamen Angebote und Gesuche und weist ihnen Benutzergruppen zu (Autorisation, siehe auch Kapitel 6.1.3.1). Er kann seine Stellenprofile jederzeit modifizieren oder entfernen sowie seine Benutzerdaten einsehen, diese bei Bedarf aktualisieren und das Passwort ändern. Ein direkter Zugriff auf Informationen, die von anderen Benutzern eingetragen wurden, ist ihm aber nicht möglich.
Die Personalbörse überprüft nicht, ob ein Benutzer tatsächlich existiert. Eine Möglichkeit der Verifikation wäre, dem neuen Teilnehmer das erstmalige Passwort nicht selbst wählen zu lassen, sondern es zufällig zu generieren und es ihm per E-Mail oder Briefpost zu senden. Ist er in der Lage, sich damit anzumelden, so kann mit großer Wahrscheinlichkeit von seiner Authentizität ausgegangen werden.

6.2.2 Benutzergruppen

Die Benutzergruppen fassen Branchen, spezielle Tätigkeiten oder Regionen unter einem Begriff zusammen. Mit ihrer Hilfe kann ein Teilnehmer den Kreis der infrage kommenden Personalpartner a priori eingrenzen oder eine Vorfilterung der zu erwartenden Ergebnisse vornehmen. Damit stellen Benutzergruppen die Verbindung der Personalprofile eines Teilnehmers zu denen eines anderen Benutzers her. Die Personalbörse unterscheidet dabei zwischen öffentlichen und privaten Benutzergruppen.

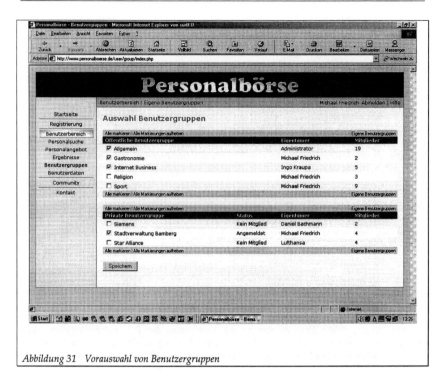

Abbildung 31   Vorauswahl von Benutzergruppen

Jeder Teilnehmer kann beliebig viele eigene Benutzergruppen aus beiden Kategorien einführen, wenn die vorhandenen ihm nicht Erfolg versprechend genug erscheinen. Er wird damit der Eigentümer (oder Administrator) dieser neuen Gruppen.
Ferner sind die Benutzer in der Lage, sich selbst in alle für sie geeigneten öffentlichen Benutzergruppen einzutragen und zu einem beliebigen Zeitpunkt auch wieder auszutragen.
Die privaten Benutzergruppen ermöglichen zusätzlich den ausschließlichen Personalabgleich zwischen Mitgliedern innerhalb dieser Gruppe. Damit könnte eine real existierende Allianz zwischen Unternehmen auf die Personalbörse übertragen werden. Außerdem ist es auf diese Weise möglich, einen innerbetrieblichen Personalaustausch teilweise zu automatisieren. Um Mitglied einer privaten Gruppe zu werden, muss der Eigentümer zunächst zustimmen. Den aktuellen Status seiner Anmeldung kann ein Teilnehmer dabei einsehen. Alle Benutzer müssen in mindestens einer Gruppe vertreten sein. Möchten sie keine spezielle Auswahl treffen, steht dafür die allgemeine Benutzergruppe zur Verfügung.
In einer künftigen Ausbaustufe der Personalbörse könnten hierarchisch aufgebaute Benutzergruppen eingerichtet werden, um die Übersichtlichkeit weiter zu steigern.

6.2.3 Personalgesuche und -angebote

Die Personalbörse verwendet gleichartige Profile zur Darstellung von Personalgesuchen und -angeboten. Dabei findet die Erstellung eines neuen Profils in zwei Schritten statt.

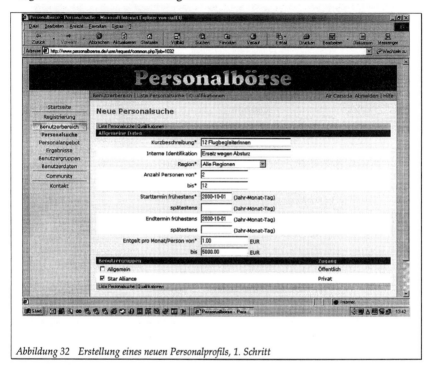

Abbildung 32   Erstellung eines neuen Personalprofils, 1. Schritt

Zunächst werden allgemeine Daten erfasst. Dazu gehören die Kurzbeschreibung und die optionale interne Identifikation; sie erleichtern einem Benutzer die Zuordnung eines Profils zu Personen. Im Feld Region kann mit einer vorgegebenen Liste aus der Datenbank ein Gebiet mit unterschiedlicher Ausdehnung – von einer Stadt über einen Großraum bis hin zum Bundesland oder Land – ausgewählt werden. Anschließend ist die Anzahl der zu dem Profil gehörenden Personen einzugeben. Die zeitlichen Spezifikationen hinsichtlich der Beginn- und Endzeiträume ergänzen die Suchdaten. Den Abschluss bilden die zum Profil gehörenden Gehaltsvorstellungen.

Mithilfe der allgemeinen Daten werden bereits in einer Vorstufe des Matching diejenigen Profilpaare verworfen, bei denen sich die Wertebereiche gegenseitig ausschließen. Das eigentliche Matching erfolgt durch die im zweiten Schritt erfassten Daten.

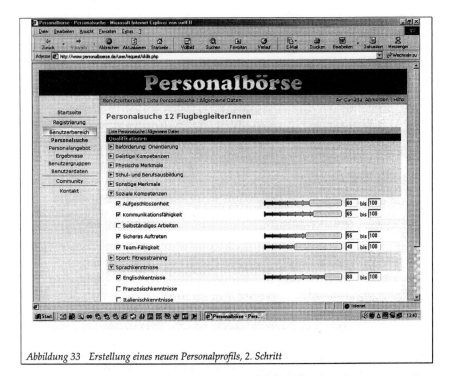

Abbildung 33   Erstellung eines neuen Personalprofils, 2. Schritt

Ein Benutzer kann dort die für eine Stelle notwendigen Anforderungen bzw. die bei einer Person tatsächlich vorhandenen Qualifikationen über einen Katalog eintragen. Ein einzelnes Merkmal gehört dabei zu einem von drei Merkmaltypen: einem frei wählbaren Wertebereich, üblicherweise von 0 bis 100 laufend, einem booleschen Typ, der nur zwischen Ja oder Nein unterscheidet (hier durch die Werte 0 bzw. 100 repräsentiert), sowie einer in der Datenbank gespeicherten Auswahlliste mit mehreren Alternativen, denen diskrete Werte zugeordnet sind. Damit der Benutzer nicht immer alle existierenden Fähigkeiten durchsehen muss, werden Merkmalgruppen verwendet, die eine Reihe logisch zusammenhängender Qualifikationen enthalten und es erlauben, festgelegte Tätigkeiten oder Berufe auf die Personalbörse abzubilden. Jedes Merkmal ist dabei allerdings nur einmal vorhanden und damit eindeutig. Dennoch kann es in unterschiedlichen Merkmalgruppen präsent sein, aber nur in jeweils einer Gruppe editiert werden.

Auch hier erscheint es sinnvoll, in einer späteren Version der Personalbörse hierarchische Merkmalgruppen einzusetzen, um die Übersichtlichkeit weiter zu verbessern. Diese enthalten dann entweder Einzelmerkmale oder andere, gleichartige Gruppen (siehe Kapitel 6.4.2).

Bereits erstellte Profile sind für den Benutzer in einer Übersicht, die die Kurzbeschreibung und die interne Identifikation enthält, einseh- und auch nach der Erstellung bearbeit- oder ggfs. entfernbar.

6.2.4 Ergebnisse

In diesem Bereich der Personalbörse erhält der Benutzer – als Resultat des angestoßenen Profil-Matching – die ermittelten Ergebnisse zu seinen Personalanfragen. Eine erste Liste enthält alle Erfolge für Personalgesuche, daran anschließend stehen diejenigen für -angebote. Dargestellt wird ein Ergebnis durch die kumulierte Bewertung (höhere Zahlen bedeuten eine bessere Übereinstimmung), die Kurzbeschreibung und den Namen des Benutzers, der das passende komplementäre Profil eingestellt hat. Die Ergebnisse sind absteigend nach der Bewertung sortiert.

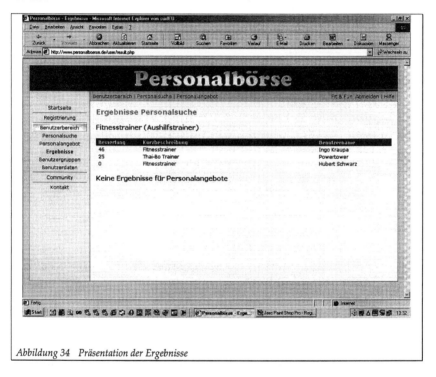

Abbildung 34   Präsentation der Ergebnisse

Zusätzlich zum personellen Abruf von Ergebnissen könnte noch ein Offline-Matching implementiert werden, das in regelmäßigen Zeitabständen stattfindet und die beteiligten Benutzer per E-Mail oder per SMS über neue Ergebnisse informiert.

6.2.5 Benutzerforum

Zur Abrundung der Personalbörse wurde ein hierarchisch organisiertes Forum (Community) implementiert, das den Erfahrungsaustausch und die Diskussion zwischen Benutzern ermöglicht. Dessen Aufbau ist dem von Newsgroups sehr ähnlich, wobei in dieser Lösung außer dem Web-Browser keine zusätzliche Software benötigt wird. Das Forum stellt eine Sammlung von oft hilfreichen Beiträgen zu den verschiedenen Themengebieten der Personalbörse bereit. Der Benutzer formuliert Fragen, andere beantworten oder kommentieren Sachverhalte. Ergänzend dazu ist es vorstellbar, dass ein offizieller Moderator bei tiefgreifenderen Probleme hilft („Advice-on-demand").

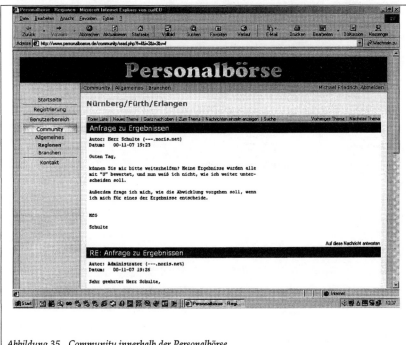

Abbildung 35   Community innerhalb der Personalbörse

6.3 Funktionstest

Anhand von aufeinander aufbauenden Fallbeispielen stellt dieses Kapitel die praktische Anwendung der implementierten Personalbörse in den Vordergrund.

6.3.1 Beispiel Lagerarbeiter

Die in Nürnberg ansässige Schulte & Schmidt GmbH & Co. Leichtmetallgießerei KG sucht Arbeitskräfte für einfache Tätigkeiten im Lager. Die hierbei gesuchten Kräfte unterliegen weder im Hinblick auf ihre schulische Ausbildung noch auf etwaige Sonderqualifikationen besonderen Anforderungen. Einziges Kriterium ist der ständige Wohnsitz in der Region, in diesem Fall also Mittelfranken. Gleichzeitig hat die Siemens AG Personalüberschuss von acht Lagerarbeitern; neben dem Zeitarbeitunternehmen Lorenz Zeitarbeit GmbH, die zwei Hilfskräfte anbietet, stellt der private Teilnehmer Ernst Herbst seine Arbeitskraft zur Verfügung.

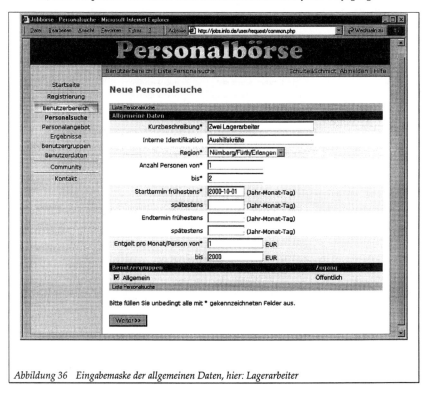

Abbildung 36   Eingabemaske der allgemeinen Daten, hier: Lagerarbeiter

Schulte & Schmidt stellt ihr Stellengesuch in die öffentliche Teilnehmergruppe *Allgemein* ein. Es werden eine oder zwei Personen gesucht, da es dem Betrieb gleich ist, ob er beide Kräfte von verschiedenen oder demselben Teilnehmer erhält. Ein Maximalentgelt von 2.000 € wird

angegeben, ebenso wie ein frühester Starttermin. Wesentlich ist aber, dass die Kräfte nur in der Region Nürnberg/Fürth/Erlangen gesucht werden.
In ähnlicher Weise bietet Siemens acht Lagerarbeiter an, Lorenz Zeitarbeit stellt Hilfskräfte in die Personaldatenbank, und Ernst Herbst stellt sich selbst als „Personal" zur Verfügung.

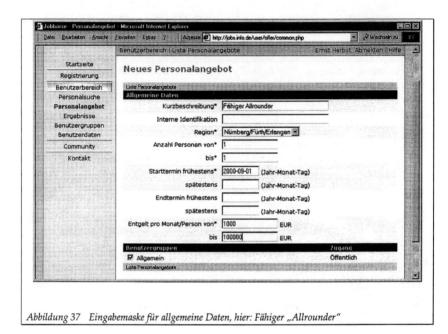

Abbildung 37   Eingabemaske für allgemeine Daten, hier: Fähiger „Allrounder"

Exemplarisch wird hier das „passende" Personalangebot des privaten Teilnehmers angezeigt. Das Matching ergibt nun für Schulte & Schmidt die in Abbildung 38 gezeigten Ergebnisse.

6 *Prototyp einer regionalen Personalbörse* 101

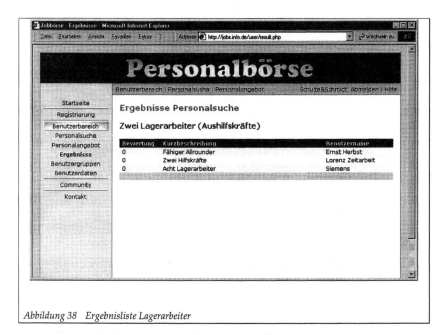

Abbildung 38   Ergebnisliste Lagerarbeiter

Hieraus wird ersichtlich, dass der Betrieb Schulte & Schmidt auf die Profile verschiedener Teilnehmer zugreifen kann, d. h. auf private, betrieblich organisierte und kommerziell vermittelnde Teilnehmer. Da in diesem Fall keine besonderen Merkmale angegeben worden sind, werden alle Angebote mit Null bewertet. Der Betrieb kann demzufolge aus einem Überangebot an gleich qualifiziertem Personal auswählen und die Entscheidung aufgrund des günstigsten Preises oder eines favorisierten Teilnehmers treffen.

Häufiger als eben erwähntes Beispiel sind allerdings Stellengesuche oder -angebote, die besondere Qualifikationen erfordern oder einen bestimmten zeitlichen oder finanziellen Rahmen stecken. Relevant ist dies auch in den Fällen, in denen ein Teilnehmer ein Personalangebot einstellen möchte. Denkbar ist hier etwa das folgende Szenario.

6.3.2 Beispiel Fitness-Studio

Das Fitness-Studio „Fit & Fun" in Nürnberg beschäftigt acht ausgebildete Trainer. Der Geschäftsführer des Studios will sein Programm erweitern, wodurch die Einstellung zweier weiterer Trainer nötig ist. Falls jedoch das erweiterte Programm bei seinen Kunden nicht auf Interesse stößt, müsste er dennoch für das Gehalt der Beiden aufkommen, was für ihn ein hohes finanzielles Risiko bedeutet. Da regelmäßige Umgestaltungen in Fitness-Studios nichts Ungewöhnliches sind, besteht die Möglichkeit, dass „Fit & Fun" unter Rückgriff auf die Personalbörse entsprechende Angebote von Teilnehmern aus der Umgebung erhält. „Fit & Fun" sucht zwei Trainer, die mit der neuen Trend-Sportart Thai-Bo vertraut sind und darüber hinaus noch in zwei weiteren Trainingsbereichen eingesetzt werden können. Das ebenfalls in Nürnberg ansässige Studio „Powertower" bietet einen Trainer an, der jedoch neben Thai-Bo keine bei „Fit & Fun" geforderten Trainingsstunden geben kann. Der private Trainer Hubert Schwarz erfüllt hingegen die Anforderungen.

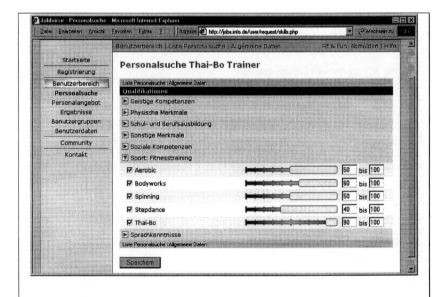

Abbildung 39   Merkmalkatalog und Eingabe der Ausprägungen für einen Thai-Bo-Trainer

Am Beispiel des Personalgesuchs von Fit & Fun wird deutlich, wie stark spezialisiert die Merkmaleingaben unter Umständen sein können. Die nachfolgende Abbildung zeigt exemplarisch ein Personalprofil, das nur in einem, dafür aber im wichtigsten Merkmal den Anforderungen des Personalgesuchs entspricht.

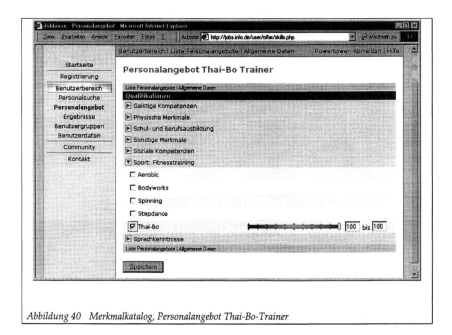

Abbildung 40 Merkmalkatalog, Personalangebot Thai-Bo-Trainer

Der Teilnehmer „Powertower" ist zwar ebenso geeignet, wird hier aber nicht zum Zuge kommen, da ein privater Teilnehmer eine breitere Qualifikation aufweist.

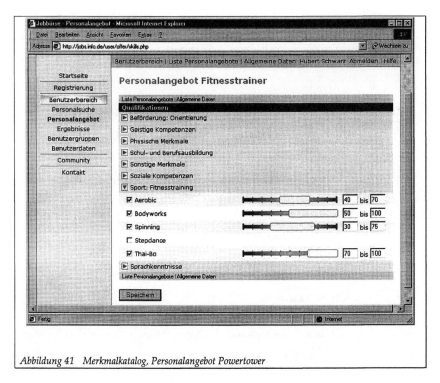

Abbildung 41   Merkmalkatalog, Personalangebot Powertower

Die Voraussetzungen sprechen sehr für den privaten Teilnehmer Hubert Schwarz, der weniger einseitig qualifiziert ist als der Thai-Bo-Trainer. Das zeigt auch das Ergebnis des Matching (Abbildung 42).

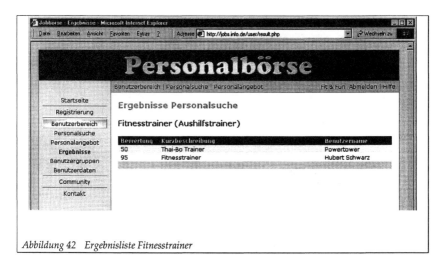

Abbildung 42   Ergebnisliste Fitnesstrainer

Das Personalangebot des eben angeführten Beispiels richtet sich an öffentliche Teilnehmergruppen, d. h., dass keine gruppeninternen Zugriffsrechte auf die zur Verfügung gestellten Daten bestehen. Dies ist aber nicht zwangsläufig der Fall. Vielmehr gibt es eine Reihe von Betrieben, deren Geschäftsphilosophie es widerspricht, Personal von Unternehmen zu „entleihen", die zu ihnen in Mitbewerb stehen. Eine Möglichkeit für Betriebe, dieser Problematik auszuweichen, ist es, Personal bei „befreundeten" Unternehmen zu entleihen. Folgendes Beispiel möge dies verdeutlichen.

6.3.3 Beispiel Star Alliance

Die Star Alliance ist ein Zusammenschluss mehrerer Fluglinien, u. a. der Lauda Air, der Air Canada und der Lufthansa. Durch den Ausfall einiger Linienflüge aufgrund von technischen Defekten hat die Lauda Air für mindestens drei Monate einen Personalüberschuss von vier Piloten und acht Flugbegleitern. Dieses Personal soll befristet an eine andere Fluglinie „verliehen" werden; dabei kommen aber aus Gründen des Wettbewerbs und der Verrechnung nur die befreundeten Fluglinien der Star-Alliance in Betracht. Air Canada sucht zwölf Flugbegleiter, allerdings keine Piloten. Lufthansa stellt ein Personalgesuch von zwei Piloten. British Airways, nicht Mitglied der Star Alliance, benötigt ebenfalls drei Piloten.

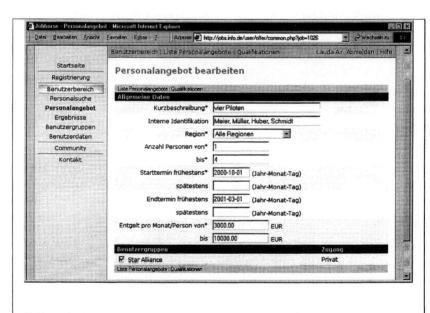

Abbildung 43   Eingabemaske für allgemeine Daten, hier: Pilotengruppe

Exemplarisch sei hier das Angebot von vier Piloten aufgezeigt, die Lauda Air vermitteln will. Der Überlassungszeitraum ist fünf Monate und unterliegt keiner regionalen Beschränkung. Wesentlich ist dabei, dass nur die Benutzergruppe Star Alliance ausgewählt wird. Somit bleibt das Angebot dem engen Kreis der zusammengeschlossenen Fluglinien vorbehalten. Wie die Darstellung der Ergebnisse (Abbildung 44) zeigt, sind tatsächlich nur die Fluglinien der geschlossenen Teilnehmergruppe beim Matching berücksichtigt.

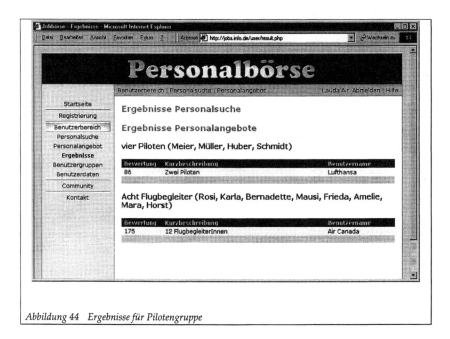

Abbildung 44   Ergebnisse für Pilotengruppe

Ähnlich stellt sich das Ergebnis für die Air Canada dar, die zwölf Flugbegleiter anwerben möchte. Deren Sucheingabe sähe etwa folgendermaßen aus:

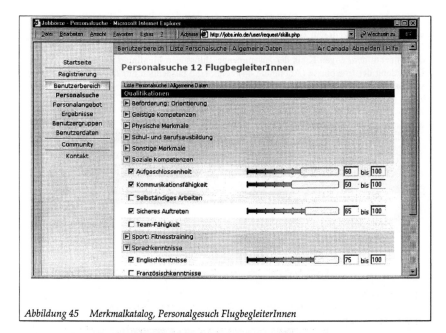

Abbildung 45   Merkmalkatalog, Personalgesuch FlugbegleiterInnen

Das Ergebnis dieser Anfrage umfasst dann nur die acht angebotenen Flugbegleiter der Lauda Air und lässt andere Angebote, die sich außerhalb der privaten Gruppe befinden, unberücksichtigt.

6 Prototyp einer regionalen Personalbörse   109

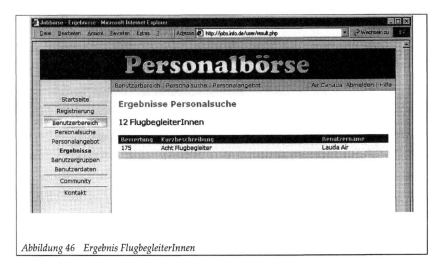

Abbildung 46   Ergebnis FlugbegleiterInnen

Dass ein erfolgreiches Matching nicht nur innerhalb einer einzigen Berufsgruppe erfolgen muss, sondern unter Umständen auch zur branchenübergreifenden Vermittlung führen kann, verdeutlicht folgendes Beispiel.

6.3.4 Beispiel Personenbeförderung

Das Taxiunternehmen „Taxi Paxi" in Nürnberg sucht für die Zeit einer Messeveranstaltung Aushilfsfahrer. Anforderungen des Personalgesuchs sind zunächst der Besitz eines Führerscheins sowie einschlägige Ortskenntnisse. Ein weiterer Teilnehmer ist der private Kurierdienst CTS, der auch in Nürnberg Fahrer beschäftigt, derzeit aber aufgrund schlechter Auftragslage auf zwei Angestellte verzichten kann. Die in Neumarkt i. d. Oberpfalz ansässige gemeinnützige Einrichtung „Essen auf Rädern" gibt, ebenso wie ein weiteres Taxiunternehmen in Düsseldorf, einen Überschuss an Fahrern an.

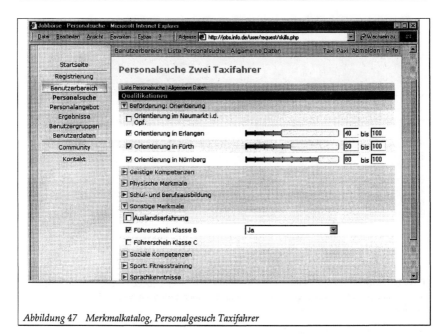

Abbildung 47   Merkmalkatalog, Personalgesuch Taxifahrer

Mit obigem Profil sucht das Taxiunternehmen zwei weitere Fahrer. Die beiden anderen Teilnehmer CTS und „Essen auf Rädern" können ganz ähnliche Qualifikationen vorweisen, wobei die Fahrer der karitativen Einrichtung in Neumarkt naturgemäß eine schlechtere Nürnberger Ortskenntnis haben.

6 Prototyp einer regionalen Personalbörse 111

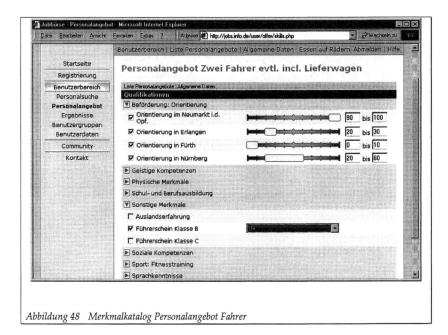

Abbildung 48   Merkmalkatalog Personalangebot Fahrer

Dies spiegelt sich auch im Ergebnis wider. Deutlich wird hier, dass die in Neumarkt ansässige Einrichtung schlechter bewertet wird. Das Düsseldorfer Taxiunternehmen wird nicht berücksichtigt, obwohl es sogar aus der gleichen Branche kommt. Stattdessen ergibt das Matching als Ergebnis, dass die sinnvollere Alternative in diesem Fall eine Personalvermittlung aus einem anderen Geschäftszweig, nämlich dem Kurierdienst, ist.

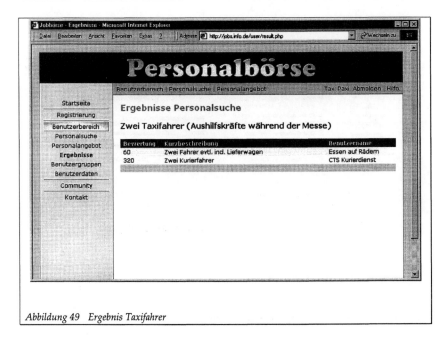

Abbildung 49   Ergebnis Taxifahrer

Hierin zeigt sich die Flexibilität eines Systems, das nicht auf Berufsgruppen fixiert ist, sondern mit Qualifikationen operiert.

Neben der Personalvermittlung haben die Teilnehmer oft ein Interesse daran, untereinander zu kommunizieren und Erfahrungen auszutauschen oder über ein Thema zu diskutieren. Aus diesem Grund ist in die Personalbörse ein Benutzerforum integriert, das diverse Diskussionsgruppen zur Kommunikation der Teilnehmer untereinander zur Verfügung stellt.

6.3.5 Beispiel Informationsaustausch über Communities

Der Teilnehmer Schulte & Schmidt (siehe Kapitel 6.3.1) kann zwar die Ergebnisse seiner Suchanfrage abrufen, hat aber weitere Fragen zur Abwicklung, da er mit dem System noch nicht vertraut ist. Außerdem interessiert es ihn, warum die Teilnehmer alle mit „0" bewertet sind und nach welchen Unterscheidungsmerkmalen er nun weiter vorgehen soll. Hierzu formuliert der Teilnehmer eine Suchanfrage im öffentlichen regionalen Forum für Nürnberg/Fürth/Erlangen.

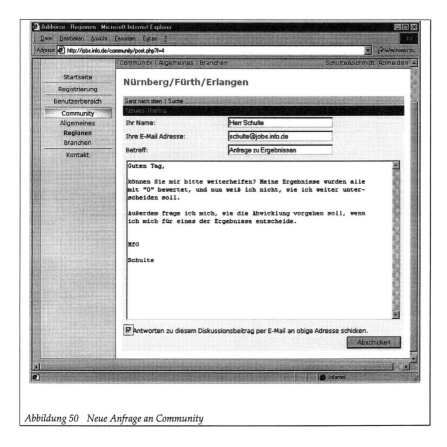

Abbildung 50   Neue Anfrage an Community

Die Antwort möchte Herr Schulte gerne auch als E-Mail erhalten. Der Systemadministrator, der ihm diese Anfrage kurz darauf beantwortet, stellt sie aber auch ins öffentliche Forum ein, da es sich hierbei um eine Frage von allgemeinem Interesse handelt (Abbildung 51).

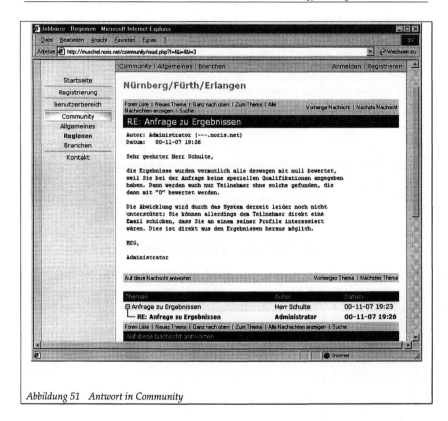

Abbildung 51   Antwort in Community

Wie dieses Beispiel zeigt, dienen Benutzerforen nicht nur der Kommunikation der Teilnehmer untereinander, sondern können auch für Problemlösungen, die eine Interaktion des Systemverwalters erfordern, eingesetzt werden.

6.3.6 Beispiel Fußballverein

Dieses Beispiel gilt nur bedingt für den regionalen Ausgleich von Personalüber- und -unterkapazitäten. Man könnte die Personalbörse für einzelne Personengruppen aber auch in einen nationalen oder internationalen Kontext rücken, wie im Folgenden ersichtlich werden soll.

> *Der 1. FC Nürnberg sucht für eine Spielsaison einen Spieler als Verstärkung in der Abwehr, da drei Stammspieler verletzt sind. Aufgrund chronisch knapper Kassen soll der Spieler möglichst günstig eingekauft werden. Er muss aber unbedingt bis zum Saisonstart verfügbar sein, da der Club ansonsten Gefahr läuft, die Saison mit einer zu schwachen Abwehr antreten zu müssen.*

Auf die Personalbörse übertragen könnte der 1. FC Nürnberg ein Stellengesuch für einen Abwehrspieler anlegen. Als Leistungsmerkmale wird er neben Spielerfahrung v. a. physische Kriterien angeben (z. B. körperliche Belastbarkeit, Kraft, Geschwindigkeit und Ausdauer). Zunächst muss sich der Verein aber als Teilnehmer in dem System registrieren lassen.

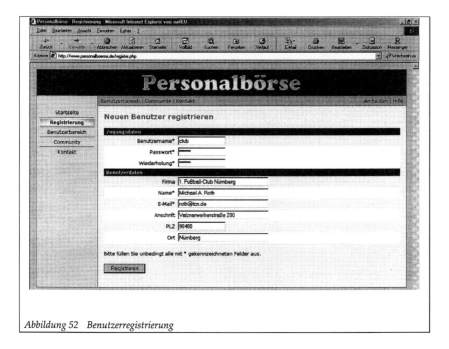

Abbildung 52   Benutzerregistrierung

Als nächster Schritt ist der Eintrag in eine oder mehrere öffentliche Teilnehmergruppen notwendig. Normalerweise ist jeder Teilnehmer in der Gruppe *Allgemein* eingetragen. Der FCN möchte aber gerne zusätzlich in der Teilnehmergruppe *Sport* annoncieren.

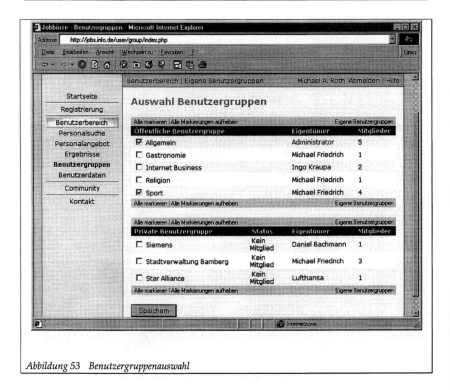

Abbildung 53   Benutzergruppenauswahl

Damit wird ein neues Angebot in beiden ausgewählten Gruppen verfügbar gemacht. Das Aufgeben eines Stellenprofils für den gesuchten Abwehrspieler ist der nächste Schritt. Zunächst werden dessen allgemeine Daten eingegeben.

6 Prototyp einer regionalen Personalbörse

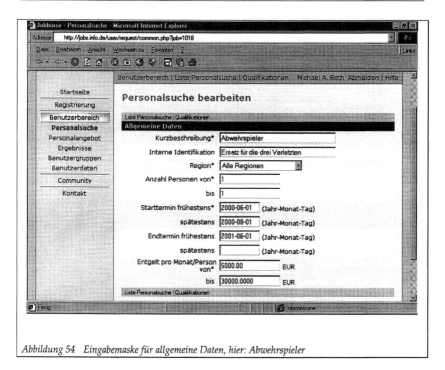

Abbildung 54 Eingabemaske für allgemeine Daten, hier: Abwehrspieler

Weil ein Spitzenfußballer nicht regional gesucht wird, gibt es hier keine entsprechende Beschränkung. Als Zeitraum für den Beginn wird Anfang Juni bis August festgesetzt. Das ist die Zeitspanne, innerhalb der ein passender Fußballprofi gefunden werden muss. Als Überlassungszeitraum wird ein Jahr angegeben, die Preisspanne recht variabel von 5.000 bis 30.000 € im Monat taxiert.

Nun müssen noch die speziellen Merkmale eingegeben werden. Hier sind es v. a. die körperlichen Merkmale, die einen guten Abwehrspieler ausweisen.

118 6 Prototyp einer regionalen Personalbörse

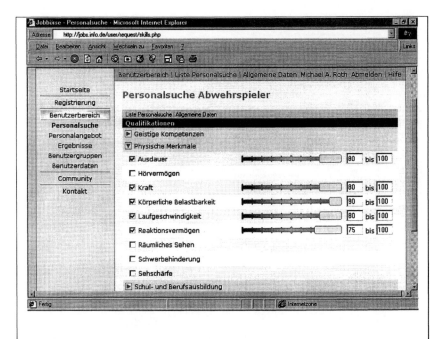

Abbildung 55 Merkmalkatalog und Eingabe der Ausprägungen für einen Abwehrspieler

Diese speziellen Merkmale schränken die Anzahl der infrage kommenden Profile bereits stark ein. Es fehlen hier noch spezifische Merkmale bezüglich des Fußballsports. Diese müssten in einer eigenen Merkmalgruppe „Fußball" spezifisch definiert werden.

6.4 Experimente

6.4.1 Profilmethode als Personalzuordnungsverfahren und gewogene euklidische Distanz als Abstandsmaß

Die für das Skill-Matching zuständige Komponente wurde mit der Programmiersprache Java Version JDK 1.1.6 realisiert. Die Eingabedaten bestehen aus einem XML/EDI-Dokument, das die Fähigkeiten des Bewerbers enthält, und den Stellenangeboten aus der Datenbank. Die Ausgabedaten setzen sich aus den Anforderungen der Arbeitsplätze zusammen, für die der Arbeit Suchende qualifiziert ist.

Ein so genannter Parser transformiert das XML/EDI-Dokument in Datenstrukturen, die für die weitere Verarbeitung geeignet sind. Anschließend sind die Stellenangebote mit einer SQL-Select-Anweisung aus der Datenbank zu lesen und durch eine Vorselektion nach Branche und Region zu reduzieren. Der Profilvergleich wird mithilfe eines Abstandsmaßes nach folgender Berechnung durchgeführt:

Gewogene Euklidische Distanz:

$$d_j = \sqrt{\sum_{i=1}^{N} g_i^2 * (a_{ij} - b_i)^2}$$

d_j : Gewogener Abstand zwischen den Merkmalausprägungen von Mitarbeiter j und der betrachteten Tätigkeit
a_{ij} : Ausprägung der Mitarbeiterqualifikation j bei Kriterium i
b_i: Ausprägung der Anforderung bei Kriterium i
g_i : Gewichtung von Kriterium i
N: Anzahl von Kriterien

Je größer d_j wird, desto weiter sind Qualifikations- und Anforderungsprofil voneinander entfernt und desto weniger ist der Arbeit Suchende für die Stelle qualifiziert. Die Jobangebote, für die der Bewerber mindestens die Hälfte der Gesamteignung besitzt, werden sortiert und in ein XML/EDI-Dokument geschrieben (Abbildung 56).

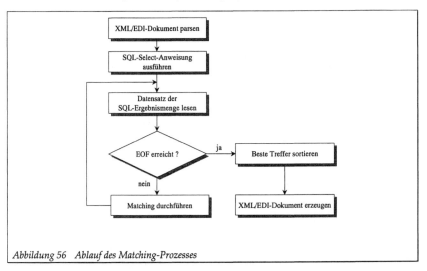

Abbildung 56 Ablauf des Matching-Prozesses

Um die Wartezeit auf die Ergebnisse der Bewertungskomponente möglichst gering zu halten, wird das Endresultat in mehrere kleinere Zwischenlösungen aufgeteilt und dem Anwender zur Verfügung gestellt.

Eine notwendige Voraussetzung für die Integration der Profilmethode in den Prototypen der regionalen Personalbörse ist, dass das Qualifikations- und das Anforderungsprofil jeweils gleich strukturiert sind. Deshalb sind bei der Stellensuche folgende Regeln zu beachten:

1. Die Merkmale des Qualifikationsprofils sind die Basis für die Berechnung der Eignungskennzahl.
2. Die Kriterienausprägungen der Stelle, die beim Bewerber nicht vorhanden sind, werden nicht berücksichtigt.
3. Die Merkmalwerte des Qualifikationsprofils, die im Anforderungsprofil nicht existieren, fließen mit einer Gewichtung von eins in die Berechnung mit ein.

4. Bei Kriterien, die in beiden Profilen vorhanden sind, wird der Abstand nach der genannten Formel berechnet.

Wie bereits in Kapitel 5.3.3.3.3 angesprochen, sind mit der Profilmethode einige Schwächen verbunden. Den Anforderungen einer regionalen Personalbörse kann dieses Verfahren jedoch genügen, da aus der großen Anzahl von Bewerbern bzw. Stellenangeboten lediglich eine Vorselektion getroffen werden soll.

6.4.2 Matching mit Merkmalhierarchien und Wertebereichen

Es gibt zwei Implementierungsvarianten, Qualifikations- und Anforderungsprofile einander gegenüberzustellen:
1. Tätigkeiten, die z. B. in Stellenbeschreibungen festgehalten sind, werden auf Personal abgebildet: Die regionale Personalbörse unterstützt so die Vermittlung von Stellen, die eine bestimmte Qualifikation erfordern. Die Datenstruktur hängt von den verschiedenen Aufgaben ab und definiert die speziellen Anforderungen. Bei diesem Vorgehen sollte die Personaldatenerfassung möglichst „tätigkeitsnah" erfolgen, etwa mit einer Berufskennziffer wie bei der BA. Ausgehend von der Tätigkeit ist geeignetes Personal zu suchen.
2. Genau umgekehrt ist das Vorgehen im zweiten Fall, wo der Mensch den Ausgangspunkt darstellt, für den es eine passende Tätigkeit zu finden gilt. Dabei sollten eher die erworbenen Fähigkeiten und Neigungen als der erlernte Beruf eine Rolle spielen. So könnte ein Omnibusfahrer im öffentlichen Dienst auch zwischenzeitlich bei einem privaten Taxiunternehmen aushelfen.

Um beide Varianten zu integrieren, könnte man sich auf „gemeinsame" Merkmale beschränken, wie z. B. zeitliche und räumliche Faktoren sowie Grundqualifikationen. Der Gefahr, sowohl den Nutzen als auch die potenzielle Leistungsfähigkeit eines solchen Systems damit stark einzuschränken, steht wiederum das „Vorauswahl-Argument" entgegen: Das Ziel der regionalen Personalbörse ist nicht, ein „menschenfreies" Zuordnungswerkzeug zu schaffen, sondern vielmehr, den Entscheider bei einem ohnehin groben Screening vieler Bewerbungsunterlagen zu unterstützen.

Um für sehr spezialisierte Stellen (z. B. mit einem hohen Anspruch an Fachwissen) geeignetes Personal zu finden, müssen die Personalmerkmale sehr fein granuliert sein. So reicht bspw. als Fähigkeit „kann Holz bearbeiten" nicht aus, wenn der entsprechende Mitarbeiter zwar Holz hobeln und fräsen, aber nicht schnitzen kann – und die Stelle in einer Holzschnitzerei zu vergeben sei. Auf der anderen Seite gibt es aber für einfachere Hilfstätigkeiten nur sehr wenige Merkmale; hier wäre es unnötige Arbeit, die Vielzahl der möglichen sachlichen Qualifikationen zu berücksichtigen. Ähnliches gilt interessanterweise für Managerpositionen, die zwar ebenso nur geringe sachliche Qualifikationen, dafür aber umso ausgeprägtere in Personalführung, Organisation und sozialer Kompetenz verlangen.

Um diesen verschiedenen Anforderungen gerecht zu werden, bietet sich die Verwendung von hierarchischen Merkmalklassen an (Abbildung 57).

6 *Prototyp einer regionalen Personalbörse* 121

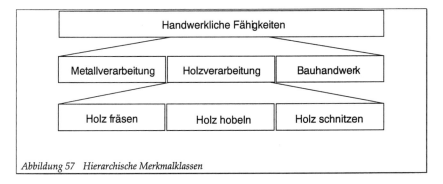

Abbildung 57   Hierarchische Merkmalklassen

Durch den Einsatz von hierarchischen Merkmalklassen können Qualifikations- und Anforderungsmerkmale fast beliebig detailliert angegeben werden. Dies ist aber auch nur bis zu einem gewissen Grad sinnvoll. Der Benutzer der regionalen Personalbörse kann jedoch selbst bestimmen, wie ausführlich er ein Personalangebot spezifizieren möchte. Dies gilt gleichermaßen für Stellengesuche (Personalbedarf) wie für Stellenangebote (Personalüberschuss), die sich durch identische Merkmale konkretisieren lassen.

Die Klassen können aber auch dazu dienen, verschiedene Qualifikationen, die für eine bestimmte Tätigkeit relevant sind, unter einem Überbegriff zusammenzufassen. Die Anforderungen an einen Mitarbeiter im Kreditwesen einer Bank könnten bspw. sein:
1. Sachkenntnis über das Bankwesen (sachliches Merkmal)
2. Spezielle Sachkenntnis über Kreditwesen (sachliches Merkmal)
3. Gepflegtes Äußeres (physisches Merkmal)
4. Sicheres, freundliches Auftreten (soziales Merkmal)

Der Überbegriff „Kreditwesen" würde diese und weitere spezifische Merkmale zusammenfassen. Tatsächlich können sich identische Merkmale in verschiedenen Klassen befinden (Abbildung 58). Dies kann so weit gehen, dass der einzelne Teilnehmer aus bereits bestehenden Merkmalen seine eigenen Klassen bildet. Notwendig ist, dass die Merkmale selbst eindeutig sind – denn nur so lässt sich gewährleisten, dass beim Matching auch Personalangebote berücksichtigt werden, die zwar identische Merkmale haben, aber in unterschiedlichen Klassen stehen.

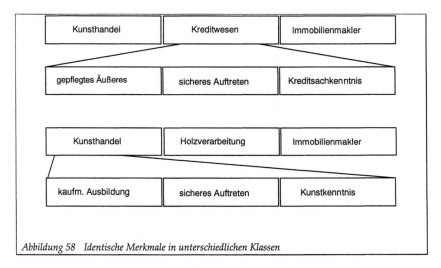

Abbildung 58   Identische Merkmale in unterschiedlichen Klassen

Eine größere Schwierigkeit stellt die Bewertung der einzelnen Merkmale dar (Merkmalausprägung), weil manche auf den ersten Blick entweder nur vorhanden oder nicht sein können wie z. B. der Besitz eines Führerscheins oder eine Behinderung. Tatsächlich kann aber bspw. eine Behinderung in Abstufungen von null bis hundert Prozent vorliegen, ebenso wie ein Führerschein Klasse B auch als „Neigung, respektive Notwendigkeit, mit dem PKW unterwegs zu sein" in einer Skala von null bis hundert ausgedrückt werden kann. Jeder Wert größer null setzt das Vorhandensein eines Führerscheins voraus; ein Wert von hundert hieße, dass die Arbeit zum überwiegenden Maße mit dem Fortbewegen eines PKW in Verbindung stünde. Alle Werte dazwischen schwächen die beiden Extreme entsprechend ab.

Es ist vorteilhaft, bei der Messung nicht auf eine bestimmte Zahl festgelegt zu sein, sondern einen ganzen Bereich angeben zu können. Wird ein Behinderter mit einem Grad von mindestens 30 % gesucht, so kann dieses Merkmal auf 30 % - 100 % fixiert werden. Andererseits ist es sinnvoll, dass die Eigenschaft einer Person, die zwar im Besitz eines Führerscheins ist, allerdings keine besonderen Vorlieben oder Abneigungen bezüglich des geschäftsbedingten Autofahrens hegt, ihren Niederschlag in der Skala des Merkmals „Neigung zum Autofahren" findet. In diesem Fall wird der Eintrag nicht spezifiziert, sondern in dem breitest möglichen Rahmen von null bis hundert Prozent angegeben. Tabelle 13 zeigt beispielhaft die verschiedenen Kombinationen und Bedeutungen auf, die durch das Festlegen von derartigen Wertebereichen möglich werden.

Wertebereich	Bedeutung Personalangebot	Bedeutung Personalgesuch
0 %	Person besitzt keinen Führerschein oder fährt nicht mit dem PKW	Person sollte keinen Führerschein besitzen/nicht gerne PKW fahren
0 % - 25 %	Person fährt ungern geschäftlich mit dem PKW	Person muss nicht unbedingt geschäftlich mit dem PKW unterwegs sein
50 % - 100 %	Person möchte gerne geschäftlich mit dem PKW unterwegs sein	Person muss geschäftlich mit dem PKW unterwegs sein
0 % - 100 %	Person ist uneingeschränkt mobil mit dem PKW	Person kann sehr viel oder auch gar nicht mit dem PKW unterwegs sein
100 %	Person möchte ständig geschäftlich mit dem PKW unterwegs sein	Person muss ständig mit dem PKW unterwegs sein
nicht ausgefüllt	Person macht keine Angaben zur Mobilität mit dem PKW	Mobilität mit dem PKW ist nicht wichtig für die Tätigkeit

Tabelle 13   Beispiel für Wertebereiche zur Festlegung von Merkmalausprägungen

Dies verdeutlicht, dass die Verwendung von Wertebereichen sehr viel Raum für Interpretationen lässt. Insbesondere ist die Bedeutung eines Wertes in einem Personalgesuch eine völlig andere als in einem -angebot. Ein Beispiel mag dies verdeutlichen: Ein sehr guter Schütze im Polizeidienst konnte beim Merkmal „Treffsicherheit" den Bereich 80 % - 100 % erreichen. Falls diese Person auch als Verkehrspolizist oder gar als Parkwächter zu vermitteln ist, so „degradiert" man deren Fähigkeit, wie es passieren kann, wenn ein Wertebereich von 0 % - 100 % angegeben wird, das Merkmal also nicht relevant ist. Dann trifft jede Anfrage zu, gleich, ob ein sehr guter Schütze oder nur ein brauchbarer Verkehrspolizist gesucht wird. Ähnliches gilt für Personalgesuche: Qualifikationen sind i. d. R. nach oben nicht begrenzt, außer man möchte gezielt vermeiden, dass Personen vermittelt werden, die in bestimmten Bereichen überqualifiziert sind.

7 Praktische Fallstudien

7.1 Portal für bürgergerechte Dienstleistungen in der sozialen Sicherheit

Es ist Oechsler zuzustimmen, dass flexible Beschäftigungsformen auch neue Probleme für das System der sozialen Sicherheit aufwerfen [Oech00, 44]. Im Mittelpunkt dieses Kapitels steht somit die Konzeption eines bürgerorientierten Portals für die Arbeitsverwaltung, über das individuelle Dienstleistungen und Informationen angeboten werden [KMTM01]. Die Empfänger sowie die Anforderungen, die sie an ein solches Portal stellen, sollen aufgezeigt und die IV-technische Umsetzung dieser Ideen vorgestellt werden.

Aufgrund der gleich gelagerten Forschungsinteressen des internationalen Bereichs der SBS-Sparte „Global Portfolio Management Social Care" (GPM SC) beim Aufbau eines Portals für bürgergerechte Dienstleistungen in der sozialen Sicherheit sowie von FORWISS/FORWIN im Rahmen des Kooperationsprojektes „Netzwerk für Arbeit" haben sich die Beteiligten dazu entschieden, ihr jeweiliges Know-how zu bündeln und diese Aufgabe gemeinsam anzugehen. Die dargelegten Ansätze gelten somit in gleichem Maße auch für ein Portal zum „Netzwerk für Arbeit". GPM SC untersucht gegenwärtig die Auswirkungen von Electronic Business in der sozialen Sicherheit auf internationaler Ebene. Man will damit den Bürgern zunehmend mehr Servicequalität und Betreuung bieten sowie den Leistungsträgern gleichzeitig eine Kostenreduktion ermöglichen. Die Vision von SBS wird als Leitidee unter e3s (Electronic Social Security Services) zusammengefasst, welche in einem inhaltlichen Rahmenwerk präzisiert wird. Die Besonderheit liegt darin, dass soziale Sicherheit bei globaler Betrachtung länderspezifischen gesetzlichen, organisatorischen oder auch kulturellen Rahmenbedingungen unterliegt. e3s als Beratungstool soll dennoch für jedes Land von Interesse sein. Die folgende Abbildung gibt einen Überblick zum Rahmenwerk.

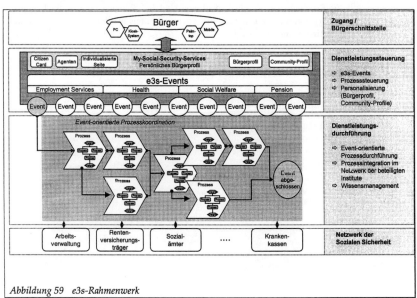

Abbildung 59 e3s-Rahmenwerk

Zu den e3s-Merkmalen gehören:
1. Event-Orientierung (es kann sich dabei z. B. um Geburt, Migration oder Arbeitslosigkeit handeln),
2. Integration der beteiligten Institute zum Netzwerk der sozialen Sicherheit: Zur Abwicklung einer Dienstleistung in der sozialen Sicherheit genügt ein einfacher Datenaustausch zwischen den beteiligten Instituten oft nicht mehr, sondern es wird eine Integration der Daten, Methoden, Prozesse und Funktionen sowie Zugangsmedien angestrebt [Mert00, 1-4]. Die Zusammenführung von Daten, z. B. im zentralen Bürgerprofil, bildet die Basis für die Abwicklung und Steuerung eines institutsübergreifenden Prozesses. Die Integration von Prozessen und betrieblichen Funktionen beginnt mit der Notwendigkeit, den Ablauf gemeinsam zu spezifizieren. Auf dieser Basis können die Schnittstellen zwischen den Instituten beleuchtet, die Verantwortlichkeiten und Rollenverteilung festgelegt und auch die Möglichkeiten der IV-Unterstützung, z. B. zwischenbetriebliche Workflow-Gestaltung, evaluiert werden.
3. Bürgerorientierung: Die Realisierung von bürgergerechten, individuellen Dienstleistungen setzt die Kenntnis und die Verfügbarkeit von Bürgerprofilen voraus.
4. Aktive Dienstleistungssteuerung: Die Steuerung der Dienstleistungen im e3s-Rahmenwerk verwendet ein aktives Analyseparadigma, d. h., es findet die regelmäßige Analyse des Bürgerprofils statt, sodass bei Erfüllung der Kriterien für eine Dienstleistung diese dem Bürger in individueller Form angeboten werden kann. Das aktive Analyseparadigma kann mit Methoden der Wirtschaftsinformatik wie Mustererkennung, Data Mining oder Trigger-Systemen auf Basis von Event-Condition-Action-Ketten umgesetzt werden.
5. Zugangsmedien: Diese können unterschieden werden nach mobilen (Palmtop, Mobiltelefon oder Laptop), stationären (Web-TV, PC oder Kiosk-System) oder integrierten (Automobil: Car Systems, Taxi Systems; Flugzeug: On-Board Systems).

Neben den gewohnten Teilnehmern auf Portalen für die soziale Sicherheit oder für Arbeit (Arbeitgeber und -nehmer, Arbeitsverwaltung) sind auch stärker soziale Organisationen wie z. B. das Rote Kreuz oder die Caritas zu berücksichtigen. Sie nehmen eine „Zwitterstellung" ein, weil es sich einerseits um Dienstleistungsanbieter handelt, die soziale Leistungen erbringen, sie andererseits aber wie Wirtschaftsunternehmen arbeiten.

Interaktionen zwischen Portalbetreiber und Benutzer lassen sich mithilfe des möglichen Automatisierungsgrades in vier Bereiche einteilen. Als einfache Informationsabfragen sind solche Aufgabenstellungen in der Arbeitsverwaltung zusammengefasst, die durchgängig von der Maschine, ohne menschliche Interaktion, zur Zufriedenheit des Bürgers erledigt werden können. Alle automatisierbaren Vorgänge bearbeitet die Maschine, der Mensch greift nur dann ein, wenn neue Informationen zur Entscheidungsfindung gebraucht, Änderungen durchgeführt oder maschinelle Lösungsvorschläge final freigegeben werden. Bei Mensch-Mensch-Dialogen ist nur der Mensch allein in der Lage, die Schwierigkeit der Situation, auch aufgrund der damit einhergehenden Individualität, richtig einzuschätzen und zu lösen.

Bei der Konfiguration von individuellen Dienstleistungen spielen Prozessskelette (Frameworks) und Bausteine (Komponenten) eine wichtige Rolle, die einen Zuschnitt auf spezielle Bürgerbelange erlauben. Verfolgt man einen komponentenorientierten Ansatz für die Arbeitsverwaltung, so sind zunächst die Bestandteile zu sammeln, die zur Erfüllung der Aufgabe beitragen. Abbildung 60 zeigt die Erstellung personalisierter Dienstleistungen als Abfolge von Prozessschritten.

126 7 Praktische Fallstudien in Nürnberg

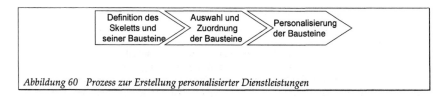

Abbildung 60   Prozess zur Erstellung personalisierter Dienstleistungen

Bei der **Definition des Skeletts** wird festgelegt, welcher Vorgang der Arbeitsverwaltung betroffen ist und abgebildet werden soll. Der Prozessschritt „Definition der Bausteine" füllt die „Hüllen", die im ersten Schritt entstanden sind, mit konkreten Aufgaben. Es wird der Funktionsumfang der einzelnen Komponenten und damit des Skeletts festgelegt. In Tabelle 14 sind die beispielhafte Möglichkeiten für die Arbeitsvermittlung festgehalten.

Prozess	Aufnahme des Bürgerprofils (1s)	Beratung (2s)	Matching (3s)	Bewerbung (4s)	Einstellung (5s)
Mögliche Bausteine	Erstprofil (11)	Neueinstieg ins Arbeitsleben (21)	Regional (31)	Online (41)	Datenbestandsaktualisierung (51)
	Zweitprofil (12)	Arbeitsplatzwechsel nach Entlassung (22)	Überregional (32)	Schriftlich (42)	Aufnahme in Mailing-Liste (52)
	Änderung (13)	Arbeitsplatzwechsel in neue Branche (23)	National (33)	Persönlich (43)	
	Löschung (14)				

Tabelle 14   Mögliche Bausteine für das Prozessskelett „Arbeitsvermittlung"

Bei der **Auswahl/Zuordnung von Bausteinen** muss in einem zweiten Schritt die Entscheidung getroffen werden, welcher Baustein konkret einen Prozessschritt repräsentiert. So ist bspw. bei einem Berufsanfänger oder einem Studenten/Absolventen im Prozessabschnitt „Aufnahme" zunächst ein Bürgerprofil anzulegen (11). Für einen 40-jährigen Berufswechsler besteht dieser Schritt in der Anpassung seines bereits hinterlegten Profils (13). Für jeden Prozessteil ist also die Auswahl zu treffen, welcher Baustein aus der jeweiligen „Bibliothek" relevant und in diesem Fall einzusetzen ist. Bürgerprofile helfen dabei, eine bessere individuelle Auswahl zu treffen.

Abbildung 61 soll die Auswahl und Zuordnung der Bausteine verdeutlichen.

7 Praktische Fallstudien in Nürnberg

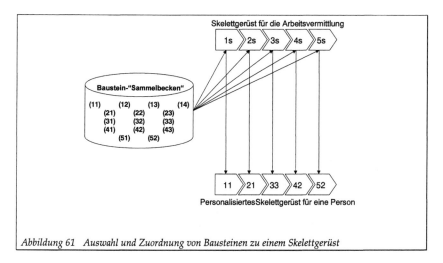

Abbildung 61   Auswahl und Zuordnung von Bausteinen zu einem Skelettgerüst

Bei der **Personalisierung der ausgewählten Bausteine** kann man auf bereits vorhandene Konzepte zurückgreifen. Es sind dies Benutzermodellierung [MeHö99], Parametrierung [DiMH00] und Case-based Reasoning (CBR) [Butt99].

Neben den eher über die Arbeitsvermittlung verbundenen Einrichtungen könnte man sich vorstellen, dass auch das Sozialamt, das Einwohnermeldeamt, das Ordnungsamt bzw. die Kommunalverwaltung, die Hauptfürsorgestelle und auch Krankenkassen in das Netzwerk eingebunden sind. Datenschutz und -sicherheit sind auch bei einem Datenaustausch zwischen den Ämtern zu beachten. Zwischen den öffentlichen Stellen ist dieser häufig zu deren Aufgabenerfüllung erlaubt, solange keine „schutzwürdige(n) Belange des Betroffenen" [Baum91, 19] beeinträchtigt werden.

Gibt es besonders komplexe Bürgeranfragen, stehen so genannte „Virtuelle Teams" zur Verfügung, die umfassend informieren und beraten.

7.2 Diehl-Mitarbeiterpool und Personalpool Metall Nürnberg

Das „Netzwerk Personalpool Metall Stadt und Region Nürnberg" ist eine Initiative zur sozialpolitischen Beschäftigungssicherung. Als informelle Führung hat sich die Diehl Stiftung & Co. herauskristallisiert. Der Grund dafür mag der hohe Vorbereitungsgrad in Personalkapazitätsausgleichen sein, da Diehl schon seit 1997 einen werkübergreifenden Mitarbeiterpool mit folgenden **Zielsetzungen** besitzt:

1. Mitarbeiter, deren Arbeitsverhältnis aus betriebsbedingten Gründen endet, erhalten Gelegenheit, sich durch wechselnde Einsätze (im Unternehmen) für die dauerhafte Übernahme (in einem anderen Geschäftsbereich) zu empfehlen.
2. Bei der Übernahme von Auszubildenden besteht die Möglichkeit, erstens ehemalige Auszubildende durch wechselnde Einsätze weiter zu qualifizieren und zweitens Zeit für die Suche nach einer geeigneten Stelle zu gewinnen.
3. Bei kurzfristigen Beschäftigungsschwankungen lassen sich einerseits Mitarbeiter in den Pool entsenden, andererseits Arbeitnehmer aus dem Pool leasen (zusätzliches Instrument zur Flexibilisierung).
4. Bei Altersteilzeit können Mitarbeiter, deren Stelle in der/vor der Arbeitsphase entfallen ist, befristet vermittelt werden.

Voraussetzungen sind auf Seiten des Mitarbeiters ein breiteres Qualifikationsspektrum, Mobilität und Flexibilität hinsichtlich des Einsatzortes und der zugemuteten Stellen. Die einzelnen Unternehmenseinheiten und Abteilungen erklären sich zu einem „gröberen" Umgang mit dem Anforderungsprofil, zur frühzeitigen Einbindung des Mitarbeiter-Pools und zur Bezahlung des Pool-Selbstkostenpreises für geleistete Arbeitsstunden bereit. Zudem gilt als Voraussetzung, auch nicht durch Einsätze der Pool-Mitarbeiter abgedeckte Zeiträume mitzufinanzieren. **Rechtliche Bedingungen** sind markiert durch die Erlaubnis zur gewerbsmäßigen Arbeitnehmerüberlassung beim Landesarbeitsamt Nordbayern und Arbeitnehmerüberlassungsverträge für eine Verleihung an externe Unternehmen. Als **Chancen** werden von Diehl die Vermittlung qualifizierten „geprüften" Personals auf offene Stellen, die Überbrückung von kurzfristigen Beschäftigungspässen und die Einsparung einer Sozialplanabfindung bei Vermittlung einer anderen Stelle gesehen. Diesen steht das **Risiko** in der Lohnfortzahlung in den nicht durch Einsätze abgedeckten Zeiträumen entgegen. Die sorgfältige Auswahl der Pool-Mitarbeiter und das frühzeitige Prüfen des ersten Leasingeinsatzes tragen zu einem „störungsfreieren" **Ablauf** bei, der sich wie folgt gestaltet:

1. Ausgangspunkt ist die betriebsbedingte Kündigung, die Aufhebung des Arbeitsverhältnisses oder eine Altersteilzeitregelung.
2. Es folgt die Übernahme in den Diehl-Mitarbeiter-Pool, von wo aus eine Vermittlung an verschiedene Unternehmenseinheiten angestrengt wird.
3. Im positiven Fall schließt sich die Übernahme auf eine freie Stelle oder im negativen Fall das Ausscheiden mit Sozialplanabfindung, Vorruhestandsentgelt oder Altersteilzeitbezügen an.

Die Stellung von FORWIN im Projekt „Netzwerk Personalpool Metall Stadt und Region Nürnberg" ist als externer Berater zu charakterisieren, der das Projekt konzeptionell mit theoriegeleiteten und praxisorientierten Hinweisen begleitet. Bemerkenswert und gleichzeitig symptomatisch ist, dass Überzeugungsarbeit weder gegenüber den involvierten Unternehmen noch gegenüber den Arbeitnehmervertretern zu leisten war, sondern bei den Vertretern der lokalen Arbeitsamtbehörde, die eigentlich das größte Interesse an einer innovativen Regionallösung haben sollten.

Einen starken Einfluss auf Erfolg oder Misserfolg dieses noch in der Beobachtungsphase befindlichen Projektes hat die Finanzierung eventueller Deckungslücken. Hauptkostenblöcke sind Lohn- und Lohn-nebenkosten, gefolgt von den Aufwendungen für Qualifizierungsmaßnahmen und dem begleitenden Unterhalt. Pool-Overhead-Kosten repräsentieren den zahlenmäßig geringsten Posten. Die folgende Abbildung gibt das zu diskutierende Finanzierungsmodell wieder:

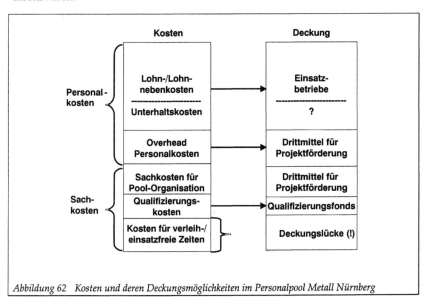

Abbildung 62 Kosten und deren Deckungsmöglichkeiten im Personalpool Metall Nürnberg

Es lassen sich zwei Deckungslücken identifizieren, die sich zum einen auf das Entgelt während der Qualifizierungszeit, also Unterhaltskosten, und zum anderen auf die Kosten in verleih- bzw. einsatzfreien Zeiten beziehen. Als einfache Lösung würde sich in diesem Fall das vorgestellte Provisionsmodell anbieten (siehe Kapitel 5.2.3.2.1). Um diese Worst-Case-Betrachtung zu differenzieren, wurden auf Basis der Werte für einen durchschnittlichen Metallarbeiter die Deckungslücken bei verschiedenen Auslastungsgraden ermittelt.

7.3 Implementierung eines Bewerber-Management-Systems mit Internetschnittstelle und Customizing-Parametern

Mitarbeiter und Aufgaben stets optimal zuzuordnen ist eine Herausforderung, welche die IV schon seit Jahren beschäftigt (vgl. Kapitel 5.3). Mit dem Wissensbasierten System SP-EXPERT der ASTRUM GmbH existiert bereits eine Lösung, die die Personaleffizienz durch die Synchronisation von Arbeitsbedarf und -einsatz unter Berücksichtigung aller betrieblichen Anforderungen, tariflichen und gesetzlichen Regelungen sowie Wünschen der Beschäftigten erhöht [FeDN98]. SP-EXPERT soll um eine neue eigenständige Komponente, ein Bewerber-Management-System, erweitert werden [Goll01].

Neben der Verwaltung persönlicher Daten wird vorgeschlagen, die Attribute in die Bereiche Ausbildungen, Erfahrungen, Kenntnisse und Kompetenzen zu gliedern. Diese Aufteilung wurde gewählt, da sie in etwa mit den Daten eines Lebenslaufes übereinstimmt. Eine detaillierte Darstellung ist Tabelle 15 zu entnehmen.

Kategorie	Unterkategorien und mögliche Merkmale
Ausbildung	Schulausbildung (Schultyp)
	Ausbildungsabschlüsse (Abschlusstyp, Note)
	Studium (Studiengang, Akademischer Grad)
	Berufsausbildung (Berufsbezeichnung)
	Zusatzqualifikationen (Kurse)
Erfahrungen	Auslandserfahrungen (Dauer des Aufenthaltes, Land)
	Berufserfahrungen (Dauer der Beschäftigung, Ausgeübte Tätigkeit)
Kenntnisse	Sprachkenntnisse (Deutsch, Englisch)
	EDV-Kenntnisse (JAVA, HTML)
Kompetenzen	Methodenkompetenz (Problemlösungs-, Entscheidungsfähigkeit)
	Sozialkompetenz (Lernbereitschaft, Teamorientierung)

Tabelle 15   Kategorien und Unterkategorien von Merkmalen

Die Konfiguration (Customizing) des Matching-Prozesses setzt sich aus nachstehenden Bereichen zusammen.
1. Definition der Suchobjekte: Hier wird die zu besetzende Stelle oder der favorisierte Bewerber ausgewählt. Die Menge der zur Verfügung stehenden Kandidaten bzw. Positionen kann mittels verschiedener Kriterien festgelegt werden. Ist ein Arbeitsplatz zu belegen (**Personalsuche**), so bezieht sich die Anfrage auf Personen, die sich auf die selektierte Tätigkeit beworben haben, und/oder auf Individuen, die eigentlich andere Aufgaben präferieren, und/oder auf Blindbewerber. Bei den Letztgenannten dient die Angabe von Organisationsbereichen als zusätzliche Einschränkung. Des Weiteren ist zu bestimmen, in welchen Aktionen sich mögliche Mitarbeiter innerhalb des Bewerbungsprozesses befinden sollten. Beispielsweise möchte man nur Interessenten betrachten, die zum ersten bzw. zweiten Vorstellungsgespräch und/oder zum Assessment-Center eingeladen wurden. Bei der **Suche von Arbeitsplätzen** für eine Person ist zwischen intern und extern ausgeschriebenen Stellen zu unterscheiden.

2. Angabe von Ausschlusskriterien: Bei der Definition von Muss-Anforderungen scheiden diejenigen aus, welche die angegebenen Eigenschaften nicht erfüllen. Zum einen ist für den Beruf Fernfahrer z. B. der Führerschein der Klasse 2 unerlässlich; zum anderen möchte man für andere Positionen nur Kandidaten mit einer sehr guten Schulabschlussnote betrachten.
3. Gewichtung der Attribute nach deren Bedeutung: Da die Bedürfnisse nach Arbeitskräften bzw. -plätzen hinsichtlich ihrer Charakteristika schwanken können, ist es notwendig, einzelne Kriterien bei Bedarf in den Vordergrund zu stellen. So kann bei einem Auswahlprozess z. B. das Alter stärker bewertet werden, um im Idealfall entweder junge, agilere oder ältere, erfahrene Menschen zu bevorzugen.
4. Festlegung der zu vergleichenden Merkmalgruppen: Es besteht die Möglichkeit, die Kriterienbereiche, welche beim Matching berücksichtigt werden sollen, zu „customizen". Beispielsweise sind bei der Besetzung einer Führungsposition die so genannten Schlüsselqualifikationen von großer Bedeutung, sodass man demzufolge nur diese Eigenschaften näher betrachten möchte, während bei einem Dolmetscher eher die Sprachkenntnisse relevant sind.

7.3.1 Szenario zur Stellendefinition

Die ASTRUM GmbH in Erlangen, Tennenlohe, benötigt für die Softwareentwicklung einen neuen Mitarbeiter mit fundierten C++- und JAVA-Kenntnissen. Er sollte ein abgeschlossenes Wirtschaftsinformatik- oder Informatikstudium aufweisen. Soziale Kompetenzen wie Teamfähigkeit, Eigeninitiative und Engagement sind erwünscht. Know-how im Web-Umfeld, in SQL oder ODBC, in COM oder CORBA sowie Erfahrungen mit den Entwicklungsumgebungen von Microsoft wären von Vorteil.

Auf das Bewerber-Management-System übertragen, sieht das zugehörige Arbeitsplatzprofil wie folgt aus: Neben den allgemeinen Daten, wie z. B. die Bezeichnung der Stelle, zugeordnete Abteilung, Gehaltsgruppierung sowie spätester Besetzungstermin, sind v. a. Ausbildung, Studium, Kenntnisse und Sozialkompetenzen von Bedeutung. Eine zuvor festgelegte Rangfolge bei der Definition der Merkmalausprägungen erlaubt die Angabe von Mindest- und Höchstwerten bei den Anforderungen.

Der Anwender entscheidet sich, alle Bewerber in Betracht zu ziehen, deren Abschlusstyp zwischen einem Fachhochschul- und einem Universitätsabschluss liegt. Der Notendurchschnitt sollte nicht schlechter als eine 3 sein (Abbildung 63).

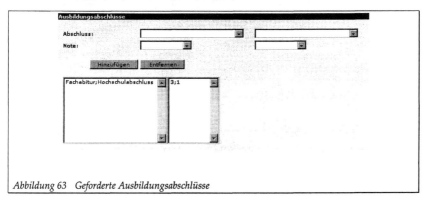

Abbildung 63 Geforderte Ausbildungsabschlüsse

Es werden die beiden Fachrichtungen Wirtschaftsinformatik und Informatik akzeptiert. Entsprechendes trägt der Personalreferent in das Online-Formular (Abbildung 64) ein.

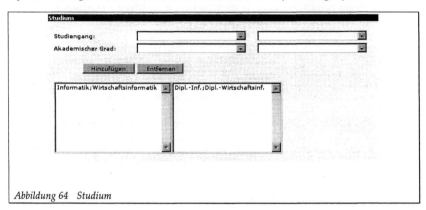

Abbildung 64 Studium

Im nächsten Schritt sind EDV-Kenntnisse und Sozialkompetenzen zu erfassen. Ein geeigneter Mitarbeiter muss zum einen die Programmiersprachen C++ und JAVA beherrschen, zum anderen sollte er zumindest Grundlagen im Datenbankbereich sowie in den Web- und Komponenten-Technologien besitzen. Bei den Schlüsselqualifikationen sind Eigeninitiative, Engagement und Teamfähigkeit entscheidend (Abbildung 65).

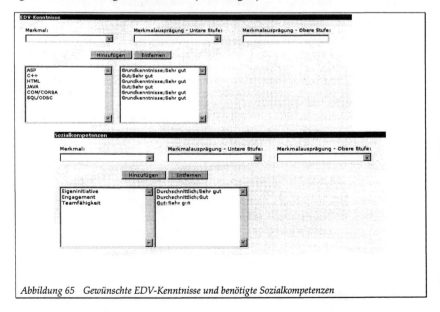

Abbildung 65 Gewünschte EDV-Kenntnisse und benötigte Sozialkompetenzen

Nach dem Abschluss der Stellendefinition und der Durchführung etwaiger Genehmigungsverfahren kann die interne bzw. externe Ausschreibung stattfinden. Hierzu ist eine Anzeige zu formulieren und ein Layout für die Darstellung festzulegen. Anschließend erfolgt die Veröffentlichung im unternehmenseigenen WWW-basierten Bewerber-Management-System.

7.3.2 Szenario zur Online-Bewerbung

Franziska Meyer ist Hochschulabsolventin im Studiengang Wirtschaftsinformatik und befindet sich derzeit auf Jobsuche. Sie bevorzugt die Recherche im Internet, da sie zum einen aktuelle Angebote schneller erreichen kann und zum anderen die Möglichkeit hat, direkt auf interessante Annoncen zu reagieren. Auf einer Kontaktmesse hat Franziska von dem neuen Tool der ASTRUM GmbH in Erlangen, Tennenlohe, gehört und beschließt, sofort die entsprechende Seite aufzurufen. Unter den ausgeschriebenen Stellen findet sie eine Offerte, die ihren Vorstellungen entspricht. Ohne lange zu zögern, lässt sie sich registrieren. Ihr wird ein Benutzername und ein Passwort zugeteilt. Anschließend füllt sie online verschiedene Formulare zur eigenen Person sowie zu ihren Qualifikationen aus. Neben den Daten zum schulischen Werdegang gibt sie an, sich seit Jahren erfolgreich bei einer studentischen Initiative engagiert zu haben. Während ihres Studiums sammelte sie außerdem praktische Erfahrungen in der SW-Entwicklung im Rahmen von verschiedenen Projektarbeiten. Zudem verbrachte sie ein Praxis-Semester im Ausland. Franziska Meyer verfügt über ausgeprägte Kenntnisse in der Informationsverarbeitung (Abbildung 66).

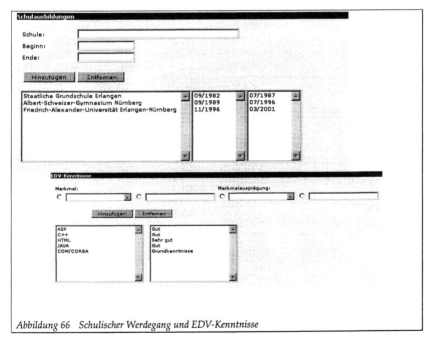

Abbildung 66   Schulischer Werdegang und EDV-Kenntnisse

Nach der Formulierung des Anschreibens verschickt Franziska Meyer ihre Bewerbung. Der zuständige Personalreferent erhält daraufhin eine Benachrichtigung. Er kontrolliert die eingegebenen Daten und vervollständigt die Angaben aus dem schriftlichen Text der Anfrage um die Kategorie der Kompetenzen (Abbildung 67). Die gespeicherten Daten können jederzeit ergänzt bzw. geändert werden, z. B. nach den Eindrücken eines persönlichen Gespräches.

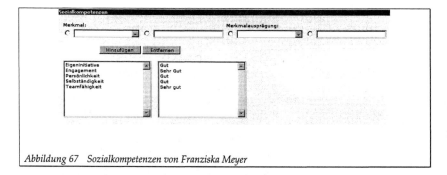

Abbildung 67   Sozialkompetenzen von Franziska Meyer

Anschließend vergibt der Anwender den Status „Korrektur gelesen". Damit werden die Daten in den Bewerberpool aufgenommen und stehen für Kompetenzvergleiche zur Verfügung. Franziska Meyer erhält im Gegenzug eine E-Mail, dass ihr Stellengesuch bei der Firma eingegangen ist. Zusätzlich hat sie bei Bedarf die Möglichkeit, den aktuellen Stand ihrer Bewerbung im Auswahlprozess abzurufen.

7.3.3 Szenario zum Matching

Bevor der Kompetenzvergleich gestartet werden kann, sind noch einige Parametereinstellungen vorzunehmen. Es ist die Stelle eines SW-Entwicklers zu besetzen und daher werden Kandidaten gesucht, deren Qualifikationen mit den Anforderungen übereinstimmen. Die Recherche soll sich dabei auf Personen beziehen, welche sich für die gewählte Position interessieren. Gleichermaßen sind alle Blindbewerber zu berücksichtigen, die einen Arbeitsplatz in der Produktentwicklung präferieren. Des Weiteren fließen nur neu eingetroffene, bereits kontrollierte Anfragen ins Matching mit ein (Abbildung 68).

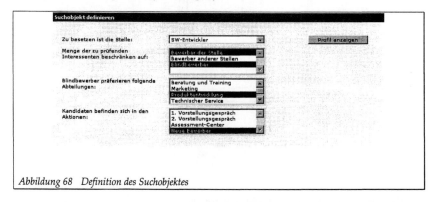

Abbildung 68   Definition des Suchobjektes

Das Unternehmen legt großen Wert auf Schlüsselqualifikationen, daher möchte der Anwender die Merkmale der Sozialkompetenz stärker hervorheben und gewichtet sie entsprechend (Abbildung 69).

7 Praktische Fallstudien in Nürnberg 135

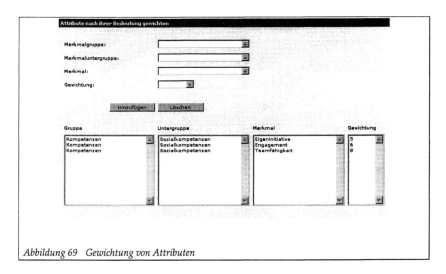

Abbildung 69 Gewichtung von Attributen

Zum Schluss werden die zu vergleichenden Kategorien (Ausbildung, Kenntnisse und Kompetenzen) festgelegt und als Algorithmus die Überprüfung von Übereinstimmungen innerhalb definierter Bandbreiten gewählt (Abbildung 70).

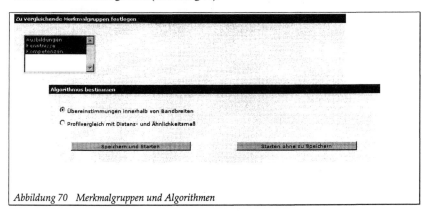

Abbildung 70 Merkmalgruppen und Algorithmen

Das Matching-Verfahren liefert die im Folgenden dargestellten Ergebnisse (Abbildung 71):

Ergebnisse des Kompetenzvergleichs

Bewertung	Bezeichnung	Details
75	Franziska Meyer	[Details]
73	Fritz Mustermann	[Details]
50	Otto Ackermann	[Details]

Abbildung 71   Ergebnisse des Kompetenzvergleichs

Franziska Meyer, Fritz Mustermann und Otto Ackermann erfüllen die Anforderungen. Sie haben alle ein ausgeprägtes fachliches Wissen sowie einen schlüssigen Lebenslauf. Der Anwender ist sich jedoch hinsichtlich einer Entscheidung noch unsicher und beschließt, die Konfiguration des Vergleichs zu überarbeiten. Da er die vorherigen Einstellungen unter dem Namen „Vergleichsparameter für einen SW-Entwickler" gespeichert hat, wählt er aus der angezeigten Liste den entsprechenden Eintrag aus (Abbildung 72).

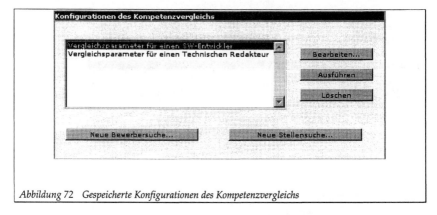

Abbildung 72   Gespeicherte Konfigurationen des Kompetenzvergleichs

Der zweite Lauf betrachtet lediglich die Gruppe der Kompetenzen. Als potenzielle Kandidaten bleiben Franziska Meyer und Fritz Mustermann übrig. Die dritte Person kompensierte im ersten Durchgang die etwas geringer ausgeprägten „soft skills" durch sehr gute „hard skills", sodass sie dieses Mal ausgefiltert wurde. Um ein fundiertes Urteil fällen zu können, stößt der Personalreferent den anderen Algorithmus, die Profilmethode mit Distanz- und Verlaufsmaß, an. Die Fähigkeiten von Franziska Meyer sind den gewünschten am ähnlichsten, sodass sie eine Einladung zum Vorstellungsgespräch erhält

8 Zusammenfassung und Ausblick

Diese Arbeit basiert auf der These einer wachsenden Relevanz von Regionalkonzepten in Wirtschaft (und Politik). So lässt sich darin ein Haupteinflussfaktor für das Gelingen von Umsetzungsideen identifizieren. Damit ist auch das Herausbilden von regionalen Unternehmensnetzwerken, und darüber hinaus Netzwerken für Arbeit, verbunden, die sich nur dann konstituieren werden, wenn die Beteiligten genügend gestalterischen Freiraum und eine klare Rechtssituation vorfinden sowie v. a. Vertrauen zueinander und in das Netzwerk haben. Hier zeigt sich, wie sehr Luhmann Recht hat, dass Vertrauen ein Mechanismus zur Reduktion sozialer Komplexität ist [Luhm00]. Letztere gilt auch analog für Planungsprozesse im betriebswirtschaftlichen Bereich, wie Frese nachgewiesen hat [Fres68].

Zum Stand der Kunst in der „Online-Personalbeschaffung" ist zu bemerken, dass dieser mehr denn je einer Momentaufnahme entspricht. Der Markt für Informationsangebotsseiten rund um das Personal ist einer der Bereiche im WWW, der am stärksten Umstrukturierungen unterworfen ist. Das liegt zum einen daran, dass marktführende Unternehmen schon am Neuen Markt notiert sind und ihre Position nachhaltig durch Fusionen oder Übernahmen kleinerer Anbieter untermauern (müssen). Zum anderen gelingt es vielen Start-up-Unternehmen in diesem Bereich trotz enormen Wagniskapitals nicht, die kritische Masse zu überschreiten. Dabei darf nicht vernachlässigt werden, dass das Internet „ ...a wonderful recruitment tool... „ sein kann, „ ...but that´s all it is – a tool, a part of the recruiting process." [Leon00].

Um Mitarbeiter frühzeitig an den flexiblen Personalaustausch in regionalen Netzwerken zu gewöhnen, bietet es sich an, schon in der betrieblichen Ausbildung anzusetzen. Arbeitnehmer, die schon mit der Rotation vertraut sind, werden in ihrem weiteren Berufsleben weniger Berührungsängste mit wechselnden Umgebungen haben. Eine höhere Anzahl an Interaktionen zwischen den Beteiligungen mag aber auch Raum für neue Dienstleistungskonzepte, die sich daraus ableiten, bieten. Beispielsweise hat die Cacontent GmbH eigens für die Bedürfnisse ihrer Angestellten einen „Best Boy" eingestellt, der Einkäufe erledigt, Medikamente von der Apotheke abholt, zur Wäscherei geht und sich um die Dinge kümmert, welche arbeitsame Kollegen wegen Zeitmangels nicht erledigen können [Böke00]. Es ist abzuklären, inwieweit sich die Netzwerkunternehmen zu solchen Ansätze für die Wechselarbeitnehmer durchringen können.

Speziell in Nürnberg empfiehlt es sich, die Einbindung dieser Ideen in andere Regionalkonzepte (wie etwa das RegioSignCard-Konzept im Rahmen des Franken-Mall-Projektes) zu prüfen.

Literaturverzeichnis

[AlBA00]   Aliev, R.; Bonfig, K. W.; Aliew, F.: Soft Computing. Eine grundlegende Einführung. Berlin 2000.

[Alt01]   Alt, H.: Persönliche Auskunft des Vizepräsidenten der Bundesanstalt für Arbeit (BA). Nürnberg 2001.

[BaBe01]   Bauer, G.; Beutler, A.: Lohn statt Stütze. Rot-Grün sucht neue Wege gegen Langzeitarbeitslosigkeit. In: FOCUS 9 (2001) 9, S. 72-74.

[Bade96]   Bader, B.: Computerunterstützte Personalinformationssysteme. Stand und Entwicklungstendenzen. Dissertation, Dresden 1996.

[Ball98]   Balling, R.: Kooperation: Strategische Allianzen, Netzwerke, Joint Ventures und andere Organisationsformen zwischenbetrieblicher Zusammenarbeit in Theorie und Praxis. Frankfurt am Main 1998, S. 30.

[Baum91]   Baum, K.: Datenschutz – leicht(er) gemacht. Der Datenschutz in der BA. Nürnberg 1991.

[Behm00]   Behme, H.: Formalia - ECML: Vereinheitlichte Webformulare. In: iX - Magazin für professionelle Informationstechnik o. J. (2000) 5, S. 132-133.

[BEPW00]   Backhaus, K.; Erichson, B.; Plinke, W.; Weiber, R.: Multivariate Analysemethoden. Eine anwendungsorientierte Einführung. Heidelberg 2000.

[Bert00]   Berthel, J.: Personal-Management: Grundzüge für Konzeptionen betrieblicher Personalarbeit. 6. Auflage, Stuttgart 2000.

[BeWu85]   Becker F.; Wulfgramm J.: Kommentar zum Arbeitnehmerüberlassungsgesetz. 3. Auflage, Kassel 1985.

[BGLS01]   Becker, S.; Gentner, S.; Lo, V.; Sablowski, T.; Troost, H. J.: Globalisierung und Regionalisierung. Integrationspapier des Teilbereichs C im Sonderforschungsbereich 403. http://www.rz.uni-frankfurt.de/FB/fb18/wigeo/lo/lo-veroeffentlichungen.html, Abruf am 2001-01-21.

[BIBS01]   Bölsche, D.; Isermann, H.; Buxmann, P.; Schumm, W.: Thematische Netze und Vernetzung: Ansätze zur interdisziplinären Modellierung und Gestaltung. http://logis.wiwi.uni-franfurt.de/projektuebersicht/new/PDF/Pdf_TeilprojektA2/ThematischeNetzelang.pdf. Abruf am 2001-01-21.

[Bier00]   Bierbach, B.: Knubbel der Kompetenz. In: Wirtschaftswoche 54 (2000) 48, S. 219-220.

[Biet98]   Biethahn, J.: Betriebswirtschaftliche Anwendungen des soft computing. Neuronale Netze, Fuzzy Systeme und Evolutionäre Algorithmen. Braunschweig 1998.

[BiLo00]   Bierbach, B.; Losse, B.: Wie ein Stein. Dominanz von industriellen Netzwerken. In: Wirtschaftswoche 54 (2000) 48, S. 220-223.

[Blan01]   Blankenfeld, U.: Telefonische Auskunft der Geschäftsführerin der projektwerk Unternehmensberatung GmbH für virtuelle Unternehmen und Netzwerke. Hamburg 2001.

[Bode99]	Bodendorf, F.: Wirtschaftsinformatik im Dienstleistungsbereich. Berlin 1999.
[Böhm95]	Böhm, H.: Personalentwicklung als unternehmerische Herausforderung. In: Böhm, H. (Hrsg.): Personalmanagement in der Praxis. Köln 1995, S. 115-138.
[Böke00]	Böker, S.: Die Diener der New Economy. In: NET-BUSINESS o. Jg. (2000) 40, S. 63.
[BrBü92]	Braun, J.; Bühring, J.: Personallogistik – die Voraussetzung für JIT. In: it - Industrielle Informationstechnik 29 (1992) 4, S. 167-171.
[Bühn99]	Bühner, R.: Betriebswirtschaftliche Organisationslehre. 5. Auflage, München 1999.
[Butt98]	Butterweck, C.: Die Liberalisierung der Arbeitsvermittlung. Rechtswissenschaftliche Fakultät der Westfälischen Wilhelms-Universität zu Münster, Korbach 1998.
[Butt99]	Butterwegge, G.: Von Fall zu Fall - Vertriebsunterstützung mit Case-Based Reasoning, Industrie Management 15 (1999) 6, S. 82-86.
[BWKL00]	Buxmann, P. ; Weitzel, T.; Kronenberg, R.; Ladner, F.: Erfolgsfaktor Standard: Internet-basierte Kooperationen mit WebEDI und XML/EDI. 1999. http://caladan.wiwi.uni-frankfurt.de/IWI/projectb3/deu/publikat/ artikelwebedi/index.html. Abruf am 2000-09-10.
[BZA01]	Bundesverband Zeitarbeit Personal-Dienstleistungen e.V. (Hrsg.): Ungebremster Aufschwung. http://www.bza.de. Abruf am 2001-03-10.
[Clef79]	Cleff, S. H.: Das Cleff Job Matching System. Entstehungsgeschichte und gegenwärtiger Entwicklungsstand. In: Reber, G. (Hrsg.): Personalinformationssysteme. Stuttgart 1979, S. 372.
[Crus00]	Cruisius, M.: Jobs und Spiele. In: Personalwirtschaft 27 (2000) 8, S. 44-47.
[Dall97]	Dallmöller, K.: Konzeption, Modellierung und Implementierung von Neuronalen Netzen für die Unterstützung von Matchingprozessen, dargestellt am Beispiel der Arbeitsvermittlung. Münster 1997.
[Dall98]	Dallmöller, K.: Neuronale Netze zur Unterstützung von Matchingprozessen. Wiesbaden 1998.
[DiHS01]	Dietrich, T.; Hanau, P.; Schaub, G.: Erfurter Kommentar zum Arbeitsrecht. München 2001.
[DiMH00]	Dittrich, J.; Mertens, P.; Hau, M.: Dispositionsparameter von SAP R/3-PP, 2. Auflage, Braunschweig 2000.
[Döbl99]	Döbler, T.: Gestaltungsmöglichkeiten für die firmeneigene Homepage. In: Personalwirtschaft 26(1999) 3, S. 60-66.
[Doms80]	Domsch, M.: Systemgestützte Personalarbeit. Wiesbaden 1980.
[Drum00]	Drumm, H. J.: Personalwirtschaft. 4. Auflage, Berlin 2000.
[Eich01]	Eichhorn, A.: Am Anfang war der Klang. In: Freie Presse, Wirtschaft der Region. Ausgabe vom 2001-02-17, Chemnitz 2001.

Literaturverzeichnis

[Eick00]	Eicker, A.: Schlacht ums Überleben. In: Handelsblatt 56 (2000). Ausgabe vom 2000-8-18/19, S. K2.
[Erdl92]	Erdlenbruch, M.: Die betriebsverfassungsrechtliche Stellung gewerbsmäßig überlassener Arbeitnehmer. Dissertation, Frankfurt 1992.
[FeDN98]	Feldmann, H.-W.; Droth, D.; Nachtrab, R.: Personal- und Arbeitszeitplanung mit SP-EXPERT. In: WIRTSCHAFTSINFORMATIK 40 (1998) 2, S. 142-149.
[Fehr99]	Fehring, U.; Karrasch, J.: 60.000 Stellen in Jobbörsen. In: Personalwirtschaft (1999) 6, S. 20-29.
[Feld01]	Feldmann, H.-W.: Persönliche Auskunft des Geschäftsführers der Astrum GmbH, Erlangen. Nürnberg 2001.
[Fest95]	Festing, M.: Strategisches Internationales Personalmanagement. Eine transaktionskostentheoretisch fundierte Analyse. 2. Auflage, München 1995.
[Fiel01]	Field, T.: Net Recruiting is the Big Thing – But Not the Only Thing. http://www.cio.com/forums/staffing/edit/031600_recruit.html, Abruf am 2001-03-10.
[FiKH00]	Fitting, K.; Kaiser, H.; Heither, F.: Kommentar zum Betriebsverfassungsgesetz mit Wahlordnung. 20. Auflage, München 2000.
[Föhr99]	Föhr, S.: Das Internet als Instrument des Personalmarketing. Arbeitspapier Nr. 1/1999 des Lehrstuhls für Personalwirtschaftslehre, Leipzig 1999.
[Fört00]	Förtsch, W.: Bestandsaufnahme zur Personalbeschaffung unter Nutzung des WWW. Diplomarbeit, Nürnberg 2000.
[Fran99]	Franz, W.: Arbeitsmarktökonomik. 4., überarbeitete Auflage, Berlin u. a. 1999.
[Fran99a]	Franke, N.: Conjoint-Analyse von Personalselektionen. In: Das Wirtschaftsstudium (WISU) 28 (1999) 8-9, S. 1074-1077.
[FrBr00]	Frölich-Krummenauer, M.; Bruns, I.: Personalmarketing im Internet. In: PERSONAL 52 (2000) 10, S. 536-542.
[Fres68]	Frese, E.: Prognose und Anpassung. In: Zeitschrift für Betriebswirtschaft (ZfB) 38 (1968) 1, S. 34.
[FrHa74]	Franßen, E.; Haesen, W.: Kommentar zum Arbeitnehmerüberlassungsgesetz. Karlsruhe 1974.
[GiJü99]	Giesen, B.; Jüde, P.: Personalmarketing im Internet. In: PERSONAL 51 (1999) 2, S. 64-67.
[Goll01]	Gollitscher, M.: Implementierung verschiedener Matching-Algorithmen in einen Stellen-/Bewerberpool mit Internetschnittstelle am Beispiel eines Software-Herstellers für Personalinformationssysteme. Diplomarbeit, Nürnberg 2001.
[GoSc97]	Gola, P.; Schomerus, R.: Bundesdatenschutzgesetz (BDSG) mit Erläuterungen. 6. Auflage, München 1997.

[Gosl00]	Goslich, L.: Über den eigenen Tellerrand hinaus, Kooperationen - Partnerschaften können völlig neue Wege weisen, helfen Kosten zu sparen und die Innovationszyklen zu verkürzen. In: Wirtschaft – Das IHK-Magazin für München und Oberbayern 56 (2000) 6, S. 43-46.
[Hamm00]	Hammermüller, J.: Konzeption eines Matching-Leitstands für Unternehmensnetzwerke. Diplomarbeit, Nürnberg 2000
[Hane00]	Hanek, A.: Anforderungs- und Qualifikationsprofile im Personalmanagement. Diplomarbeit, Nürnberg 2000.
[HeBa98]	Hefermehl, W.; Baumbach, A.: Kommentar zum Wettbewerbsrecht. 20. Auflage, München 1998.
[HeMa96]	Henning, S.; Mahringer, F.: Wahl der geeigneten Organisationsform der Arzneimittelversorgung im Krankenhaus - Eine empirische Untersuchung mit Hilfe des AHP-Verfahrens. Arbeitsbericht am Lehrstuhl für Betriebswirtschaftslehre und Operations Research der Universität Erlangen-Nürnberg Nr. 2. Nürnberg 1996.
[Henn98]	Henning, S.: Out- und Insourcing im Krankenhaus: Potenziale und entscheidungsunterstützende Verfahren. Arbeitsbericht am Lehrstuhl für Betriebswirtschaftslehre und Operations Research der Universität Erlangen-Nürnberg Nr. 2. Nürnberg 1998.
[Hess98]	Hess, T.: Unternehmensnetzwerke: Abgrenzung, Ausprägung und Entstehung. Arbeitspapiere der Abteilung Wirtschaftsinformatik II, Universität Göttingen, Nr. 4/1998. Göttingen 1998.
[HiHe92]	Hildebrandt, L.; Hermanns, A.: Conjoint Analyse (Conjoint Measurement). In: Diller, H. (Hrsg.): Vahlens großes Marketinglexikon. München 1992, S. 155-157.
[Hilb99]	Hilb, M.: Integriertes Personal-Management: Ziele - Strategie - Instrumente. Kriftel 1999.
[HR01]	HR.com (Hrsg.): Staffing, Selection, Recruitment, Internet Recruiting. http://www.hr.com/HRcom/index.cfm/115. Abruf am 2001-03-10.
[HR4Y01]	HR4YOU GmbH (Hrsg.): Die Personal-Messe im Internet. http://www.hr4you.de. Abruf am 2001-03-10.
[Hrxm01]	HR-XML Consortium Inc. (Hrsg.): Human Resources-related data exchanges. http://www.hr-xml.org. Abruf am 2001-03-11.
[IAB01]	Institut für Arbeitsmarkt- und Berufsforschung der Bundesanstalt für Arbeit. http://www.iab.de. Abruf am 2001-03-11.
[Jäge00]	Jäger, W.: Kandidaten meistbietend ersteigern. In: Personalwirtschaft (2000) 5 Sonderheft, S. 18-19.
[Jobf01]	Jobfair24 GmbH (Hrsg.): Virtuelle 3D-Jobmesse für Unternehmen, Studenten und Young Professionals. http://www.jobfair24.de. Abruf am 2001-03-10.
[Joch97]	Jochmann, W.: Mitarbeiterpotential-Analysen und Management-Audits. In: Riekhoff, H.-C. (Hrsg.): Strategien der Personalentwicklung. 4. Auflage, Wiesbaden 1997, S. 201-222.

[KMTM01]	Kronewald, K.; Menzel, G.; Taumann, W.; Maier, M.: Portal für bürgergerechte Dienstleistungen in der Sozialen Sicherheit. FORWIN-Bericht. Nürnberg 2001.
[KnMZ00]	Knolmayer, G.; Mertens, P.; Zeier, A.: Supply Chain Management auf Basis von SAP-Systemen. Perspektiven der Auftragsabwicklung für Industriebetriebe. Berlin 2000.
[Knyp99]	Knyphausen-Aufseß, D. zu: Theoretische Perspektiven der Entwicklung von Regionalnetzwerken. In: Zeitschrift für Betriebswirtschaft (ZfB) 69 (1999) 5/6, S. 593-616.
[Koch00]	Koch, S.: Stellenmärkte im Test. Online Today 4 (2000) 2, S. 106-111.
[Koch99]	Koch, S.: Stellengesuche und Bewerbung im Internet. München 1999.
[Komp89]	Kompa, A.: Personalbeschaffung und Personalauswahl. 2. Auflage, Stuttgart 1989.
[Köni00]	König, W.: Wolfgang König interviewt Carl-Günther Schleu zu Rekrutierungsmaßnahmen durch das Angebot von Internet-Spielen. In: WIRTSCHAFTSINFORMATIK 42 (2000) Sonderheft IT & Personal, S. 134-136.
[Köpf00]	Köpf, P.: Potenziale des IV-Einsatzes im Rahmen eines regionalen Arbeitskräfte-Pools. Diplomarbeit, Nürnberg 2000.
[Krau00]	Kraupa, I.: Design und Implementierung einer Personalbörse im WWW mit Clearing-Funktionalität. Diplomarbeit, Nürnberg 2000.
[KrKl99]	Krimphore, D.; Klemm-Box, S.: Der Einsatz von Fuzzy-Logik im Personalmanagement. In: Schmeisser, W.; Clermont, A.; Protz, A. (Hrsg.): Personalinformationssysteme und Personalcontrolling. Auf dem Weg zum Personalkosten-Management. Neuwied 1999, S. 144.
[Kröm00]	Krömmelbein, S.: Die Region in der Arbeitsmarktpolitik – Wege zur Konstruktion eines regionalpolitischen Gestaltungsraumes. In: Schmid, A.; Krömmelbein, S. (Hrsg.): Region und Arbeitsmarktpolitik. http://www.rz.uni-frankfurt.de/~gwiegger/sfb_dt/c3Sympkroem98.html. Abruf am 2000-12-22.
[KrSJ00]	Krischer, A.; Schuwirth, A.; Jäger, W.: Human Resources im Internet. Kriftel 2000.
[KuMa91]	Kupsch, P. U.; Marr, R.: Personalwirtschaft. In: Heinen, E. (Hrsg.): Industriebetriebslehre. Entscheidungen im Industriebetrieb. 9. Auflage, Wiesbaden 1991.
[Kunz93]	Kunz, J.: Betriebs- und Geschäftsgeheimnisse und Wettbewerbsverbot während der Dauer und nach Beendigung des Anstellungsverhältnisses. In: Der Betrieb 46 (1993) 49, S. 2482-2487.
[LaMa95]	Lackes, R.; Mack, D.: Personalbeurteilung mit Hilfe Neuronaler Netze. Arbeitsberichte der Wirtschaftsinformatik Nr. 4, Universität Dortmund. Dortmund 1995.

[LaMa98]	Lackes, R.; Mack, D.: Innovatives Personalmanagement? Möglichkeiten und Grenzen des Einsatzes Neuronaler Netze als Instrument zur Eignungsbeurteilung. In: Zeitschrift für Personalforschung 12 (1998) 4, S. 424-451.
[LaMa98a]	Lackes, R.; Mack, D.: Unterstützung der Personalauswahl durch intelligente Verfahren. In: Industrie Management 14 (1998) 4, S. 51-55.
[Lank00]	Lankau, R.: Webdesign und -publishing. München 2000.
[Lehm92]	Lehmann, I.; Weber, R.; Zimmermann, H.-J.: Fuzzy Set Theorie. Die Theorie der unscharfen Mengen. In: OR-Spektrum 14 (1992) 1, S. 1-9.
[Leon00]	Leonard, B.: Online and Overwhelmed. http://www.shrm.org/hrmagzine/articles/0800cov.htm. Abruf am 2000-09-15.
[Ließ00]	Ließmann, H.: Schnittstellenorientierung und Middleware-basierte Busarchitekturen als Hilfsmittel zur Integration heterogener betrieblicher Anwendungssysteme. Dissertation, Nürnberg 2000.
[LoRe01]	Lo, V.; Rentmeister, B: Konzepte lokaler Netzwerke in der Wirtschaftsgeographie. http://www.rz.uni-frankfurt.de/FB/fb18/wigeo/lo/lo-veroeffentlichungen.html, Abruf am 2001-01-21.
[Loss00]	Lossau, N.: Deutschland ist Vorreiter bei Web-Signatur. In: Die Welt 55 (2000) Ausgabe vom 2000-06-20, S. 16.
[LoWe01]	Losse, B.; Wettach, S.: Übel des Jahrzehnts. Der eskalierende Fachkräftemangel wird zur Wachstumsbremse für die Wirtschaft. In: Wirtschaftswoche 55 (2001) 9, S. 18-25.
[Luch98]	Luchterhand Verlag (Hrsg.): Management-Software für das Personalwesen. Marktübersicht. Sonderheft der Zeitschrift Personalwirtschaft. Kriftel 1998.
[Luhm00]	Luhmann, N.: Vertrauen. Ein Mechanismus der Reduktion sozialer Komplexität. 4. Auflage, Stuttgart 2000.
[Maaß99]	Maaß, J.: Persönliche Auskunft eines Mitglieds der Geschäftsleitung von SBS, Geschäftszweig Arbeitsverwaltungen und Soziale Sicherheit. Nürnberg 1999.
[MaGo01]	Maier, M.; Gollitscher, M.: Überlegungen zum Skill-Matching-Modul eines Leitstands für den regionalen, zwischenbetrieblichen Personalaustausch. FORWIN-Bericht, Nürnberg 2001.
[Maie01]	Maierhofer, E.: Telefonische Auskunft von H. Maierhofer, IAB. Nürnberg 2001.
[Maie01a]	Maier, M.: Strukturen und Prozesse im Netzwerk für Arbeit. FORWIN-Bericht, Nürnberg 2001.
[MaKM00]	Maier, M., Kronewald, K., Mertens, P.: Vernetzte Jobbörsen und Unternehmensnetzwerke - eine Vision. In: WIRTSCHAFTSINFORMATIK 42 (2000) Sonderheft IT & Personal, S. 124-131.
[Manp01]	Manpower Inc. (Hrsg.): Manpower Inc. Facts. http://www.manpower.com/en/story.asp. Abruf am 2001-03-10.

[MaPr00]	Maier, M.; Prell, M.: Bestandsaufnahme zu Jobbörsen im WWW. FORWIN-Bericht, Nürnberg 2000.
[Matt99]	Mattes, F.: Electronic Business-to-Business (Medienkombination): E-Commerce mit Internet und EDI. Stuttgart 1999.
[Mayr01]	Mayr, T.: Der Online Stellenmarkt boomt - rekrutieren Unternehmen richtig? http://www.marketlab.de/profil/frameset1.html. Abruf am 2001-03-10.
[MeBo99]	Mertens, P.; Bodendorf, F.: Programmierte Einführung in die Betriebswirtschaftslehre. Institutionenlehre. 10. Auflage, Wiesbaden 1999.
[MeGE98]	Mertens, P.; Griese, J.; Ehrenberg, D. (Hrsg.): Virtuelle Unternehmen und Informationsverarbeitung. Berlin 1998.
[MeGr00]	Mertens, P.; Griese, J.: Integrierte Informationsverarbeitung 2, Planungs- und Kontrollsysteme in der Industrie. 8. Auflage, Wiesbaden 2000.
[MeHö99]	Mertens, P.; Höhl, M.: Wie lernt der Computer den Menschen kennen? Bestandsaufnahme und Experimente zur Benutzermodellierung in der Wirtschaftsinformatik. In: WIRTSCHAFTSINFORMATIK 41 (1999) 3, S. 201-209.
[MeRi00]	Mersch, T.; Rieber, W.: E-Recruiting bringt Tempo in den Stellenmarkt. http://www.welt.de/daten/2000/05/03/0503nc165788.htx, Abruf am 2001-03-10
[Mert00]	Mertens, P.: Integrierte Informationsverarbeitung 1. Administrations- und Dispositionssysteme in der Industrie. 12. Auflage, Wiesbaden 2000.
[Mert74]	Mertens, D.: Schlüsselqualifikationen. Thesen zur Schulung für eine moderne Gesellschaft. In: Mitteilungen aus der Arbeitsmarkt- und Berufsforschung o. J. (1974) 7, S. 36-43.
[Meye00]	Meyer, A.: Pinnbretter ade – Jobbörsen kämpfen um Marktanteile. In: Magazin für Computertechnik (c`t) 18 (2000) 21, S. 166-168.
[MeZe99]	Mertens, P.; Zeier, A.: ATP - Available-to-Promise. WIRTSCHAFTSINFORMATIK 41 (1999) 4, S. 378-379.
[Mose79]	Moser, G.: Das Assignment-Problem im Personal-Informations-Entscheidungs-System. In: Reber, G. (Hrsg.): Personalinformationssysteme. Stuttgart 1979, S. 204-264.
[NaSc00]	Nappenbach, F.; Schräder, A.: Standortwettbewerb von TIME-Clustern. In: Information Management & Consulting 15 (2000) 4, S. 21-28.
[NiBU96]	Niebler, M.; Biebl, J.; Ulrich, A.: Arbeitnehmerüberlassungsgesetz. Ein Leitfaden für die Praxis. Berlin 1996.
[Niss94]	Nissen, V.: Evolutionäre Algorithmen. Darstellung, Beispiele, betriebswirtschaftliche Anwendungsmöglichkeiten. Wiesbaden 1994.
[NoJu00]	Notz, A.; Jung, A.: Gerichte verhängen Jagdverbot für Headhunter. In: Financial Times Deutschland (FTD) 1 (2000). Ausgabe vom 2000-11-28, S. 1.

[Oech00]	Oechsler, W. A.: Strategisches Human Resource Management in einer Zeit flexibler Beschäftigung. In: Personalführung 34 (2000) 12, S. 42-49.
[OeSc00]	Oehnicken, E.; Schröter, C.: Fernsehen, Hörfunk, Internet: Konkurrenz, Konvergenz oder Komplement? http://www.zdf.de/programm/download/fazit.pdf. Abruf am 2000-11-28.
[Onli01]	Online Today (Hrsg.): Surfguide – online-tests Jobbörsen. http://www.online-today.de/online/surfguide/tests/jobboersen/home.hbs, Abruf am 2001-03-10.
[OV00]	Ohne Verfasser: Marktanteile von Jobbörsen. http://www.crosswater-systems.com/e5004ap.html. Abruf am 2000-08-17.
[OV00a]	Ohne Verfasser: Die virtuelle Testbibliothek zur Personalauswahl. In: PERSONAL 52 (2000) 6, S. 316.
[OV00b]	Ohne Verfasser: Anbieterübersicht: Global Software Solutions für die Personalarbeit. In: HR Personalarbeit 8 (2000) 7, S. 24-26.
[OV00c]	Ohne Verfasser: Personalmanagement-Software. In: IT-Director 6 (2000) 6, S. 32.
[OV01]	Ohne Verfasser: AIS Policy Statements. Draft: The Role of IS in American Buisness Schools. http://aisnet.org/admin/policy.shtml. Abruf am 2001-03-01.
[OV01a]	Ohne Verfasser: Entwickeln sich die Online Jobbörsen zum heimlichen Renner im Internet? http://www.crosswater-systems.com/ej5003ap.htm. Abruf am 2001-03-10.
[OV95]	Ohne Verfasser: Meyers großes Taschenlexikon in 24 Bänden. Band I. Mannheim 1995, S. 121.
[Pfis93]	Pfister, M.: Die Befristung der Leiharbeitnehmerüberlassung. Dissertation, Würzburg 1993.
[PiRW01]	Picot, A.; Reichwald, R.; Wigand, R. T.: Die grenzenlose Unternehmung. Information, Organisation und Management. 4. Auflage, Wiesbaden 2001.
[Port99]	Porter, M.: Unternehmen können von regionaler Vernetzung profitieren. Harvard Business Manager 21 (1999) 3, S. 51-63.
[PTBB01]	Putzo, H.; Thomas, H.; Bassenge, P.; Brudermüller, G.; Edenhofer, W.; Diederichsen, U.; Heinrichs, H.; Heldrich, A.; Sprau, H.; Weidenkaff, W.: Palandt-Kommentar zum Bürgerlichen Gesetzbuch. 60. Auflage, München 2001.
[Recr00]	Recruitsoft Inc.: Global 500 Web Site Recruiting – 2000 Survey. http://www.recruitsoft.com/iLogosReport2000/secure/medias/Global500_2000/Survey.pdf. Abruf am 2000-09-12.
[Reuf00]	Reufsteck, J.: Bewerben mit Cobo und dem Cyco-Robot. In: forum 16 (2000) 5, S. 19.
[RiWl92/93]	Richardi, R.; Wlotzke, O. (Hrsg.): Münchner Handbuch zum Arbeitsrecht. Band 1 §§ 1-110: München 1992. Band 2 §§ 111-232: München 1993.

[Rump81]	Rumpf, H.: Personalbestandsplanung mit Hilfe von Fähigkeitsvektoren. Frankfurt 1981.
[RuSc97]	Rudolph, H.; Schröder, E.: Arbeitnehmerüberlassung: Trends und Einsatzlogistik. In: Mitteilungen aus der Arbeitsmarkt- und Berufsforschung o. Jg. (1997) 30, S. 102-126.
[SaMa00]	Sandmann, G.; Marschall, D.: Kommentar zum Arbeitnehmerüberlassungsgesetz. Neuwied 2000.
[SAP01]	SAP AG (Hrsg.): mySAP Human Resources. http://www.sap-ag.de/germany/solutions/hr/index.htm. Abruf am 2001-03-11.
[SAPM01]	SAPMarkets, Inc. (Hrsg.): Business Beyond Boundaries. http://www.sapmarkets.com. Abruf am 2001-03-11.
[Satt99]	Sattelberger, T.: Wissenskapitalisten oder Söldner? Personalarbeit in Unternehmensnetzwerken des 21. Jahrhunderts. Wiesbaden 1999.
[Scha01]	Schachtschneider, K. A.: Recht auf Arbeit - Pflicht zur Arbeit. In: Schachtschneider, K. A.; Piper, H.; Hübsch, M. (Hrsg.): Transport - Wirtschaft - Recht. Gedächtnisschrift für Johann Georg Helm. Berlin 2001, S. 827-847, im Erscheinen.
[ScCP99]	Schmeisser, W.; Clermont, A.; Protz A. (Hrsg.): Personalinformationssysteme und Personalcontrolling. Auf dem Weg zum Personalkosten-Management. Neuwied 1999.
[ScFH94]	Schüren, P.; Feuerborn, A.; Hamann, W.: Kommentar zum Arbeitnehmerüberlassungsgesetz. München 1994.
[Scha00]	Schaub, G.: Arbeitsrechts-Handbuch. 9. Auflage, München 2000.
[Sche00]	Scherl, H.: Personalbeschaffung und Personalmarketing via Internet. In: Scheffler, W.; Voigt, K. I. (Hrsg.): Entwicklungsperspektiven im Electronic Business. Grundlagen - Strategien - Anwendungsfelder. Wiesbaden 2000, S. 215-244.
[Schm00]	Schmid, A.: Konzeptionelle Gedanken über eine regionale Arbeitsmarktpolitik am Beispiel des Rhein-Main-Gebietes. In: Schmid, A.; Krömmelbein, S. (Hrsg.):Region und Arbeitsmarktpolitik. http://www.rz.uni-frankfurt.de/~gwiegger/sfb_dt/ c3Sympschmid98.html, Abruf am 2000-12-22.
[Schn95]	Schneider, B.: Personalbeschaffung. Frankfurt 1995.
[Schn98]	Schneck, O.: Lexikon der Betriebswirtschaft. München 1998, S. 108, 278.
[Scho00]	Scholz, C.: Personalmanagement. Informationsorientierte und verhaltenstheoretische Grundlagen. 5. Auflage, München 2000.
[Schu99]	Schultz, J.: Ausgewählte Methoden der Ablaufplanung im Vergleich. Dissertation, Wiesbaden 1999.
[Schw00]	Schwertfeger, B.: Online-Headhunter – Attraktive Leistungen. In: Wirtschaftswoche 54 (2000) 45, S. 31-32.
[Siem00]	Siemens AG (Hrsg.): Project Profile – Intelligente Software-Agenten. HR-Net Agent. Nürnberg 2000.

[StJä00]	Straub, R.; Jäger, W.: Die besten HR-Homepages - Ranking der 100 größten Arbeitgeber. In: Personalwirtschaft (2000) 5 Sonderheft, S. 26-32.
[StKn99]	Straub, R.; Kneuse, B.: Marktübersicht Personalinformationssysteme. In: Schmeisser, W.; Clermont, A.; Protz, A. (Hrsg.): Personalinformationssysteme und Personalcontrolling. Auf dem Weg zum Personalkosten-Management. Kriftel 1999.
[Stoi00]	Stoiber, E.: Föderalismus: Solidarität und Wettbewerb – Starke Länder in Europa. Regierungserklärung. http://www.bayern.de/Politik/Regierungserklärungen/2000-03-22.html. Abruf am 2000-11-25.
[Stoi01]	Stoiber, E.: Arbeits- und Lehrperspektiven für das 21. Jahrhundert. Regierungserklärung. http://www.bayern.de/Politik/Regierungserklaerungen/1999-10-12/. Abruf am 2001-02-11.
[Stro00]	Strohmeier, S.: Software-Kompendium Personal: Anbieter, Produkte, Marktübersicht. Frechen 1999.
[Stur90]	Sturm, D. C.: Gewerbsmäßige Arbeitnehmerüberlassung und werkvertraglicher Personaleinsatz. Tatbestand, Rechtsfolgen, Zuordnung. Dissertation, Mülheim 1990.
[Süsl01]	Süslü, E.: Juristische Behandlung von Praxisbeispielen im „Netzwerk für Arbeit". Projektarbeit, Nürnberg 2001.
[Swyn92]	Swyngedouw, E.: The Mammon Quest. Glocalisation, Interspatial competition and monetary order: The construction of new scales. In: Dunford, M.; Kafkalas, G. (Eds.): Cities and regions in the new Europe. London 1992.
[Vogt98]	Vogt Baatiche, G. G.: Das virtuelle Unternehmen. Anforderungen an die Human Resources. Dissertation, St. Gallen 1998.
[Wagn96]	Wagner, S.: Arbeitsverhältnisse der nichtgewerbsmäßigen Arbeitnehmerüberlassung unter besonderer Berücksichtigung der langfristigen gewerbsmäßigen Arbeitnehmerüberlassung. Dissertation, Bonn 1996.
[Wein96]	Weinkopf, C.: Arbeitskräftepools. Überbetriebliche Beschäftigung im Spannungsfeld von Flexibilität, Mobilität und sozialer Sicherheit. Dissertation, München 1996.
[Will88]	Williamson, O. E.: The economic and sociology of organization. In: Farkes, G.; England, P. (Hrsg.): Industries, firms and jobs. New York 1988, S. 159-185.
[Wins91]	Winston, W. L.: Operations Research. Applications and Algorithms. Boston 1991.
[Wint01]	Winter, J.: Rechtliche Grundlagen eines „Netzwerks für Arbeit". Schwerpunkt Arbeitnehmerüberlassung. Projektarbeit, Nürnberg 2001.
[Zülc76]	Zülch, G.: Anwendung der Profilmethode bei der qualitativen Personaleinsatzplanung. In: Zeitschrift für Arbeitswissenschaft 30 (1976) 4, S. 226-233.